영국 거버넌스
체제 변동 연구

도서출판 윤성사 117
영국 거버넌스 체제 변동 연구

초판 1쇄　2021년 10월 22일

지은이　　주재현
펴낸이　　정재훈
디자인　　(주)디자인뜰

펴낸곳　　도서출판 윤성사
주　소　　서울특별시 서대문구 서소문로 27, 충정리시온 제지층 제비116호
전　화　　대표번호_02)313-3814 / 영업부_02)313-3813 / 팩스_02)313-3812
전자우편　yspublish@daum.net
등　록　　2017. 1. 23

ISBN　979-11-91503-25-8　(93350)
값 14,000원

ⓒ 주재현, 2021

저자와의 협의에 따라 인지를 생략합니다.

이 책의 전부 또는 일부 내용을 재사용하려면 반드시 사전에 저작권자와
도서출판 윤성사의 동의를 받아야 합니다.

잘못 만들어진 책은 구입하신 서점에서 교환 가능합니다.

영국 거버넌스 체제 변동 연구

주재현

A STUDY OF
GOVERNANCE
SYSTEM
CHANGE
IN BRITAIN

머리말

영국은 행정학이나 비교정책학을 공부하는 학자들에게 흥미를 불러일으키는 국가이다. 영국은 자유주의 이념의 발상지로서 19세기 후반기까지 시장의 우월성과 개인의 책임을 강조하는 국가였으나, 20세기 전반을 거치면서 어느 국가보다 먼저 시장과 사회에 대한 정부의 개입을 강화하고 복지국가로 나아감으로써 다른 국가들의 전범이 되었다. 그러나 1980년대 이후에는 다시 정부의 역할을 축소하고 복지국가의 재편을 모색하는 거버넌스 체제의 개혁을 시도함으로써 또 한 번 다른 국가들의 벤치마크 대상이 되었다.

우리의 경우에도 거버넌스 체제와 복지국가의 변동과 관련해서 영국의 경험은 여타 서구 국가들보다 유익한 시사점을 제공해 줄 수 있다. 북구권 국가들은 거버넌스 체제와 복지국가를 지탱하는 이념(사회민주주의) 측면에서, 미국을 비롯한 앵글로색슨 국가들 역시 이념(자유주의) 측면에서, 그리고 유럽대륙 국가들은 종교(캐톨릭) 측면에서 한국과 상당한 차이를 보인다. 그러나 영국은 위에서 언급한 바와 같이 자유주의와 국가개입주의(보편주의 지향) 간의 경쟁과 교차가 반복했던 역사적 경험을 보였고, 제2차 세계대전 이후 영국 사회는 이념의 변화와 병행해서 공동체의 범위가 국가 수준으로 확장되었다가 다시 지역사회 수준으로 축소되는 변화를 보였다. 20세기 말부터 현재에 이르기까지 거버넌스 체제 변혁이 진행 중이고, 최근 들어서는 보편주의 지향의 국가개입주의와 자유주의 이념 간의 경합이 확대되고 있으나, 한국전쟁 후 공동체의 범위가 매우 제한되어 있는 한국 사회는 영국의 경험으로부터 교훈을 얻을 수 있을 것으로 기대된다.

이러한 기대를 반영하여 그동안 비교행정, 비교정부, 그리고 비교사회정책 분야에서 영국의 행정개혁, 거버넌스 체제, 복지정책과 복지국가 등에 관한 다수의 연구 성과가 발표되었다. 그러나 제2차 세계대전 이후, 특히 1980년대 이후의 영국 정부들에서 추진되었던 거버넌스 체제의 변동 모색에 대해 포괄적으로 검토한 연구는 제한된 상태이다. 이 책은 이러한 한계를 보완하려는 시도이며, 그동안 저자가 작성했던 영국의 거버넌스 체제 변동에 관한 원고들을 현재 상황에 맞게 수정 및 업데이트하고, 누락된 부분들에 대해서 새로 원고를 작성하여 보완하는 방식으로 작성되었다.

이 책에서 거버넌스 체제(governance system)는 공공 및 민간부문의 다양한 행위자(agents)와 기관(agencies) 간의 관계 및 그들의 행동에 질서와 균형을 부여하는 제도적 틀을 말하며, 통치구조(governing structure) 또는 조정기제(coordinating mechanism) 등의 개념으로 불리기도 한다. 일반적으로 원형적인(prototypical) 거버넌스 체제에는 계층제(hierarchies), 시장(markets), 네트워크(networks)의 세 가지가 있다. '계층제'는 정부의 공식적 법규나 행정 명령 등을 통해서, '시장'은 경쟁(competition) 기제를 활용해서, 그리고 '네트워크'는 신뢰와 파트너십에 토대를 두고 통치와 조정이 이루어지는 거버넌스 체제를 말한다. 이 연구가 보여주는 바와 같이 현실세계에서 거버넌스 체제는 원형의 형태가 아니라 혼합형의 형태로 운영되는 것이 일반적이다. 본 연구는 영국 복지국가의 전개와 정부개혁의 추진 과정에서 이 거버넌스 체제가 어떻게 변화되었고, 그 변화의 동인은 무엇이었는지를 살펴보는 데 목적을 두었다.

이 책은 크게 두 부분으로 구성된다. 제1부는 19세기 말에서 21세기에 이르는 영국의 정치와 행정, 그리고 거버넌스 체제의 변동에 대한 통시적인 논의와 개괄적인 정보를 제공한다. 먼저 제1장(영국 복지국가의 발전과 변화: 정부개입 형태의 변화와 그 원인)은 영국 복지국가의 전개와 그에 따른 거버넌스 체제의 변동 및 그 원인에 대한 일반화를 시도한다. 여기서 영국 복지국가와 거버넌스 체제 변동의 패턴이 제시되고, 변동의 주된 설명요인은 '외적 정책 환경의 변화'와 '정책 아이디어의 힘'이라는 점이 주장된다. 다음으로 제2장(영국의 정치와 거버넌스 체제의 변동)은 영국의 정치와 거버넌스 체제를 지칭하는 전통적인 관점인 웨스트민스터 모델의 내용을 서술한 후 1980년대 이후 점차 다층적 거버넌스 모델이 웨스트민스터 모델을 대체해가고 있는 현황에 대해 살펴본다.

제2부는 1980년대 이후 영국 정부별 행정 및 정책의 개혁과 거버넌스 체제의 변동에 대해 논의한다. 제3장(Thatcher/Major 정부[1979-1997년] 행정개혁의 정치적 의도와 효과)은 Thatcher와 Major의 보수당 정부에서 시도되었던 행정개혁과 거버넌스 체제 개혁이 행정통제 강화를 통한 의회주권의 재정립을 목적으로 했으나, 행정개혁의 의도하지 않았던 효과로 인해 그러한 목적을 충분히 달성하는 데 실패했다는 점을 규명하였다. 제4장(보수당[1979-1997년], 노동당[1997-2010년] 정부의 행정개혁과 계층제 기제의 의의)은 1980년대 이후 보수당 정부와 노동당 정부가 '계층제' 중심의 거버넌스 체제를 각각 '시장'과 '네트워크'를 중심으로 하는 거버넌스 체제로 변동하

머리말

고자 하였고 나름의 성과도 거두었지만, 계층제 기제가 보수당의 신공공관리 행정개혁과 노동당의 뉴 거버넌스 행정개혁의 시대를 관통해서 건재했음을 보임으로써 계층제 기제가 지니는 의의를 제기하고자 하였다.

제5장(Blair/Brown 정부[1997-2010년]의 통합적 정책형성·전달체계 모색: 청소년복지정책)과 제6장(Blair/Brown 정부[1997-2010년]의 정책체제 개혁: 중소기업지원정책)은 '신노동당' 정부가 '네트워크' 기제를 활용해서 '연계형 정부(joined-up government)'를 모색했던 노력을 청소년복지정책과 중소기업지원정책의 두 사례를 통해서 살펴보았다. 이러한 노력은 Cameron 정부가 들어선 후 변화를 겪었지만, 공공/민간부문의 여러 기관 간 협업을 시도함에 있어 여전히 교훈을 주는 사례가 될 수 있을 것으로 보인다. 마지막으로 제7장(Cameron 정부[2010-2017년]의 거버넌스 체제 변동)은 보수당의 Cameron이 '큰 사회(Big Society)'라는 '새로운' 이념과 지역사회(community) 중심의 시장/네트워크 혼합 거버넌스 체제를 제시함으로써 중도 성향 유권자들의 신뢰를 회복하고 집권할 수 있었으나 세계 경제위기(the Great Recession)라는 정책 환경으로 인해 당초의 정책 프로그램을 재해석하여 신우파 이념 및 거버넌스 체제와 유사한 방향으로 나아갈 수밖에 없었음을 보이고자 하였다.

이상 영국 거버넌스 체제의 변동에 대한 검토를 통해 우리는 정치 지도자와 그들을 지원하는 이론가들이 개발하고 구체화하는 이념과 정책 아이디어가 한 국가의 거버넌스 체제를 변동시킬 수 있는 힘을 지니지만, 그러한 이념과 정책 아이디어는 해당 정부가 처해 있는 정책 환경의 영향을 받는다는 점을 알 수 있었다. 또한 정치 지도자와 이론가들이 제시했던 이념과 정책 아이디어는 결코 순수하고 완결된 형태로 현실 정치와 행정에 적용될 수 없고, 다른 거버넌스 체제 요소와 혼합된 형태로 활용될 수밖에 없으며 예상하지 못했던 요인의 영향을 받게 됨을 발견하였다. 나아가 거버넌스 체제는 한 정부에 의해 완결될 수 없고, 지속적으로 변화를 겪게 됨을 알 수 있었다. 영국 거버넌스 체제의 변동에 대한 검토를 통해서 발견된 이러한 현상들은 우리나라 정치 지도자와 이론가들이 현실에 부합하면서도 미래지향적인 거버넌스 체제를 발전시키려는 노력을 전개함에 있어 유익한 시사점을 제공할 수 있을 것으로 기대된다.

이 책의 참고문헌 정리에 도움을 준 명지대학교 행정학과의 최아린, 채민형, 오윤영 학생에게 고마움을 표한다. 또한 책의 시장성을 고려하지 않고 선뜻 출판을 결정하신 윤성사의 정재훈 사장님과 출간에 애써 주신 직원 여러분께도 감사의 말씀을 전한다. 지난 몇 년 사이 빙모님과 부친께서 별세하시고, 이제 모친과 빙부님만이 생존해 계신다. 좋지 않은 건강 상태에도 불구하고 늘 저자의 학업에 관심을 보여주시는 두 분께 깊이 감사드린다. 언제나 그렇듯 저자의 옆을 지켜주는 아내 오현숙과 지난 8월에 박사학위를 취득하고 학자의 길에 들어선 아들 영하에게 사랑과 감사의 마음을 전한다.

2021년 9월
명지대학교 행정학과 교수 주재현

머리말 / 4

제1부
영국의 정치와 행정, 그리고 거버넌스 체제의 변동 · 11

제1장 영국 복지국가의 발전과 변화: 정부개입 형태의 변화와 그 원인 · · · · · · · · · · · · · · · · · · 13
    Ⅰ. 서론 / 13
    Ⅱ. 이론적 논의 / 14
    Ⅲ. 영국 복지정책 발전과 변동의 동인: 외적 환경의 변화와 정책 아이디어의 힘 / 21
    Ⅳ. 결론 / 28

제2장 영국의 정치와 거버넌스 체제의 변동 · 33
    Ⅰ. 서론 / 33
    Ⅱ. 웨스트민스터 모델 / 34
    Ⅲ. 웨스트민스터 모델에 대한 도전 / 42
    Ⅳ. 대안적 접근법의 대두: 다층적 거버넌스 모델 / 64
    Ⅴ. 결론: 우리나라 거버넌스 체제에 대한 시사점 / 69

제2부
1980년대 이후 영국 정부별 행정 및 정책의 개혁과 거버넌스 체제의 변동 · · · · · · 79

제3장 Thatcher/Major 정부(1979-1997년) 행정개혁의 정치적 의도와 효과 · · · · · · · · · · · · 81
    Ⅰ. 서론 / 81
    Ⅱ. 영국 보수당 정부 행정개혁의 정향, 전개, 결과 / 83
    Ⅲ. 영국 보수당 정부 행정개혁 결과에 대한 분석 / 93
    Ⅳ. 결론: 영국 보수당 정부(1979-1997년) 행정개혁의 시사점 / 99

제4장 보수당(1979-1997년), 노동당(1997-2010년) 정부의 행정개혁과 계층제 기제의 의의 ······· 105
    Ⅰ. 서론 / 105
    Ⅱ. 조정기제와 행정개혁 모형에 관한 이론적 논의 / 108
    Ⅲ. 영국 행정개혁 사례 분석 / 113
    Ⅳ. 조정기제 혼합 현상에 대한 토론 / 123
    Ⅴ. 결론 / 126

제5장 Blair/Brown 정부(1997-2010년)의 통합적 정책형성·전달체계 모색: 청소년복지정책 ···· 133
    Ⅰ. 서론 / 133
    Ⅱ. 영국 사례연구의 의의 및 세부 분석차원의 제시 / 135
    Ⅲ. 영국 청소년복지정책의 전통과 노동당 정부 정책변화 분석 / 137
    Ⅳ. 결론: 영국 청소년복지 정책변화의 시사점 / 149

제6장 Blair/Brown정부(1997-2010년)의 정책체제 개혁: 중소기업지원정책 ················ 155
    Ⅰ. 서론 / 155
    Ⅱ. 노동당 정부의 중소기업지원 정책체제 / 156
    Ⅲ. 중소기업지원체제의 성립근거 및 보완 노력 / 163
    Ⅳ. 결론: 영국 중소기업 지원체제 개혁의 시사점 / 166

제7장 Cameron 정부(2010-2016년)의 거버넌스 체제 변동 ····················· 169
    Ⅰ. 영국 정치의 변동과 '큰 사회론'의 등장 / 170
    Ⅱ. '큰 사회론' 정책화의 방향성 / 172
    Ⅲ. '큰 사회론' 정책화의 주요 내용과 실제 / 175
    Ⅳ. 결어 / 185

찾아보기 / 189

저자 소개 / 192

영국 거버넌스
체제 변동
연구

제1부

영국의 정치와 행정, 그리고 거버넌스 체제의 변동

제1장. 영국 복지국가의 발전과 변화: 정부개입 형태의 변화와 그 원인

제2장. 영국의 정치와 거버넌스 체제의 변동

영국 복지국가의 발전과 변화: 정부개입 형태의 변화와 그 원인

I. 서론

일반적으로 사회문제를 다루는 국가의 정책은 정태적이지 않으며 항상 변하고 있다. Hogwood와 Peters(1983: 25)가 지적한 바와 같이, 정책변동을 연구할 때 변화를 겪고 있는 정책과 그 형태 및 규모에서 아무런 변화를 겪고 있지 않은 정책을 구분하고자 하는 시도는 성립되기 어렵다. 어떤 사회문제가 단 하나의 공공정책으로 완전히 해결될 수 있는 경우는 많지 않다. 그러므로 일단 국가가 한 사회문제에 개입하게 되면, 우리는 그 문제에 대한 일련의 정부개입이 상당 기간에 걸쳐 지속될 것으로 기대할 수 있으며, 이런 의미에서 공공정책은 본질적으로 역동성을 지니고 있다(주재현, 2016: 244).

사회적 위험의 해소나 완화를 통해 인간의 기본 욕구를 충족하려는 사회적 노력을 '사회복지'로 이해할 때(주재현, 2004), 20세기 이래 현대 사회에서 각 국가의 정부가 직면하고 있는 사회문제의 상당 부분은 사회복지의 수준과 관련된 문제로 볼 수 있다. 따라서 사회문제에 대응하려는 각 국 정부의 노력을 토대로 20세기 동안 복지국가가 성장했다고 볼 수 있으며, 이러한 복지국가 발전의 역사에서 영국은 독특한 의의를 지닌다. 즉, 영국은 절대주의 왕정체제 하의 빈민통제 관련 법률의 도입, 근대 산업사회 하의 새로운 사회문제 생성 및 이에 관한 정부개입의 타당성에 관한 논쟁과 점진적인 정책적 대응책의 모색, 그리고 제2차 세계대전 후의 복지국가 모델 제시와 1980년대 이후의 복지국가 위기와 변동 등의 제 국면에서 주목할 만한 역사적 사례가 되었다(Dunleavy, 1986; Esping-Andersen, 1990, 1996; Glennerster, 1995; Kwon & Holliday, 2007). 이에 이 장에서는 영국 복지국가의 발전과 변화를 살펴보고, 이 과정에서 정부개입 형태의 변화 또는 정책변동에 대해 살펴보고자 한다.

II. 이론적 논의

여기서는 사회문제에 대한 정부개입 형태의 변화, 정부와 민간의 역할분담 형태, 그리고 정부개입 형태 변화의 설명요인에 관한 문헌검토를 통해 영국 복지국가와 복지정책의 변동 패턴 및 그러한 변동의 원인에 대한 정리를 위한 이론적 토대를 구축한다.

1. 정부개입 형태의 변화[1]

사회문제에 대한 정부개입의 형태와 관련된 학문적 관심은 정책수단(policy instruments) 유형론에서 발견된다. Hood와 Margetts(2007)는 정부가 가지고 있는 자원을 토대로 정책수단을 연결형, 재정형, 권위형, 조직형의 넷으로 구분하였고, Howlett과 Ramesh(2003)는 정부개입 수단의 강도를 기준으로 자발형, 혼합형, 강제형의 셋으로 분류하였다. 또한 Hill과 Hupe(2014)는 정부가 사회적 갈등을 조정하는 수단의 형태를 권위

---

[1] 이 절은 이선우·주재현(2020: 36-39)을 일부 수정하여 작성됨.

형, 거래형, 설득형의 셋으로 정리하였다. 이러한 접근방식은 사회문제를 다루는 데 있어 정부가 사용할 수 있는 여러 수단을 체계적으로 정리하는 장점을 지니지만, 특정 사회문제에 대한 정부개입의 형태가 장기간에 걸쳐 변화를 보일 수 있다는 이 글의 관심에 대해서는 제한적인 도움만을 제공한다. 한편, 시간의 흐름에 따라 특정 쟁점에 대한 정부 대응 형태의 변화에서 일정한 패턴을 발견할 수 있다는 고전적 논의들은 이 글의 관심을 심화시키는 데 도움을 줄 수 있다.

먼저 Dunleavy(1989)는 자유주의적 국가개입의 사다리모형(ladder of intervention model)을 제시하였다. Dunleavy에 따르면, 중앙정부의 역할에 대한 자유주의적 접근에서는 정부가 사전 단계 없이 직접적으로 특정 재화나 서비스 생산의 책임을 떠맡지 않으며, 이 과정에는 여러 단계가 존재하는 것으로 본다. 즉, 정책문제의 존재가 부정되는 단계(단계 0), 정책문제의 존재가 인정되나 정부가 개입하지 않는 단계(단계 1), 시장의 외부효과에 대응하기 위해 정부가 최소한으로 필요한 개입을 하는 단계(단계 2a), 공공재·공유재 등을 제공하는 더 높은 개입이 이루어지는 단계(단계 2b), 정부가 시장에서의 교환을 막는 강제적인 규제를 행하거나 준시장에서 서비스 생산 조직을 만들고 보조금을 지급하는 단계(단계 3), 마지막으로 정부가 재화나 서비스를 직접 생산하는 단계(단계 4)로 구분되고, 정부의 개입은 낮은 단계의 방안이 먼저 시도된 후 그것으로 부족하다는 것이 확인되고 나서야 상위의 개입 방안이 수용된다는 것이다.

또한 MacDonagh(1961)는 19세기 영국 승객법(Passenger Act)[2]의 변천 과정에 대한 검토를 통해 정부개입 발전의 단계를 제시하였다. 첫째 단계는 법 집행을 전담할 기관이 없는 상태에서 입법을 시도하고 여러 기존 기관을 통해 법 집행이 이루어질 것으로 기대했으나, 실제로는 적절한 집행이 이루어지지 않는 단계이다. 다음 단계는 전담기관을 설립하고 담당 공무원을 채용한 후 법 집행이 안정적으로 실행되는 단계이다. 마지막 단계는 전담 공무원들의 영향력이 확대되었으나, 그들이 법의 불완전성을 인식하고 지속적인 적응과 변화를 모색하는 단계이다.

이러한 단계모형들은 사회문제에 대한 정부 대응의 패턴을 찾고자 노력했으나, 실제

---

[2] 19세기 영국에서 배편(범선)으로 대서양을 건너 신대륙인 미국으로 건너가는 과정에서 나타났던 여러 문제에 대처하기 위해 만들어졌던 법적 조치를 말한다.

정부의 대응이 한 방향으로만 진행되는 것은 아니라는 점에서 한계를 지닌다. 따라서 정부개입이 양방향적으로 진행될 수 있는 가능성을 제시하고 있는 문헌들을 살펴볼 필요가 있고, 여기서는 먼저 Hirschman(1982)을 검토한다. Hirschman에 따르면 정부 역할의 확대는 공적인 쟁점에 대한 시민들의 관심과 활동 정도에 의해 크게 영향을 받는데, 시민들의 공적 활동과 관심은 장기간에 걸쳐 확장과 축소를 반복할 가능성이 높다. 즉, 대중소비시대의 시민들은 일단 사적·개인적인 관심의 영역에서 어느 정도 '만족'을 얻게 되면, 공적인 쟁점의 영역에서 새로운 만족을 추구하게 되는데, 이 과정에서 정부의 역할이 확대될 공간이 늘어난다는 것이다. 그러나 공공문제에 대한 정부의 해결역량은 제한될 수밖에 없고, 이에 공적 영역에서의 활동에서 '실망'을 경험하게 되는 시민들은 다시 사적·개인적인 영역에 대한 관심을 늘리고, 확대되었던 정부의 역할이 유지될 근거가 줄어든다. 하지만 시민들의 관심이 언제까지나 사적인 영역에 한정되어 있지는 않으며, 사적 영역에서 일정 정도의 만족을 얻은 후 다시 공적 영역에서 새로운 만족을 추구하게 되면 이에 따른 정부의 영역 확장 가능성은 다시 제고될 수 있다는 논리이다.

또한 Baumgartner와 Jones(1993)는 미국 정책사례에 대한 분석을 토대로 단속평형모형(the punctuated equilibrium model)을 제시하였다. 그들은 정책이 비교적 장기간의 안정기와 상대적으로 짧은 기간 동안의 급변기가 교차하는 패턴을 보이는 것을 발견하였다. 장기간의 안정기 동안에는 점증적인 정책변화가 나타나지만, 정책 환경의 심대한 변화에 따라 안정기를 종결시키고 등장하는 급변기에는 다수의 정책 행위자가 개입하고 대중운동이 발생하는 등의 요인에 의해 기존 정책과 제도의 틀을 바꾸는 큰 변화가 나타날 수 있음을 주장하였다. 그러나 이러한 급변기는 다시 장기간의 안정기로 이어지고, 안정기와 급변기는 반복된다는 것이다.

한편, Joo(2014)는 정부개입의 유형론을 정립한 후 이를 토대로 정부개입의 단계모형을 제시하였다. 정부개입의 유형론은 사회문제에 대한 정부개입의 진행 단계를 이분법적으로 구분하였다. 즉, 특정 사회문제에 대한 정부의 초기 대응 형태는 '무시'와 '관심'으로 구분되고, '관심'의 단계에서 정부의 대응 형태는 '부정적 관심'과 '긍정적 관심'으로 구분되며, 이후 '부정적 관심'과 '긍정적 관심'은 다시 세부적인 이분법적 대응[3]으로 구분되고 있

---

[3] '부정적 관심'은 '억압'과 '무의사결정'으로, '긍정적 관심'은 '간접적 관심'과 '직접적 관심'으로, '직접적 관심'은

다. 이러한 유형론을 토대로 한 '정부개입의 단계모형'에서 Joo(2014)는 사회문제에 대한 정부의 개입이 일반적으로 '무시' 형태에서 시작해서 '체계적-직접적'인 '긍정적 관심'의 형태로 진행해 나갈 것으로 기대할 수 있지만, 경우에 따라 국가는 해당 사회문제에 대한 '관심'을 철회하고 '무시' 형태로 되돌아갈 수 있는 가능성을 열어두고 있다.

이상 정부개입의 한 방향적 또는 양방향적 개입 패턴을 제시한 문헌들은 사회문제에 대한 정부의 장기간에 걸친 개입이 다양한 형태를 띨 수 있다는 점을 보여주었으나, 정부개입의 정도에 따른 민간부문의 역할 변화에 대해서 적절한 관심을 기울이지 못하였다. 이러한 한계를 보완할 수 있는 논의는 정부와 민간의 역할분담에 관한 문헌에서 발견된다.

공공서비스 제공의 제도적 대안을 검토한 Savas(1987)는 공공서비스 생산·전달에 있어 생산자와 소비자를 연결시키는 '계획자(arranger)'와 '생산자(producer)'의 두 차원을 활용해서 다양한 정부/민간의 역할분담 형태를 정리하였다. 그는 정부가 계획자와 생산자 모두를 담당하거나 민간이 계획자와 생산자를 모두 담당하는 순수한 형태와 정부와 민간이 생산자나 계획자의 하나만을 담당하는 복합적인 형태들을 제시하였다. 특히 정부가 계획자가 되고 민간이 생산자의 역할을 맡는 형태에 민간위탁(계약), 지정·허가(면허), 보조금 지급, 바우처 지급 등의 세부 형태를 포함시켰다. 그러나 Savas의 정리에는 재원 부담에 대한 논의가 명시적이고 충분하게 나타나 있지 않은 한계가 있다.

이러한 맥락에서 재원부담 측면까지 고려해서 정부와 민간 간의 역할분담 유형론을 제시한 Glennerster(1997)는 영국 사례분석에 유용한 지침이 될 수 있을 것으로 판단된다. Glennerster는 서비스 제공주체와 재원출처의 두 기준을 사용해서 공공부문과 민간부문 간의 역할분담 형태를 정리하였다(표 1-1). 공공기관이 서비스 제공주체가 될 경우, 재원출처에 따라 완전공공, 완전민간, 그리고 부분공공·부분민간의 세 가지로 구분이 가능하며, 민간기관이 서비스 제공주체가 될 때에도 마찬가지로 세 가지의 구분이 가능하다. 이러한 여섯 가지의 가능성이 실제 정책현실에 나타나는 형태를 좀 더 구체적으로 살펴보면, 먼저 Ⅰ에는 순수 정부기관이나 준정부기관의 형태가 해당된다. 다음으로 Ⅳ에는 정부와 민간기관간의 계약(민간위탁), 민간기관에 대한 재정보조(grants), 소비자 지출

다시 '비체계적 관심'과 '체계적 관심'으로 구분된다(각 개념들에 대한 좀 더 자세한 설명은 Joo(2014), 주재현(2003)을 참조).

비용의 일부 상환(reimbursements), 민간기관에 대한 세제혜택 등이 있다. Ⅴ의 형태에는 소비자에 대한 바우처(voucher) 제공, 소비자 지출비용에 대한 완전 상환 등이 있다.[4] 그러나 오늘날 순수한 Ⅵ의 형태는 사실상 존재하기 어렵고, 정부의 규제 또는 독점권 지정(franchises)이나 의무화(mandate) 등의 정부개입이 함께 작용하는 경우가 일반적이다. 또한 Ⅱ의 경우는 드물지만, Ⅲ은 서비스 이용자의 일부 비용부담 형태로 광범위하게 활용되고 있다.

〈표 1-1〉 공공서비스 제공의 공공·민간 역할분담 형태

구분		제공주체			
		제공주체		제공주체	
재원	공공	Ⅰ. 공공제공 공공재원	Ⅲ. 부분공공/부분민간 재원에 의한 공공제공	Ⅳ. 부분공공/부분민간 재원에 의한 민간제공	Ⅴ. 민간제공 공공재원
	민간	Ⅱ. 공공제공 민간재원			Ⅵ. 민간제공 민간재원

자료: Glennerster(1997: 6); 박광덕(1997: 196)에서 수정하여 재인용.

그러나 Glennerster의 공공/민간 간 역할분담 유형론에는 앞서 논의했던 정부개입 형태 변화의 방향성에 대한 고려가 결여되어 있다. 또한 위 유형론에는 공공서비스 제공주체와 재원부담 측면에서 지역사회가 감당하는 역할에 대한 관심이 보이지 않는다. 아래의 분석에서 드러나는 바와 같이 중앙정부의 역할이 축소되는 부분을 지역사회가 담당하고 있는 영국의 경험을 분석함에 있어서는 이러한 현상을 포괄할 수 있는 개념적 장치가 필요하다. 따라서 여기서는 Glennerster의 공공/민간 간 역할분담 유형론을 토대로 하되 정부개입 형태 변화의 양 방향성에 대한 인식과 이 과정에서 나타나는 지역사회의 역할에

---

[4] '민간위탁'이나 '재정보조'의 경우에도 민간기관의 비용부담 없이 정부가 일방적으로 재정지원을 담당하는 경우에는 여기에 해당한다.

대한 인식을 추가해서 역사적 분석의 개념적 도구로 활용한다.

2. 정부개입 형태 변화의 설명요인

비교사회정책 연구에서 정부개입 형태의 변화에 대한 관심은 그동안 이론적 관점 위주의 접근법으로 나타났다. 즉, 기존 연구들은 신마르크스주의, 다원주의, 조합주의, 국가중심론, 합리적 선택론, 신제도론 등의 이론적 관점을 적용해서 사회정책 영역에서 정부의 역할이 확장 또는 축소되는 현상을 분석하고자 하였다.[5] 이러한 접근방식은 정부의 역할이 확장 또는 축소되는 현상을 기술하고 그 원인을 거시적으로 조망하는 데 있어 장점을 지니지만, 왜 그러한 변화가 나타났는지의 원인을 구체적으로 분석함에 있어서는 한계를 보였다.

한편, Hood(1994)의 정책변동 설명요인 접근법(explanatory factors approach)은 정책변동을 야기하는 것으로 여겨지는 다양한 설명요인에 초점을 두는 접근방식으로서, 이론적 관점 위주의 접근보다 정책변동(즉, 정부개입 형태의 변화)의 원인을 분석하는 데 강점을 지니고 있다. 아래에서는 먼저 Hood의 정책변동 설명요인 접근법을 정리한 후, 이를 적용해서 영국 사례를 분석한다.

Hood(1994)는 선행연구들에 대한 검토를 통해서 정책변동(정부개입 형태의 변화)을 야기하는 요인들을 정책 아이디어의 힘, 이해 관련자의 이익의 힘, 외적 환경의 변화, 그리고 기존 정책의 관성 또는 유산의 네 가지로 정리하였다. 첫째, 정책은 실험에 의해 입증되거나 논리적 또는 수사적인 힘에 의해 뒷받침된 새로운 '정책 아이디어(ideas)의 힘'을 근본 추진력으로 하여 변동될 수 있다. 정책과정 참여자들은 각자 추구하는 가치가 있으며, 이 가치들을 정책대안의 형태로 발전시켜 제시한다. 정책대안들은 모두 나름대로 논리적·실질적 근거를 지니고 있으며 각 행위자는 자신의 대안이 전제로 하고 있는 가치를 실현하기 위해 노력하고, 결국 이 가치들이 정책결정의 근본적인 추동력이 될 수 있다는

---

[5] 이러한 학문적 노력에 대한 문헌 정리는 Therborn(1986), Skocpol & Amenta(1986), Quadagno(1987), 김태성·성경륭(2014) 등을 참조.

것이다.

둘째, 정책변동은 정책과정 참여자들이 각자 자신의 '이익(interests)'을 추구한 결과로서 나타날 수 있다. 이는 행위자들의 행동 동기가 위에서 제시한 '아이디어'가 아니라, 겉으로 제시된 아이디어 뒤에 숨어있는 이기심이라는 것이다. 인간은 대부분의 경우에 자신의 이익을 실현하려는 행동 동기를 지니고 있음을 전제로 하는 논의라고 하겠다. 아이디어나 이익 요인과 밀접한 관련을 지닌 조절변수에는 '제도(institutions)'가 있다. 신제도론자들이 주장하고 있는 바와 같이 제도는 다양한 행위자들의 이익과 아이디어가 구체화되는 조건을 형성한다.

셋째, 정책변동은 새로운 정책을 피할 수 없게 하는 '외적 환경(environments)의 변화'에 의해 나타날 수 있다. 이는 인간의 행동 동기에 초점을 두는 것이 아니라 인간들이 처해 있는 상황의 압력에 우선성을 두고 정책의 변동을 설명하는 것을 말한다.

마지막으로 정책의 변동은 '기존 정책의 유산(legacies)'에 의해 내부적으로 조성될 수 있다. 즉, 정책의 관성·유산이 이후의 정책변동에 독립변수로 작용할 수 있다. 다시 말해서 일단 산출된 정책은 집행을 거쳐 정책효과를 발생시키며, 이 효과에 대응하는 과정에서 정책 지향적 학습과 정책 자체의 추동력에 따라 다음 단계의 정책 내용이 변화를 겪을 수 있다는 것이다.

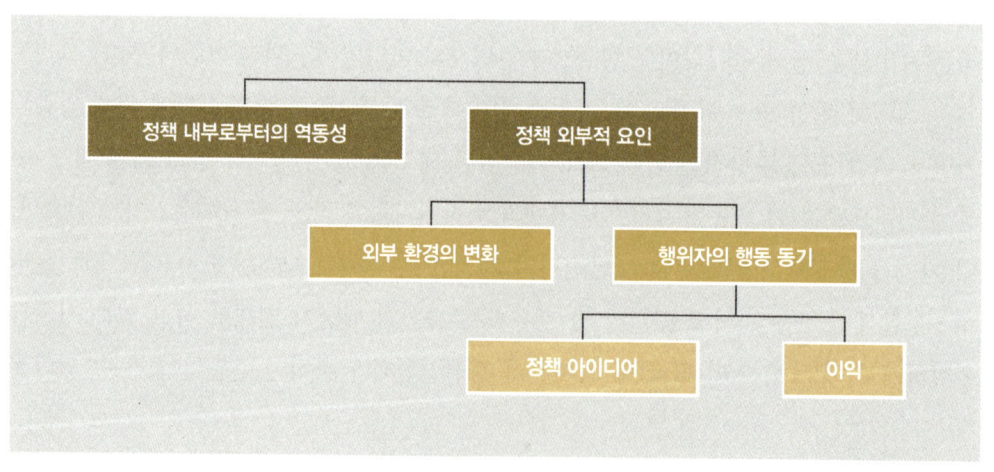

자료: 주재현(2019: 4).

[그림 1-1] 정책변동의 설명요인

요컨대, '이익'과 '아이디어'는 정책과정에 참여하는 행위자의 행동 동기이고, '외적 환경'은 그 행위자들이 처해 있는 상황과 제도적·구조적 제약 일반이며, '정책 관성 또는 유산'은 구조나 행위와 같은 정책 외적 요인이 아닌, 정책 내부로부터 나오는 역동성을 말한다(그림 1-1; 주재현, 2019: 3-4). 그러나 이러한 설명요인 분류는 원론적인 구분이며, 현실 세계의 정책변동은 네 요인들 간의 회색지대에서 이루어질 가능성이 크다.

3절에서는 위의 설명요인 중 영국 복지정책의 발전과 변화에 작용했던 주된 요인이 무엇이었는지를 살펴본다.

III. 영국 복지정책 발전과 변동의 동인: 외적 환경의 변화와 정책 아이디어의 힘

이론적 논의에서 정리한 정책변동의 설명요인 각각은 개별 사례별로 그 설명력의 높고 낮음이 다르게 나타날 것으로 예상할 수 있다. 그러나 정책변동이 나타나는 정책 환경의 상황(사회적 격변기, 일상적인 안정기, 변화 압박기; Lockhart, 2001)에 따라 어떤 요인의 설명력이 높을 것인지에 대해 일반적인 선에서 추론해 볼 수 있다. '사회적 격변기(혁명적인 변화의 시기)'에는 상황의 힘이 다른 요인들을 압도할 것이기 때문에 '외적 환경의 변화' 요인의 설명력이 상대적으로 높을 수 있고, 기존 정책과 매우 다른 정책이나 전에 없었던 정책이 나타날 수 있다.[6] '일상적인 안정기'에는 '기존 정책의 관성·유산(정책 내부로부터의 역동성)'의 힘이 상대적으로 크게 작용할 수 있으며, 점증적인 변화를 넘어서는 근본적인 정책변동을 기대하기 어렵다.[7] 한편, 사회적 격변기와 일상적인 안정기의 중간 정도 상황인 '변화 압박기'[8]에는 '상황의 힘(외적 환경의 변화 요인)'을 배경으로 하되 그러한 상황에서

---

6) Hogwood와 Peters(1983)의 개념을 활용하면, 정책창안(policy innovation)과 정책계승(policy succession)으로 볼 수 있다.

7) 정책유지(policy maintenance)로 볼 수 있다(Hogwood & Peters, 1983).

8) 예컨대, 1990년대 말의 우리나라 외환위기 상황은 상당한 정치·사회적 변화가 발생하던 시기로서 '일상적 안정기'와는 거리가 멀지만, 그러한 변화가 정부와 IMF의 관리 하에 진행됨으로써 혁명과도 같은 '사회적 격변기'

활동하는 행위자들의 '정책 아이디어' 또는 '이익'의 힘의 설명력이 중요하게 부각될 수 있다. 이러한 상황에서의 정책변동은 점증적인 변화보다는 그 폭이 클 것으로 기대할 수 있다(주재현, 2019: 6).9)

영국의 복지국가 변화과정에서 나타난 핵심적인 정책변동은 위의 세 가지 정책 환경 중 '변화 압박기'에 해당한다. 영국 복지국가와 복지정책의 변동과정을 정리한 문헌들은 20세기 이후 가장 주목할 만한 변화가 나타났던 시기를 제2차 세계대전 직후의 노동당 정부 시기와 1980년대의 보수당 정부 시기로 보고 있다(Hills, 1990; Glennerster, 1995; 이영찬, 2000).10) 이 두 시기는 전후의 복구와 재건을 추진하였던 시기(노동당 정부)와 1970년대 후반의 심각한 경제 위기를 배경으로 새로운 정책 패러다임을 모색하였던 시기(보수당 정부)로서 '사회적 격변기'와 '일상적인 안정기'의 중간 정도의 상황으로 볼 수 있다. 따라서 위의 논리적 추론에 비추어 볼 때 이 기간에 나타났던 복지정책의 변동은 '상황의 힘(외적 환경의 변화 요인)'과 이를 배경으로 한 정책 행위자들의 행동 동기(아이디어 또는 이익)에 의해 설명될 수 있을 것으로 기대할 수 있다. 아래에서 논의하는 바와 같이 영국 복지정책의 변동은 대체로 이러한 기대와 부합하지만, 당시 정책변동에 영향을 미쳤던 주요 행위자들의 행동 동기는 이해관계라기보다는 그들의 정책 아이디어였음을 알 수 있다.

1. 제2차 세계대전 이후의 복지국가 발전

제2차 세계대전 이전의 영국은 19세기보다는 낮았지만 여전히 개인의 책임과 자조(self help) 및 시장경제의 우선성과 최소한의 정부를 내세우는 자유주의(liberalism) 사상의 주도권이 유지되는 사회였다. 또한 이 시기의 영국에서 개인과 가족을 넘어서는 유대감은

와는 구별되는 '변화 압박기'로 볼 수 있다.
9) 여기서도 정책창안이나 정책계승 형태의 정책변동을 기대할 수 있다.
10) 2008년경의 세계 경제위기(the Great Recession)도 '변화 압박기'에 해당한다고 볼 수 있다. 그러나 이 시기의 복지정책은 사실상 1980년대 신우파 보수당 정부가 구축해놓은 틀 내에서 수행되었다는 점에서 주목할만한 변화를 발견하기 어렵다.(2008년의 경제위기 하에 전개된 복지정책에 대해서는 제7장(Cameron 정부[2010-2017년]의 거버넌스 체제 변동)을 참조하기 바람)

아직 근린 지역에 한정되는 상태였다(Glennerster, 1995: 2; 안병영, 1984: 74, 78; 박병현, 2005: 66). 즉, 거버넌스 체제[11] 측면에서 이 시기는 약한 계층제 기제와 상대적으로 강한 시장 기제의 혼합으로 특징지어졌다.

그러나 제1차 세계대전(1914~1918)과 대공황(1929~1930년대 전반)을 거치면서 중앙정부의 역할이 늘어났고, 결정적으로 제2차 세계대전(1939~1945) 기간에 중앙정부의 역할은 급속하게 확대·강화되었다.[12] 전쟁을 승리로 이끌기 위해 정부는 인적·물적 자원의 총동원체제를 형성했고, 시장이 정상적으로 작동하지 않는 상황에서 정부는 물자 배급의 효율성을 높이기 위해서 개인들의 삶에 깊숙이 개입하게 되었다. 정부는 비교적 성공적으로 이러한 역할을 수행해 낸 것으로 평가되었고, 이는 정부 역할 확대에 대한 영국인의 인식을 획기적으로 바꾸는 계기가 되었다. 또한 전후의 폐허로부터 복구와 재건을 수행할 수 있는 주체의 측면에서도 정부의 중요성이 부각되었고, 영국인들은 1945년 전후 첫 번째 총선거에서 '복지국가의 건설'을 주창한 노동당을 지지함으로써 정부의 확대를 수용하였다. 한편, 전쟁의 어려움을 함께 겪어낸 경험은 영국인들로 하여금 사회적 계급이나 지역 간에 존재하고 있던 편견과 무관심을 떨쳐내고, 하나의 국민이라는 사회적 유대감(social solidarity)을 형성하는 데 크게 기여하였다. 이는 영국인들이 좁은 영역에서의 이해관계를 넘어서서 사회 전체적인 차원에서 공동체 의식을 갖게 되었음을 의미했다. 이러한 조건들은 전후 영국에서 자유주의 이념이 약해지고, 영국의 역사에서 찾아볼 수 없었던 국가주의(statism) 이념[13]이 대두되어 중앙정부가 주도하는 복지국가가 발전하는 배경이 되었으며, 계층제와 시장 기제의 혼합에서 전자의 구성비가 획기적으로 증대되었음을 의미하였다(Dunleavy, 1989: 277-278; Glennerster, 1995: 3-4; 이영찬, 2000: 105-107; 김태성·성경

---

[11] 거버넌스 체제에 대해서는 앞의 머리말을 참조.

[12] 제1차 세계대전이 발발하기 직전인 1910년대 전반기에 영국의 GDP에서 정부지출이 차지하는 비중은 10% 내외였으나 제1차 세계대전 기간에 이 수치는 45%를 넘었다. 전후 20% 초반대로 낮아졌던 수치는 대공황기에 다시 30%에 육박한 후 제2차 세계대전 기간에 69%를 넘어섰다(Dunleavy, 1989: 247의 figure 7.1).

[13] 국가주의(statism)는 강력한 정부 기구의 제도화(institutionalization)를 통해 경제 및 사회정책을 집행하는 것이 국가의 운영에 있어 매우 긴요할 뿐 아니라 그렇게 국가를 운영하는 것이 바람직하기도 하다는 주장을 제시하는 이념을 말한다. 국가주의 이념을 현실에 적용하면, 주요 산업과 공공서비스 제공기관에 대한 높은 수준의 국유화 또는 공공소유(public ownership) 및 정부에 의한 서비스 직접 제공이 광범하게 나타나게 된다(Dunleavy, 1989: 242).

류, 2014: 115-121).

이처럼 중앙정부가 주체가 된 전후 재건의 시대라는 상황적 조건과 국가주의 이념의 확대 하에서 복지국가와 복지정책의 추진이라는 정책변동을 가능하게 했던 결정적 요인은 Beveridge로 대변되는 정책 행위자들의 정책 아이디어의 힘에서 찾을 수 있다(Glennerster, 1995: 3-7; George & Page, 1995: 93-99; 이영찬, 2000: 103-127). Beveridge는 1941년 전쟁 중에 성립된 '사회보험 및 관련 서비스에 관한 부처간 위원회'의 장을 맡게 되었고, 위원회 활동의 결과물로서 1942년 12월에 보고서(Social Insurance and Allied Services)를 발간하였다. 이 보고서는 당시 Churchill이 수상으로 있던 연립내각에서는 배척되었지만, 언론과 대중들은 이 보고서의 내용을 적극 수용·지지하는 모습을 보였고, 1945년의 총선거에서 승리한 노동당이 복지정책을 채택하고 복지국가를 추진하는 데 있어 밑그림을 제공하였다. 노동당의 Attlee 정부는 주요 산업의 국유화를 통해 노동자들의 고용 안정성을 보장하는 조치를 추진함과 동시에 사회보험과 공공부조의 획기적 개편 및 국가보건의료서비스(National Health Service: NHS)와 아동수당으로 대표되는 보편주의 복지정책의 채택을 통해 복지국가로 나아갔다. 이러한 역사적 진행은 Beveridge와 당시 노동당의 정책 행위자들[14]이 가지고 있었던 아이디어의 힘이 정책변동을 추동했던 주요 설명요인이었음을 보여준다.

대인사회서비스(personal social services)와 관련해서 이 시기는 서비스 대상자를 시설에 수용하는 종래 자유주의 시대의 접근방식으로부터 그들을 가능한 한 지역사회(community)로 돌려보내고 지역사회 내의 공동체 의식에 토대를 두고 서비스를 제공하는 접근방식으로 변화가 나타난 시기이다. 이러한 접근방식은 '지역사회 내의 돌봄(care in the community)'으로 특징지어지는데, 이는 돌봄 서비스의 제공이 지역사회 내에서 제공되긴 하지만, 서비스 제공의 책임은 기본적으로 국가에 있음을 의미하였다. 즉, 서비스 대상자들의 지역사회 통합을 지향하지만, 이는 국가사회 전체의 공동체라는 큰 틀 내에서의 통합을 전제하는 것으로 볼 수 있다. 따라서 높은 수준의 대인사회서비스 체제를 구축하는 것이 복지국가의 완성으로 이해되었다(김성이 외, 1997: 111-113; 이영찬, 2000: 383-

---

14) 당시 노동당 정부의 수상이었던 Attlee, 보건부 장관이었던 Bevan 등의 정치인들은 정치인으로서의 자기 이익을 실현하기 위해서라기보다 자신의 정치적·정책적 신념을 관철하기 위해 정치 활동을 수행했던 인사들로 평가되고 있다(George & Page, 1995; 이창곤, 2014).

384, 388, 408-410).

2. 1980년대 이후의 복지국가 재편

1950년대와 1960년대의 확장기를 거친 후 1970년대에 이르러 영국은 매우 심각한 경제적 어려움에 봉착하였다.[15] 1973년에 발생했던 제1차 오일쇼크에 의해 촉발된 영국의 경제위기는 다수의 실업자를 발생시켰고,[16] 노동단체(Trades Union Congress: TUC)의 압박에 의한 노동당 정부의 복지지출 증대[17]는 1976년 영국 정부의 외환위기로 귀결되었으며, 1970년대 후반의 영국은 더이상 이전의 확장적인 복지정책을 감당하기 어려운 상황에 처했다는 사실이 좌·우파 진영의 대다수 정치인들에 의해 공감되었다(Glennerster, 1995: 169). 이에 더하여 시간의 경과에 따라 전쟁의 경험을 공유하지 못했던 세대가 영국 사회의 주축이 됨에 따라 영국 복지국가의 성립을 가능하게 했던 사회적 유대감이 약해졌고(Dunleavy, 1989: 286), 이는 유대감과 공동체의 수준이 다시 상대적으로 좁은 영역(지역사회, 가족, 이익집단 등)에 한정되는 현상으로 나타났다(Glennerster, 1995: 208-209).

경제위기의 대두와 사회적 인식 변화라는 상황은 국가주의 이념의 근거를 약화시켰으며, 다시 자유주의 이념의 영향이 높아지고 거버넌스 체제에서 시장 기제의 구성비가 급증할 수 있는 토양을 형성하였다. 이러한 조건 하에서 복지국가와 복지정책의 변동을 야기했던 핵심적 요인은 Thatcher로 대변되는 정책 행위자들의 아이디어의 힘에서 찾을 수 있다. Thatcher는 Hayek와 Friedman 등의 경제이론을 토대로 신우파(the New Rights) 정치이념을 주창했으며(Glennerster, 1995: 4; 권혁주, 2010: 24), 1979년의 총선거에서 승리

---

[15] 1973~1979년간 영국의 평균 GDP 성장률은 1.5%였는데, 이는 1950~1973년간의 평균 성장률 3%의 절반에 그치는 것이었으며, 1973~1979년간 OECD 국가들의 평균 GDP 성장률 2.7%에 크게 뒤지는 것이었다(이민호, 2010: 367의 표 4-1).

[16] 석유 가격의 인상으로 1년 만에 생활비가 10% 인상되었고 국내총생산은 5%가 감소되었다. 1974년 영국의 실업률은 3%였으나 1982/83년에는 12%로 급등했고, 이는 2차 세계대전 후에는 겪어본 적이 없었던 심각한 수준이었다(이영찬, 2000: 146; Glennerster, 1995: 171).

[17] 1974~1977년간 영국의 경제성장은 1%대에 그쳤음에도 불구하고 정부는 복지지출을 18% 증가시켰고, 이는 부유층 뿐 아니라 중간계급의 조세부담을 높였으며 재정적자를 크게 증가시켰다(이영찬, 2000: 154).

한 후 자신의 정치이념을 실행에 옮기기 시작하였다. 신우파 정치이념의 요체는 시장의 회복과 정부 역할의 축소 그리고 개인의 책임과 자조 정신의 복원으로 특징지어진다.[18] 즉, 신우파는 사회복지에 대한 정부의 제도적·재정적 관여를 최소화하고, 정부의 개입이 철회된 부분에 대한 책임을 기본적으로 개인과 가족, 그리고 지역사회가 담당하는 방향으로의 변화를 모색하였다.

전기의 Thatcher 정부는 정부 재정지출의 축소를 통한 경제의 안정화(인플레이션 통제)와 국영기업들의 민영화에 정책의 우선순위를 두었으며, 복지국가를 해체하고 복지정책을 축소해야 한다는 주장은 아직 레토릭 수준에 그치고 있었다. 그러나 정부혁신 프로그램이 어느 정도 안정기에 접어든 후기에 들어 Thatcher 정부는 본격적으로 복지정책의 변동을 모색하기 시작하였다. 초점은 사회정책 영역에도 시장의 장점인 경쟁과 소비자 선택 개념을 적용하는 것이었고, 이 과정에서 사회서비스 생산과 제공에 민간부문 행위주체(기업, 비영리단체)의 참여가 활성화 되었다. 물론 이러한 노력에도 불구하고 Thatcher 정부가 실제로 복지국가 확장기 동안 형성되었던 주요 복지제도를 모두 해체하고 정부의 재정지출을 축소할 수 있었던 것은 아니다.[19] 이미 형성되어 있던 제도의 경로의존적 효과로 인해 Thatcher 정부의 혁신 노력은 제약을 받았다. 그러나 신우파 정부가 영국 복지국가와 정책에 미친 영향은 이어지는 노동당 및 보수당 정부의 정책 방향에 크게 반영되었다(Dunleavy, 1989: 281-283; Glennerster, 1995: 167-175, 191-205; Deas, 2013; 이영찬, 2000: 163-166, 181-190; 공선희, 2015).

한편, 1980년대 이후 대인사회서비스 제공에 소요되는 비용의 증가에 상당한 부담을 느꼈던 중앙정부는 대인사회서비스 제공의 1차적 책임을 지방정부에 넘김과 더불어 지방정부의 역할을 직접적인 서비스 공급자(provider)가 아니라 구매자(purchaser) 또는 주선자(enabler)에 한정하는 방향의 변화를 추진하였다. 실질적인 서비스의 제공은 민간부문이 담당하도록 하면서 서비스 제공기관들 간의 경쟁을 조장하고 서비스 이용자의 선택권

---

18) 다른 한편으로 신우파는 국내적으로 '법과 질서'를 중시하고, 국제적으로는 강한 국방력을 옹호하는 특징도 지닌다(Gamble, 1988; Smith, 1999). 그러나 이러한 특징은 이 장 주제와의 관련성이 적어, 여기서는 다루지 않도록 한다.

19) 1980년대의 보수당 정부 기간에 영국의 GDP에서 정부지출이 차지하는 비중은 1970년대 중반의 노동당 정부에서 기록했던 수치(45% 내외)와 거의 비슷한 수준이었다(Dunleavy, 1989: 247의 figure 7.1).

을 제고하는 방향으로의 변화는 신우파 정부의 이념에 부합했다. 이러한 변화는 '지역사회 내의 돌봄'으로부터 '지역사회에 의한 돌봄(care by the community)'으로 개념의 변화가 나타났음을 의미하며, 공동체의 개념이 국가사회 전체를 포괄하기보다는 좁은 지역사회에 한정됨과 더불어 지역사회 스스로 자신의 문제를 해결하도록 유도하는 것으로 해석될 수 있다(Glennerster, 1995: 208-209; 김성이 외, 1997: 113-114; 이영찬, 2000: 411-423).

18년간 지속된 보수당 정부를 크게 누르고 1997년의 총선에서 승리한 Blair의 '신노동당(New Labour)' 정부는 '제3의 길(the third way; Giddens, 1998)'로 정부의 운영 방향을 설정하였다. 이는 복지국가 팽창기의 노동당 정부가 추진했던 경로 및 Thatcher에 의해 실행되었던 신우파 경로의 대안으로 제시된 '사회투자국가(social investment state)'의 길을 의미하였다. '신노동당' 정부는 영국 복지국가가 사회구성원의 소득보장에만 치중했던 것을 비판하고, 구성원들의 역량개발과 책임의식을 높이는 데 정부의 노력이 집중되어야 한다고 보았다. 이러한 배경 하에 '근로연계복지(welfare to work)'가 주창되었고, 사회에 대한 개인의 기여와 책임이 강조되었다. 사회서비스의 생산과 전달 및 비용부담과 관련해서는 정부를 포함한 공공부문과 민간부문(기업, 비영리조직) 간의 파트너십 및 중앙정부와 지방정부 간의 파트너십에 토대를 둔 네트워크 기제 중심 거버넌스 체제로의 변화를 모색하였다. 이러한 국정운영 방향은 신우파 정부의 그것에 비해 더 온정적이고 공동체 지향적이었던 것은 사실이지만(권혁주, 2010), 복지국가 확장기의 보편주의적 정책에 비해 훨씬 더 선별주의적이고 재정 안정화와 시장의 자율성 유지에 민감했다는 점에서 신우파 정책 아이디어의 영향권을 벗어나지는 못했던 것으로 볼 수 있다.

2007년에 Blair로부터 수상직을 인수한 Brown 정부는 '신노동당' 정부의 정책 방향을 고수했지만, 2008년에 발생한 세계 경제위기(the Great Recession)에 대처하기 위해 재정지출을 확대하였고 이에 따라 재정적자와 정부 부채가 늘어나는 상황에 직면하였다.[20] 이러한 배경 하에 실시된 2010년의 총선거에서 승리는 하였으나 과반수 의석을 확보하지 못해 자유민주당과 연립정부를 구성해서 수상이 된 보수당의 Cameron은 경제 안정화와 민영화, 그리고 복지국가의 축소와 약화를 모색하였으며, '큰 사회(Big Society)'라는 캐치

---

20) 2000~2007년간 -1.85%에서 3.3% 수준에 머물던 GDP 대비 정부 재정적자 비중이 2008년부터는 6%를 넘기 시작해서 2010년에는 10.2%에 이르렀고, GDP 대비 정부 부채의 비중도 2000년대 초반의 30% 정도에서 2010년에는 61.7%까지 늘어났다(권혁주, 2010: 32-33의 〈그림 2-2, 2-3〉).

프레이즈 하에서 중앙정부가 아닌 지역사회 공동체 중심의 문제해결과 책임의식 제고를 강조하였다(권혁주, 2010: 38-42; 홍석민, 2017). 유럽연합(European Union)으로부터의 탈퇴 여부에 관한 보수당 내 논란과 '브렉시트(Brexit; 유럽연합으로부터의 영국 탈퇴)' 여부를 묻는 국민투표를 거치는 과정에서 새로 구성된 보수당의 Johnson 정부에 이르러 오늘날 영국은 전후 확장기 동안 형성되었던 복지국가의 모습과는 상당히 달라진 소극적인 복지국가의 형태를 보이고 있다. 이에 따라 오늘날 영국은 사회서비스의 제공과 비용부담에 있어 민간(기업, 비영리조직, 지역사회와 가족 등)이 담당하는 부분은 크게 확장된 반면 복지국가의 팽창기에 비해 중앙정부의 책임은 상당히 약화된 상태에 있어, 거버넌스 체제에서 시장요소의 비중이 크게 증가된 상태라고 하겠다.

IV. 결론

이상 살펴본 바와 같이, 영국은 사회문제의 해결과 관련해서 장기간에 걸친 정부개입 형태의 변화(또는 정책변동) 및 거버넌스 체제의 변동 과정을 겪었다. 빈곤을 비롯한 다양한 사회문제에 대한 정부의 개입이라는 측면에서 영국은 19세기부터 20세기 초기에 이르는 기간 동안 최소 개입 형태를 유지하였다. 공공서비스의 제공과 비용부담에 있어 정부의 역할은 매우 제한된 영역에 머물렀다. 그러나 대공황과 두 번의 세계대전을 거치면서 나타난 경제·사회적인 상황 변화에 부응하여 중앙정부는 직접적인 사회서비스 제공과 비용부담의 역할을 떠안은 채 복지국가의 길로 나아갔다. 하지만 1970년대 후반 이후의 경제 위기 상황에서 영국은 다시 중앙정부의 서비스 제공 역할을 축소하고 서비스 생산·전달과 비용부담의 책임을 지방정부와 민간에 이전하는 방향으로 전환하였고, 1990년대 후반에서 2000년대 초 기간의 조정기와 2008년에 있었던 경제위기를 거친 후 신우파 정책의 영향력은 지속되고 있다. 이에 따라 사회서비스의 생산과 전달 및 비용부담과 관련해서 정부와 민간부문, 그리고 중앙정부와 지방정부의 책임 영역은 엇갈린 방향으로 확대와 축소를 보였고, 거버넌스 체제에 있어서도 핵심 구성요소의 변동이 발생하였다.

그러나 영국의 복지국가와 복지정책 및 거버넌스 체제가 현재와 같은 모습으로 계속될 것으로 단정할 수는 없다. 19세기부터 현재에 이르기까지 영국의 역사를 통해서 볼 때, 때때로 심대한 정책 환경의 변화가 나타나는 것은 피하기 어려우며 그러한 상황 변화는 또 다른 정책변동을 가져올 수 있을 것이다.[21]

한편, 두 번의 중요한 정책변동(제2차 세계대전 후, 1970년대 후반 이후)을 가능하게 했던 핵심적 요인은 '외적 정책 환경의 변화'와 '정책 아이디어의 힘'이었다. 2차 대전 후의 사회변화와 1970년 후반의 경제위기 상황이 정책변동의 여건을 구성했고, 당시 활동했던 주요 정책 행위자(특히 Beveridge, Thatcher)의 정책 아이디어 힘이 정책변동을 가능하게 한 핵심적 요인이었다.[22] 영국의 사례가 시사하는 바와 같이 정부의 정책수단은 하나의 형태로 영속되지 않으며, 정책 환경의 급변과 그러한 환경 급변에 대응하는 정책 행위자의 아이디어가 정책변동의 원인으로 작용할 수 있다. 정책 환경의 급변은 행위자의 의지에 의해 통제하기 어려운 반면 정책 아이디어는 행위자의 의지에 의해 활용과 통제가 상대적으로 용이하다. 따라서 정책의 변동을 모색하는 정책 행위자들은 환경변화를 관찰함과 동시에 자신이 추구하는 정책목표의 달성에 부합하는 정책 아이디어와 수단을 개발하고 이를 전략적으로 활용하기 위해 노력해야 할 것이다.

---

[21] 2020년 초부터 영국을 포함한 유럽 전체는 물론 전 세계적으로 심각한 위기를 야기한 COVID-19는 정책 환경 급변의 새로운 예가 될 수 있다. 즉, 위기에 대응하는 과정에서 각국 정부는 시민들의 삶에 깊숙이 개입하였는데, 이러한 상황 하에서 경제와 복지 영역에 대한 정부의 역할이 다시 확장되는 현상이 나타나고 있어, 앞으로 위기가 진정된 후의 국가-사회관계에 관심을 기울일 필요가 있다(cf. The Economist, 2020).

[22] 이와 유사한 설명은 1980년대 이후 Thatcher 정부에서 진행되었던 복지정책의 변화를 설명하는 문헌에서도 발견된다(Richardson, 2000; Ross, 2000; Humpage, 2010). 한편, Hall(1993)은 1980년대 영국 경제정책의 변동에서 Thatcher 등 정책 행위자의 아이디어가 매우 중요한 역할을 담당했었다고 주장하였다. 본 연구는 이러한 설명방식을 2차 대전 직후의 시기에도 적용하여 영국의 복지정책변동을 설명하는 일반적인 명제로 제시하려는 시도이다.

참고 문헌

감정기, 최원규, 진재문. (2002). 「사회복지의 역사」. 파주시, 경기도: 나남출판.

권혁주. (2010). 영국의 행정환경과 현황: 영국 연립정부의 도전과 과제: 위기극복을 위한 새로운 정책 패러다임은 있는가? 양현모·조태준·서용석. (편저), 「영국의 행정과 공공정책」. 서울: 신조사.

김성이·오정수·전광현·황성철. (1997). 「비교지역사회복지: 사회복지관과 재가복지의 국제비교」. 서울: 한국사회복지관협회.

박광덕. (1997). 사회복지공급체계의 공사역할분담 모형정립. 「한국행정학보」. 31(4): 169-182.

박병현. (2005). 「복지국가의 비교: 영국, 미국, 스웨덴, 독일의 사회복지역사와 변천」. 파주시, 경기도: 공동체.

안병영. (1984). 복지국가의 형성, 전개, 위기. 「사회과학논집」. 15: 71-95.

이민호. (2010). 민영화 정책. 양현모·조태준·서용석. (편저), 「영국의 행정과 공공정책」. 서울: 신조사.

이영찬. (2000). 「영국의 복지정책: 구빈법 개혁부터 제3의 길까지」. 서울: 나남출판.

이창곤. (2014). 「복지국가를 만든 사람들: 영국편」. 서울: 인간과 복지.

주재현. (2003). 정책변화의 유형에 관한 연구: 저임금과 공해피해보상문제에 대한 정책대응의 변화. 「한국정책학회보」. 12(1): 273-298.

_____. (2004). 사회복지와 문화: 복지국가 유형론에 대한 문화이론적 해석. 「한국정책학회보」. 13(3): 279-296.

_____. (2019). 집단-격자 문화이론과 정책형성: 국민기초생활보장제도 사례분석. 「한국정책학회보」. 28(4): 1-31.

최영준·이승준. (2017). 영국 복지 긴축의 영향: 불평등에서 '브렉시트(Brexit)'까지. 「국제사회보장리뷰」. 3: 13-26.

Baumgartner, F. & Jones, B. (1993). *Agendas and Instability in American Politics*. Chicago: University of Chicago Press.

Deas, I. (2012). Towards Post-political Consensus in Urban Policy? Localism and the Emerging Agenda for Regeneration Under the Cameron Government. *Panning Practice and Research*. 28(1): 1-25.

Dunleavy, P. (1989). The United Kingdom: Paradoxes of an Ungrounded Statism. in Castles, F. G. (ed.) *The Comparative History of Public Policy*. Cambridge, UK: Polity Press.

Esping-Andersen, G. (1990). *The Three Worlds of Welfare Capitalism*. Princeton, N.J.: Princeton University Press.

_____. (ed.) (1996). *Welfare States in Transition: National Adaptations in Global Economies*. London: Sage.

Gamble, A. (1988). *The Free Economy and the Strong State: The Politics of Thatcherism*. London: Macmillan.

George, V. & Page, R. (1995). *Modern Thinkers on Welfare*. Hemel Hempstead, UK: Prentice Hall/Harvester Wheatsheaf.

Giddens, A. (1998). *The Third Way: The Renewal of Social Democracy*. Cambridge, UK: Polity Press.

Glennerster, H. (1995). *British Social Policy since 1945*. Oxford, UK: Blackwell.

_____. (1997). *Paying for Welfare*, 3rd ed. Hemel Hempstead, UK: Prentice Hall.

Hall, P. (1993). Policy Paradigms, Social Learning, and the State: The Case of Economic Policymaking in Britain. *Comparative Politics*. 25(3): 275-296.

Hill, M. & Hupe, P. (2014). *Implementing Public Policy*, 3rd ed. London: Sage.

Howlett, M. & Ramesh, M. (2003). *Studying Public Policy*, 2nd ed. Don Mills, Ontario: Oxford University Press.

Hills, J. (ed.) (1990). *The State of Welfare: The Welfare State in Britain since 1974*. New York: Oxford University Press.

Hirschman, A. O. (1982). *Shifting Involvements: Private Interest and Public Action*. Oxford, GB: Basil Blackwell.

Hogwood, B. W. & Peters, B. G. (1983). *Policy Dynamics*. London: Wheatsheaf Books.

Hood, C. (1994). *Explaining Economic Policy Reversals*. Buckingham, UK: The Open University Press.

_____ & Margetts, H. (2007). *The Tools of Government in the Digital Age*. New York: Palgrave

Macmillan.

Humpage, L. (2010). Institutions, Interests and Ideas: Explaining Social Policy Change in Welfare States Incorporating an Indigenous Population. *Journal of European Social Policy*. 20(3): 235-247.

Joo, J. (2014). Patterns of Policy Change: A Typology of State Interventions and a Korean Case Study. *Journal of Government Administration*. 10: 85-101.

Kwon, S. and Holliday, I. (2007). The Korean Welfare State: a Paradox of Expansion in an Era of Globalization and Economic Crisis. *International Journal of Social Welfare*. 16: 242-248.

Le Grand, J. (1991). The Theory of Government Failure. *British Journal of Political Sciences*. 21(4): 423-442.

Lockhart, C. (2001). *Protecting the Elderly: How Culture Shapes Social Policy*. University Park, PA: Pennsylvania State University Press.

MacDonagh, O. (1961). *A Pattern of Government Growth, 1800-60: The Passenger Acts and Their Enforcement*. London: MacGibbon and Kee.

Quadagno, J. (1987). Theories of the Welfare State. *Annual Review of Sociology*. 13: 109-128.

Richardson, J. (2000). Government, Interest Groups and Policy Change. *Political Studies*. 48(5): 1006-1025.

Ross, F. (2000). Interests and Choice in the 'Not Quite so New' Politics of Welfare. *West European Politics*. 23(2): 11-34.

Savas, (1987). *Privatization: The Key to Better Government*. Chatham, NJ: Catham House Publishers, Inc.

Skocpol, T. & Amenta, E. (1986). States and Social Policies. *Annual Review of Sociology*. 12: 131-157.

Smith, M. (1999). *The Core Executive in Britain*. London: Macmillan.

Therborn, G. (1986). Neo-Marxist, Pluralist, Corporatist, Statist Theories and the Welfare State. In Kazancigil, A. (ed.), *The State in Global Perspective*, Brookfield: Gower.

제2장

영국의 정치와 거버넌스 체제의 변동*

I. 서론

영국의 정치와 거버넌스 체제를 지칭하는 전통적인 관점은 웨스트민스터(Westminster) 모델이다. 계층제 기제에 토대를 둔 이 모델은 의원선거상의 단순다수제 투표체제(simple plurality voting system), 의회주권(parliamentary sovereignty), 장관 및 내각의 책임(ministerial and Cabinet responsibility), 공직윤리(public-service ethos) 등을 운영원칙으로 하는 정치·행정체제를 말한다. 웨스트민스터 모델은 주로 영연방에 속해 있는 국가들에서 오랫동안 민주주의적인 정치체제의 전형으로 여겨졌다. 그러나 영국 정치·행정과정의 실제는 웨스트민스터 모델과 괴리를 보여 왔다. 특히 1980년대부터 진행된 행정개혁, 1990년대 후반 이후의 정치개혁, 그리고 유럽연합(European Union: EU)의 영향력 증대 등으로 인해 영국의 정치와 거버넌스 체제를 이 전통적 모델로 설명하는 것이 점점 어

---

* 주재현(2010a)의 내용을 토대로, 최근 동향을 반영해서 재작성함.

려워지고 있으며, 이러한 현실적 변화와 이론적 필요를 배경으로 네트워크 기제를 기반으로 하는 다층적 거버넌스(multi-level governance) 모델이 대두되었다. 이 장은 웨스트민스터 모델로부터 다층적 거버넌스 모델로의 전환이라는 이론적 논거를 토대로 영국의 정치와 거버넌스 체제를 분석하는데 그 목적을 둔다.[1]

제2절은 웨스트민스터 모델의 주요 구성요소를 헌정 및 선거제도, 집행부-입법부간 관계, 이익중재기제로 구분하여 살펴본 후, 종전의 정부 정책결정과정을 정리한다. 제3절에서는 영국 보수당 정부(1979~1997년)의 행정개혁, 노동당 정부 이후(1997~2010년)의 정치개혁 및 변동, 그리고 유럽연합이 웨스트민스터 모델에 끼친 영향에 대해 논의한다. 제4절은 새롭게 대두된 다층적 거버넌스 모델에 대해 살펴본다. 거버넌스 개념과 다층적 거버넌스 모델의 개요를 검토한 후 이를 웨스트민스터 모델과 비교한다. 이어서 최근의 영국 정책과정에서 나타나고 있는 주요 동향에 대해 검토한다. 제5절에서는 영국의 사례가 우리나라 거버넌스 체제에 주는 시사점에 대해 논의한다.

II. 웨스트민스터 모델

웨스트민스터 모델은 단순다수제 투표체제로부터 시작한다. 하원의원을 선출하는데 적용되는 단순다수제 투표는 강력한 양당제와 더불어, 투표행위로 표출된 유권자들의 선호를 인위적으로 왜곡하는 하원의원 구성으로 귀결된다. 이를 토대로 비교적 강력한 단일 정당에 의한 정부가 형성되며, 행정부의 입법부 압도, 폐쇄적이고 엘리트주의적인 'Whitehall'[2] 행정과정 등의 현상이 연이어 도출된다(Dunleavy, 2006: 316-317).

---

1) 이 책에서 '거버넌스'와 '거버넌스 체제'는 구분되는 개념이다(거버넌스 개념에 대해서는 아래의 4절을 참조하고, 거버넌스 체제의 의미에 대해서는 앞의 머리말과 이 책의 4장[보수당〈1979-1997년〉, 노동당,〈1997-2010년〉 정부의 행정개혁과 계층제 기제의 의의]을 참조하기 바람).
2) 영국 런던의 중앙 관청이 모여 있는 거리로서, 영국 중앙정부의 행정 및 관료를 통칭하는 상징적인 용어이다.

1. 웨스트민스터 모델의 제도적 특성[3]

1) 헌정 및 선거제도

 단일국가체제(unified system) 하의 영국은 다른 서구 민주주의국가들과 달리 체계적으로 정부의 제도와 절차들을 규정하는 성문헌법이 아니라, 일련의 관습·전통·역사적 문서·의회입법 등으로 구성된 불문헌법을 지니고 있다. 불문헌법으로서의 영국 헌법이 가지고 있는 주요 원칙 중 입헌군주제(constitutional monarchy), 의회주권(parliamentary sovereignty), 권력의 융합(fusion of power), 정당정부(party government) 등은 주목을 요한다. '입헌군주제' 하의 국왕은 국가의 원수이며, 국민적 통합과 지속성의 상징이지만, 사실상 아무런 정치권한을 행사하지 않는다. 국왕의 이름으로 행해지는 모든 것들은 실제로는 내각책임제 하의 수상과 내각에 의해 행해지고 있다. '의회주권'이란 의회의 입법이 어떠한 상위법의 제약도 받지 않는다는 것을 의미한다. 의회는 스스로의 뜻에 따라 헌법을 수정할 수 있으며 이러한 의회의 결정에 대해 사법부가 비헌법적이라고 선언할 수 없다.[4] '권력의 융합'은 헌법에 권력의 분립이 제시되어 있지 않다는 것이다. 사법부가 분리되어 있긴 하나 의회를 견제하려고 의도하지는 않으며, 행정부는 입법부와 조직과 운영이 결합되어 있다. '정당정부'란 특정 정당이 하원에서 과반수 의석을 차지할 때, 그 정당의 지도자가 정부를 구성한다는 것이다(Rose, 2006; 김상묵, 2005).
 웨스트민스터 모델에서 영국의 입법부는 국왕, 상원(House of Lords), 하원(House of Commons)의 3부문으로 구성된다. 상원은 세습화된 작위가 있는 귀족과 정부가 지명하는 종신귀족, 법관의원, 영국국교회의 성직자로 구성된다. 하원은 각 선거구 주민을 대표하는 659명의 의원으로 구성된다. 국왕·상원·하원 세 부문의 동의에 의해 법률이 제정되지만, 국왕은 상징적 존재이며, 상원은 하원의 통치권을 인정하고 있어, 하원이 유권자에 대한 직접적 책임을 지는 사실상의 입법부이다. 영국의 하원의원 선거제도는 단순다수제

---
[3] 이하의 내용은 전통적인 웨스트민스터 모델을 대상으로 한다. 따라서 1990년대 이후의 영국 정치와 거버넌스 체제는 이 절의 내용과 일치하지 않는 점이 많다. 1990년 이후의 현황은 이하의 3절과 4절에서 논의된다.
[4] 1972년 영국이 유럽공동체(European Community)에 가입한 후 2016년의 국민투표를 토대로 유럽연합(European Union)에서 탈퇴를 결정할 때까지 의회의 통치권 원칙은 유럽연합의 영향력에 의해 잠식되었다(3절 참조).

(simple plurality)를 채택하고 있다. 각 하원의원 선거구에서 다수표를 얻은 일인을 당선자로 선출하는 것이다. 예비선거는 실시되지 않으며 후보자들은 지구당에서 지명된다. 이러한 의원 선거제도는 소수당들의 영향력을 약화시키고 강력한 두 정당 — 보수당, 노동당 — 에 의한 양당제의 성립을 가능하게 하였다(Dunleavy, 1999: 205-209).

정치적 집행부(political executive)는 국왕에 의해 임명되는 수상과 수상의 추천에 의해 국왕이 임명하는 각료로 구성된다. 국왕은 하원에서 다수 의석을 가진 정당의 지도자를 수상으로 지명하며, 수상은 자신이 속한 정당원들— 거의 대부분 의원들 —중에서 정부의 주요 구성원을 선택한다.

수상(Prime Minister)의 주요 활동은 다음과 같다. 첫째, 내각회의를 주재한다. 수상은 일주일에 한 두 번씩 정부 부처의 장관들과 자리를 함께 하여 주요 정책토론을 진행한다. 또한 중요한 문제들에 관해 수상과 장관들 간에 의사소통이 이루어지도록 한다. 이때 내각의 전 구성원들은 의회와 국민에 대해서 집단적 책임(collective responsibility)을 진다. 둘째, 의회 질문시간(Question Time)에 답변을 담당한다. 일주일에 한 번씩 수상은 하원에 출석하여 의원들의 질문에 답한다. 이때 질문은 주로 야당의원들로부터 나온다. 셋째, 수상은 언론을 통해 당원들과 공중에게 자신의 활동내용을 전달하고 가능한 한 좋은 이미지를 형성하기 위해 노력한다. 넷째, 수상은 자신의 활동과 관련해서 의회에서 이미지를 향상시키는데 주의를 기울인다. 이를 위해 수상은 여당 뿐 아니라 야당의원들과도 광범위하게 접촉한다. 다섯째, 당의 관리(party management)에 힘을 기울인다. 특히 수상은 재임 기간 동안 수상직의 유지는 물론 법안의 통과에 필요한 표를 확보하기 위해 여당의원들의 지지를 이끌어내야 한다. 여섯째, 총선 실시 일자를 결정하며 총선에서의 승리를 위해 노력한다. 수상직을 계속 유지하기 위해서는 총선에서 승리해야 하며, 이를 위해 자신이 속한 정당이 선거에서 승리하는데 유리하도록 선거일을 택한다(신정현, 2000).

내각(Cabinet)은 의회 다수당의 지도자들로 구성되며, 입법부와 행정부간 권력의 융합 하에서 양 부문 간의 중심적인 조정 역할을 담당한다. 내각은 약 20명의 각료로 구성되며, 정부 주요 정책에 대한 결정, 정부 정책 및 행정에 대한 조정, 의회와 관련된 의사결정, 정당에 대한 정치적 지도력 행사 등의 기능을 수행한다. 내각이 수행하는 기능은 주로 내각회의(Cabinet Meeting)를 통해 이루어진다. 그러나 내각회의의 과도한 부담을 줄이기 위해 주요 현안과 관련 있는 각료들로 구성되는 내각위원회(Cabinet Committee)가 활용되고 있다.5) 내각위원회의 유형에는 상임위원회, 특별위원회, 실무위원회 등이 있다 (Kavanagh, 1994: 373-380).

웨스트민스터 모델에서 사법부는 행정부로부터 독립되어 있고 사법부의 결정이 행정부의 지시나 통제 대상이 되지는 않는다. 그러나 사법부 역시 행정부의 권력을 제한하지 못한다. 스코틀랜드를 제외하고 사법부의 총수는 대법원장이며, 상원의장이 대법원장을 겸임한다. 즉, 상원이 대법원의 역할을 수행한다. 대법원은 대법원장인 상원의장과 9명의 대법관으로 구성되어 상고심을 관할한다. 대법원장은 재판절차 및 모든 법원행정에 대한 책임을 지며 판사임명에 대한 추천권을 가진다.

2) 정치적 집행부와 입법부간 관계 및 행정 관료의 특성

웨스트민스터 모델은 의회정부 체제(parliamentary system)를 취하고 있어 의회와 정치적 집행부의 권력은 원칙적으로 융합되어 있다. 영국 헌법의 기본원칙에 의하면 의회의 기능은 국가를 통치하는 것이 아니라 정부를 통제하는 것이다. 의회는 실제 행정 각부의 활동을 통제할 수 있는 권한을 가진 유일한 기관이다. 그러나 영국은 제1차 대전 이후 내각에 의회권력이 집중되면서 내각-하원간의 폐쇄적인 연계로 인해 전체 의회과정은 집권당이 통제하기에 유리하도록 되어 있기 때문에, 의회는 통법부의 역할을 하기 쉽다. 즉, 의회정부 체제 하에서 내각에 의회권력이 집중되어 있으며 집권당 내부의 규율은 엄격하다(Weaver & Rockman, 1993). 영국 정부는 의회를 통과한 법에 저촉되지 않는 사항이라면 무엇이든지 할 수 있는 권한을 가지고 있다.

의회와 정치적 집행부 간의 이러한 관계 하에서 집행부의 책임성은 두 가지 헌법적 관례에 의해 확보된다. 하나는 집단적 책임(collective responsibility)이고 다른 하나는 개별적 책임(individual responsibility) 또는 장관 책임(ministerial responsibility)이다. 전자는 각료들이 정부 정책에 대하여 의회에 대해 집단적으로 책임을 진다는 것이며, 후자는 개별 각료가 자신의 부처 업무에 대하여 의회에 대해 개별적으로 책임을 진다는 것을 말한다

---

5) 내각위원회는 내각회의에서 논의될 의제를 사전심의하기 위한 기관이 아니며, 내각위원회의 결정이 바로 내각회의의 결정과 같은 효력을 지닌다.

(Kavanagh, 1994: 371-373).

집단적 책임의 핵심적 내용은 ① 정부의 각료는 특정 정부 정책에 대해 개인적으로는 찬동하지 않는 경우일지라도 일단 정부 정책으로 확립되면 의회에서 한 목소리로 공동 대처해야 하며, ② 만약 하원이 수상에 대한 신임투표에서 불신임을 의결한다면 수상이 국왕에게 의회의 즉각적인 해산을 요청하거나 그렇지 않을 경우 모든 각료와 함께 사임해야 한다는 것이다. 개별적/장관 책임의 핵심은 ① 정부 부처를 책임진 각료는 부처의 모든 활동에 대하여 의회에서 답변을 해야 한다는 것과, ② 만약 중대한 실패나 실수가 발생하여 의회가 불신임을 의결한 경우에는 보직에서 사임해야 한다는 것이다. 의회에 대한 정부의 책임은 웨스트민스터 모델의 중심적인 요소이다. 이 원리로 인해 정부가 의회에서 정부 활동과 계획에 대해 설명하고 정당성을 확보해야 하기 때문에, 이는 의회와 정부 간의 중요한 의사전달 기제로 기능한다.

장관 책임 원리는 전문성·중립성·익명성으로 특징지어지는 행정 관료들을 기반으로 해서 성립된다. 장관이 책임을 지고 있는 업무의 양과 전문성이 증가함에 따라 장관들은 자신들을 보좌할 행정 관료들을 필요로 하였다. 각 부처의 행정 관료들은 자신이 속해 있는 부처의 장관에게 충성해야 하며, 동시에 정치적 중립성을 지킬 것으로 기대된다. 장관과 행정 관료의 역할 상 차이는, 장관들이 해당 부처의 모든 활동에 대해서 책임을 지는 반면, 관료는 장관을 보좌하되 해당 부처 내에서 발생한 일에 대해 비밀을 유지하고, 의회와 일반 시민들 앞에 직접적으로 노출되지 않는다는 것이다. 관료의 비밀유지 원리는 '관료들은 공익을 실현하기 위해 일하는 존재로서, 정치권력과 무관하며 정직하고 신뢰할 만한 이들'이라는 관념에 의해 그 정당성을 인정받는다(Smith, 1999a: 100-108; Freedman, 1996: 155-157).

3) 이익중재 기제

이익집단의 정책과정 참여와 관련하여 영국의 정치적 전통은 정책에 대한 입법부의 심의 이전에 장관과 관료들이 관련 이해당사자들과 협의하는 것을 바람직한 것으로 여기고 있다. 이는 행정 각부와 관련 이익집단(사회세력들) 간의 협의와 협력이 있어야만 성공적인 정책집행이 행해질 수 있다는 점에서 정당성을 인정받고 있다. 이익집단들은 압력행사에 있어 의회보다는 행정부를 중요하게 생각한다. 법안의 대다수가 관료들에 의해 입안되기 때문에 법률안의 기안단계에서부터 압력을 행사하는 것이 보다 효과적이라고 보기 때문이다. 정부도 법률안이 의회에서 대폭 수정되는 것을 바라지 않기 때문에 이를 인정하고 있다. 그러나 정부 정책에 대한 궁극적인 책임은 행정 각부에 있기 때문에 정부 각료와 공무원들은 이익집단과 이해당사자들이 정책을 주도하도록 허용하지 않는다(Rose, 2006; 김상묵, 2005). 그리고 이러한 정부의 주도권 유지와 이익단체를 보완적인 수단으로 보고 있는 태도는 대표적인 이익집단인 노조 및 사용자 단체와의 관계에서 두드러진다.

스웨덴·독일·네덜란드 등과는 달리 영국은 정부와 주요 이익집단들— 노조, 사용자 단체 —간의 사회적 파트너십을 강력한 형태로 유지해 본 전통을 가지고 있지 않다. 제2차 세계대전 후 정부와 주요 이익집단들 간의 상호의존성이 증대함에 따라 영국 정부도 영국산업연합(CBI)과 노동조합회의(TUC) 등과 조합주의적 협력체제의 형성을 시도한 바 있다. 그 결실이 1962년 성립된 국가경제발전위원회(NEDC)였다.[6] 그러나 이는 유럽 대륙의 성공적 조합주의 체제에는 비견할 수 없는 수준에 머물렀다(윌리엄스, 2003; 도리이, 2003).

영국에서 조합주의적 정책협의 구조가 적절히 뿌리내리지 못하게 한 요인들은 다음과 같다. 첫째, 의회주권 원칙이다. 조합주의적 정책협의와 사회적 파트너십 체제가 성공적으로 작동하기 위해서는 정부 및 의회의 권한과 의사결정권이 노조 지도자들과 사용자 대표들에게 공유되어야 하는데 이는 의회주권 원칙을 침해하게 된다. 또한 자본과 노동의 정상 결사체(CBI, TUC)는 의회에 책임을 지지 않기 때문에 의회는 이들을 불신하게 된다. 이러한 맥락에서 의회주권 원칙은 국가와 이익집단들 간의 권력공유를 어렵게 했다. 둘째, 사회적 파트너들— 노조지도자, 사용자대표 —의 국가에 대한 의구심이다. 영국에서 자본과 노동은 공히 국가에 대한 뿌리 깊은 불신을 갖고 있다. 따라서 그들은 국가에 의한 중재보다 자신들이 직접 교섭하는 것을 선호하였다. 이러한 전통은 정책협의 체제를 작동시키려는 노력에 제한을 가하였다. 셋째, 자유주의적 정치문화이다. 영국민은 국가의 개입과 간섭을 부당한 것으로 여기는 정치문화를 지니고 있으며, 이 문화적 변수 역

---

[6] 국가경제발전위원회는 외연적으로 사용자·노조·국가의 대표로 구성된 협의체였으며, 그 임무는 생산성 목표와 임금 가이드라인을 설정하는 것이었다. 이 위원회는 산업별로 소규모 위원회를 형성하는 등 조합주의적 활동을 시도하였다.

시 국가주도의 정책협의 체제에 부정적인 영향을 끼쳤다. 넷째, 사회적 파트너들의 단기주의와 할거주의이다. 특히 노조의 단기적·물질적 이해에 대한 관심으로 인해 분파주의가 조장되었고 이는 정책협의 체제의 형성·유지를 어렵게 했다. 다섯째, 산하 노조에 대한 TUC의 취약한 통제력과 대표성 문제이다. 개별 기업 중심의 영국 노사관계로 인한 노사관계의 불안정이 정책협의 체제를 어렵게 만들었다(선학태, 2006: 111-115; 도리이, 2003).

2. 정부 정책결정과정

의회주권 원칙에 의하면 하원은 법률안을 제안하고 정부의 재정을 통제하는 등 막강한 권력을 지닌다. 그러나 실제적으로 중요한 결정이 하원에서 이루어지는 경우는 매우 드물며, 중요한 결정은 수상과 각료, 그리고 고위 관료의 상호작용에 의해 이루어진다. 수상·각료·고위관료들로 구성된 정책결정 집단은 그 구성원 수에 있어 소수이며, 이들 간의 관계는 대체로 친밀하다고 볼 수 있다. 이 집단 내에서도 핵심적인 정치적 인물들이 정책결정에 중요한 역할을 수행한다. 특히 수상은 누구보다도 중요하다. 강한 추진력을 지닌 수상은 정부를 이전과는 완전히 다른 방향으로 이끌어갈 수도 있다. 다음으로 재무부 장관(the Chancellor of the Exchequer)은 경제성장·조세·공공지출 등과 같은 정책 영역에서 중요한 정책안을 결정한다(Rose, 2006).

전통적으로 영국 정책과정에서 발생하는 의견충돌과 갈등은 그 수준에 따라 행정 각부, 재무부, 그리고 내각회의를 거치면서 조정·통제되었다. 행정 각부는 공공부문 종사인력의 약 10% 정도를 고용하고 있음에도 불구하고 공공부문의 전반적 활동에 대한 효과적인 통제를 수행하였다. 행정 각부 내에는 잘 설정된 의사결정의 계층제가 확립되어 있어, 부처 내에서 발생하는 갈등은 이 계층제를 통해 해소된다.

정책결정과정에서 나타나는 보다 심각한 문제는 부처 간의 갈등이다. 영국 정책과정에서 각 부처는 소수의 관련인— 정치·행정엘리트, 민간 전문가, 이해관련단체 대표 등 —으로 구성된 안정되고 자율적인 정책공동체(policy communities)의 중핵이다. 각 정책공동체는 타 정책공동체의 침입으로부터 자신의 정책 영역을 지키고자 하며,[7] 따라서 정책공동체를 대표하는 각 부처들 간에는 종종 정책 영역의 주도권을 둘러싼 갈등이 발생한다. 이 경우 부처 관료들 간에 합의가 이루어지기도 하고 비공식회의나 부처 간 위원회와 같은 방식으로 문제가 해결되기도 하지만, 그렇지 못한 경우에는 조직계층을 따라 사무차관(Permanent Secretary)[8]이나 장관에게까지 보고된다. 이 경우 재무부(the Treasury)가 정책조정의 역할을 수행할 수 있다. 재무부는 재원면에서 모든 행정활동을 조정하는 권한을 가지고 있으며, 예산편성 및 배분과정, 그리고 관리·감독활동을 통해 여러 부처 정책들의 우선순위를 조정함으로써 문제를 해결한다.

재무부를 통해서도 해결하기 어려운 부처 간 갈등은 내각회의에서 취급된다. 내각회의는 부처 간 갈등이외에도 모든 입법안, 각 부가 해결할 수 없는 문제, 정부의 명성과 관련된 주요 주제 등을 처리한다. 내각회의에서는 의제와 관련된 부처의 장관이 먼저 발언을 하고 다른 참여자들이 토론을 한 후 마지막으로 수상이 결론을 내리며, 의제에 대한 표결은 하지 않는다(Kavanagh, 1994: 383; 김상묵, 2005). 수상은 본래 내각에서 서열 제일(prime)의 장관(minister)이다. 그러나 수상의 권한은 시대적·정치적 환경에 따라, 그리고 수상 개인의 성향에 따라 변한다. 어떤 수상들은 엄청난 권력을 행사한 반면, 단순히 '이사회 의장'의 역할 정도에 머문 수상들도 있었다(Dorey, 2005: 51).

정책과정에서 이익집단의 영향은 보조적인 역할에 한정된다. 정부 부처는 정책내용을 형성하는 과정에서 관련 이익집단과의 협의를 수행한다. 이와 관련하여, 정부 부처는 정책내용의 형성에 있어 다양한 자문위원회의 의견을 청취한다. 자문위원회는 관련 이익집단의 대표, 전문가, 관련 부처 공무원, 그리고 일반인들로 구성된다. 자문위원회의 기능은 단순히 정부 부처에게 전문적인 정보를 제공하고 검토의견을 제공하는 것이다. 정책형성을 주도하는 것은 정부 부처 관료들이며, 관료들은 이익집단들과 일정한 거리를 유지하고 이익집단 대표들이나 민간 전문가들이 정책과정을 주도하지 못하도록 한다.

---

7) Jordan & Richardson(1982)은 이러한 현상을 영국 정책스타일(British policy style)의 하나로 보았으며, 이를 '구역화'(sectorization)라고 명명하였다.

8) 사무차관은 직업 관료의 최고위직이다. 사무차관은 부처의 조직과 능률, 장관에 대한 자문을 책임지고 있다. 대부분의 경우 사무차관은 장관들보다 오랫동안 그 부처의 고위계층으로 근무했기 때문에 정책에 큰 영향을 미친다.

정책안을 형성하는 과정에서 집권당 일반의원들의 영향력 행사는 매우 제한된다. 집권당 일반의원들은 야당의원들과 마찬가지로 정책안이 의회에 상정될 때 이에 대해 공식적으로 토론할 기회를 갖는다. 그러나 정당의 규율이 대체로 높은 수준에서 유지되기 때문에 수상과 내각회의를 거친 정책안에 대해 집권당 의원들이 전적인 반대를 하는 경우는 드물다.[9] 수상과 각료에 의해 발의된 정책안에 대해 반론을 제기하는 것은 대체로 야당의 몫이다. 야당은 정책형성과정에서 소외되어 있다. 그리고 그들은 여당보다 의석이 적기 때문에 주요 정책에 대해 의회에서 정부안을 부결시킬 가능성은 매우 낮다. 그러나 수상과 집권당은 발의된 정책안에 대해 야당을 설득하는데 나름대로 성의를 보인다. 또한 의회에서의 여야 간 공방이 대중매체를 통해 여론 지도자와 일반 유권자들에게 공개되기 때문에 의회에서의 정책안 논의는 일반시민을 대상으로 한 설득과정으로 해석될 수도 있다.

III. 웨스트민스터 모델에 대한 도전

1. 영국 보수당 정부(1979~1997년)의 행정개혁

보수당 정부의 행정개혁은 Margaret Thatcher와 John Major 수상을 거치는 18년 동안 지속되었는데, 1980년대에는 개혁의 초점이 주로 행정 내부의 효율성을 높이는데 있었고, 1990년대에는 개혁의 중심이 행정서비스의 질을 향상시키는 방향으로 이동했다고 볼 수 있다(서필언, 2005: 423).[10] 여기서는 능률성 진단(efficiency scrutinies), 재정관리개혁(Financial Management Initiative: FMI), 책임운영기관(executive agencies), 시민헌장

---

[9] 물론 경우에 따라 집권당 일반의원들이 수상과 각료의 의견에 반기를 드는 경우가 전혀 없는 것은 아니다. 특히 수상의 권위가 약해져 있을 경우 이런 일이 발생할 수 있다.

[10] 영국 보수당 정부의 행정개혁은 신공공관리(New Public Management: NPM) 행정개혁으로 명명되고 있다. NPM에 대해서는 Aucoin(1990), Hood(1994), Hughes(2003) 등을 참조할 것.

(Citizen's Charter) 등에 한정해서 살펴본다.[11]

1) 주요 행정개혁의 내용

Thatcher 정부가 가장 먼저 시행한 행정개혁 프로그램은 능률성 진단이다. 이 프로그램의 목적은 폐지하거나 축소할 정부기능과 행정절차를 발굴하고, 정부 기능수행과 관련되는 절차나 제도 중에서 비능률적인 요인을 찾아내서 이를 개선함으로써, 정부 각 부처의 낭비적 지출 요인을 없애고 능률성을 증진하는 것이었다. 이 프로그램을 수행하기 위해 Thatcher 수상은 내각사무처(Cabinet Office)에 능률진단팀(Efficiency Unit)을 설치하고, 민간 백화점(Marks & Spencer)의 사장이었던 Rayner로 하여금 이 사업을 담당하게 하였다. 능률진단팀은 총 8명(공무원 2명, 기업에서 파견된 민간인 3명, 일반 직원 3명)으로 구성되었다(총무처직무분석기획단(이하 기획단), 1997: 271; 서필언, 2005: 425).

구체적인 능률성 진단은 진단 대상이 되는 해당 부처의 주관 하에 조사팀을 구성하여 실시하는 방식을 취하였다. 진단 대상 분야의 선정은 각 부처의 장관과 능률진단팀의 협의로 결정되었으나, 각 부처는 능률성 진단을 스스로의 주관 하에 실시하였다. 능률진단팀은 이러한 작업이 잘 추진될 수 있도록 지원함과 더불어 진단의 이행을 점검하는 역할을 수행하였다(기획단, 1997: 271; 서필언, 2005: 425-426).

Thatcher 정부 초기부터 1985년경까지 400건이 넘는 능률성 진단이 행해졌으며, 종합적으로 볼 때, 능률성 진단은 정부 기능 수행 상의 여러 문제들을 발견했고, 상당한 비용 절감을 성취한 것으로 평가되었다. 그러나 이 프로그램은 기존 정부 구조 내에서 능률성의 향상을 추구한다는 제한된 의의를 지닌 개혁 방안이었다(Gray & Jenkins, 1994: 414; 서필언, 2005: 426).

재정관리 개혁(FMI) 프로그램은 1982년 재무부(The Treasury)의 주도 하에 시행되었는데, 능률성 진단보다 포괄적이어서 모든 중앙 부처와 기관들을 대상으로 하였다. FMI는 관리자들에게 자신의 임무를 수행하는데 필요한 수단을 제공한 뒤, 차후 이에 대한 책임

---

11) 이 절의 내용은 주재현(2010b) 중 일부를 토대로 한다. 또한 여기서 논의되는 보수당 정부 행정개혁의 내용은 이 책의 제2부 3장(Thatcher/Major 정부[1979-1997] 행정개혁의 정치적 의도와 효과)에서 제시되는 내용과 일부 중복임을 밝힌다.

을 묻고자 하였으며(Gray & Jenkins, 1994: 414; 기획단, 1997: 272), 이를 위해 각 부처/기관의 사업 목표를 좀 더 명확히 하여 이를 예산 편성에 반영하고, 예산 편성과 관리 방식을 개편하여 예산 집행에 대한 책임을 강화하고자 하였다(서필언, 2005: 427).

FMI의 도입은 전통적인 예산제도의 비탄력성을 극복하고, 예산의 자율성을 확대하는 것으로부터 출발하였다. 각 부처는 총 운영경비와 인력의 범위 내에서 항목이 아닌 사업 단위로 예산을 편성하게 되었으며, 하부 조직의 관리책임자에게 운영과 예산에 대한 권한과 그에 따른 책임을 부여하도록 하였다. 또한 각 부처가 절감한 예산에 대해서는 이월이 허용되었다(서필언, 2005: 428; 기획단, 1997: 272).

FMI는 능률성 진단 프로그램 보다 그 파급효과가 큰 조치로 평가된다. FMI의 시행에 따라 예산관리 권한의 하부 위임과 그에 따른 책임이 강화되었다. 조직 구조는 업무의 필요에 따라 재구성되고, 조직 구성원들은 목표를 갖게 되었으며, 성과에 대한 평가와 차등적인 보상 개념이 도입되었다. 또한 관리자들의 자율성이 신장되었다. 그러나 FMI의 성과가 모든 부처에서 동일하게 나타나지는 않았다. 특히 목표의 설정이나 목표 달성 정도에 대한 측정이 어려운 경우가 난점으로 제기되었으며, 공무원들이 여전히 스스로를 관리자로 보고 있는지에 대한 의문이 제기되었다(서필언, 2005: 428-429).

FMI는 정부 활동의 재정적 측면에 집중함으로써 기대할 수 있는 변화의 정도가 제한될 수밖에 없었다. 이러한 맥락에서 1988년 당시 수상의 능률고문이었던 Robin Ibbs는 그간 정부 내에 어느 정도 관리 측면의 개선이 있었는지를 조사하고, 대안을 제시하는 보고서를 작성하였다.[12] 이 보고서는 그동안 상당한 관리 측면의 개선이 있었으나, 근본적인 문제점이 있다고 진단하였다. 지적된 문제점들은 다음과 같다. 첫째, 고위 관료들은 정책의 형성에는 재능을 보이고 있으나, 정책집행 기능의 관리경험은 부족하다. 둘째, 행정 관료들은 결과에 대한 관심이 부족하며, 관료들의 성과향상을 촉진할 외적인 압력도 충분하지 않다. 셋째, 행정관료 집단은 하나의 단위로 관리되기에는 그 규모가 너무 크다(Kemp, 1990: 187-188).

이러한 문제점을 해소하기 위해 보고서가 제시한 처방은 먼저 중앙정부의 기능을 정책형성 기능과 정책집행 기능으로 분리하는 것이다. 그리고 각 정부 부처 하에 책임운영

---

12) Ibbs Report라고도 불리는 이 보고서의 원제는 *Improving Management in Government: The Next Steps*이다.

기관(executive agencies)을 두고, 정부의 정책집행 기능은 그 곳에서 담당하며, 책임운영기관은 장관에 의해 정해진 정책과 재원의 틀 내에서 활동하도록 한다. 책임운영기관에 집행 기능을 넘겨준 중앙 부처는 정책적인 업무와 핵심 목표의 관리에 집중한다(Kemp, 1990: 188; 서필언, 2005: 429-430).

책임운영기관의 설치는 해당 기능의 민영화나 민간위탁이 어려운 경우로 한정하였으며, 책임운영기관은 여전히 공무원 조직이고, 근무자들은 공무원 신분을 유지하였다. 책임운영기관의 장(chief executive)은 공직 내외에서 공모하여 계약에 의해 채용되도록 하였고, 조직·인사 등의 관리 기능에 대한 자율권을 부여받으며, 사전에 장관과 합의한 목표 및 기준에 따라 운영 성과를 평가받아 이에 따른 보상을 받는다. 관리자들이 진정한 관리 책임과 예산권을 지니게 되었다는 점에서 이전의 재정관리 개혁과 차별화된다. 한편, 책임운영기관의 활동에 대해서는 장관이 의회에 책임을 지지만, 책임운영기관의 장도 독자적인 책임성을 지닌다.13) 그러나 이는 장관과 책임운영기관장 간의 책임의 한계가 어떠한지에 대한 혼란을 야기하였다(서필언, 2005: 430-433; Kemp, 1990: 189-1993).

1990년대 들어 보수당 정부의 개혁은 서비스의 질적 수준에 대한 관심으로 진전되었다. 공공서비스의 품질과 공공서비스에 있어서의 소비자주권에 대한 인식이 본격화된 것은 1980년대 말이며, 이는 1991년 7월에 발족된 시민헌장제도(the Citizen's Charter Initiative)를 통해서 구체화되었다(Doern, 1993: Gray & Jenkins, 1993). 시민헌장제도는 공공기관들이 제공할 서비스의 명확한 수준(standards)을 제시한 '헌장'을 제정하고 이를 준수하기 위해 노력하는 제도이다. 물론 제시되는 서비스의 수준은 시민들의 기대를 충족시킬 수 있을 만큼 높을 것으로 기대되며, 만약 시민들에게 약속한 수준의 서비스 제공이 이루어지지 못할 경우 시민들은 시정과 보상을 요구할 수 있다(기획단, 1997: 274-275; 서필언, 2005: 434-435).

시민헌장제도는 중앙정부 부처나 기관 뿐 아니라 국유화된 산업, 지방정부, National Health Service, 경찰과 긴급구조 서비스, 학교 및 병원 등에도 적용되었다. 전기·가스·수도 등 민영화된 공공기업들도 예외는 아니었으며 사실상 공공서비스의 대부분의 영역이 해당되었다. 한편, 서비스의 질을 향상시키려는 노력을 독려하기 위해 우수한 성

---

13) 책임운영기관의 장도 하원의 특별위원회(select committee)에 출두하여 발언하여야 한다.

과를 낸 기관에게는 시민헌장상(the Chartermark)을 수여하는 제도를 운영하였다(주재현, 2000).

시민헌장제도는 책임운영기관의 설치에 의해서 그 도입이 원활할 수 있었다. 1997년 노동당 정부가 집권하기까지 40개가 넘는 국가헌장(National Charters: 중앙정부 부처가 발간주체인 헌장)과 10,000개가 넘는 지방헌장(local charters: 지방 공공서비스 제공기관이 발간주체인 헌장)이 개발되었다. 이러한 과정을 거치면서 비밀주의가 중요한 특징이던 영국의 행정문화에 변화가 일어나고 시민들이 접할 수 있는 공개된 자료의 범위가 증가되었다고 평가되었다(Duggett, 1998: 329).

2) 영국 보수당 정부(1979~1997년) 행정개혁의 결과

보수당 정부의 행정개혁은 처음부터 체계적인 계획 하에 진행된 것은 아니었다. 오히려 하나의 개혁 방안을 수행한 후, 그 개혁의 후속 조치를 모색하는 과정에서 다음 단계의 개혁이 도출되는 방식으로 진행되었다. 즉, 각 단계 행정개혁은 성과와 더불어 한계를 보였으며, 다음 단계의 행정개혁은 이러한 한계를 보완하는 의미를 지녔다. 보수당 정부의 행정개혁 중 특히 중앙부처 조직의 구조를 근본적으로 재구조화한 책임운영기관의 설치는 영국 행정에 엄청난 영향을 끼쳤다. 1997년 초까지 130개의 책임운영기관이 설치되었고, 책임운영기관의 운영방식을 도입하고 있는 관세청과 국세청을 포함하여 책임운영기관 형태의 기관(Next Steps Line)에 근무하는 공무원의 수는 38만 6천여 명에 달했으며, 이는 전체 국가공무원 48만 3천여 명의 약 74%에 해당했다(기획단, 1997: 298-299).

보수당 정부의 행정개혁으로 인해, 반 자율적으로 움직이는 책임운영기관과 공공기관[14]의 수 및 그 활동이 크게 확대되었다. 1980년대 중반까지 정책의 개발과 집행과정에 참여하는 행위자와 기관의 수는 일정한 정도로 제한되었다. 그러나 책임운영기관의 수가

---

14) Quangos 또는 Non-Departmental Public Bodies를 말한다. 보수당 정부는 공식적인 국가구조를 사용하지 않고 사회에 개입할 수 있는 기제로서 Quangos를 활용하였다. 이 기관들을 활용하면, 국가 규모를 줄였다고 주장하면서 공공서비스를 제공하는 것이 가능했다. 특히 노동당에 의해 장악되고 있던 지방정부의 도움 없이 주민들에게 서비스를 제공할 수 있다는 의미도 지니고 있었다. 서비스 제공이라는 측면에서는 민간 자원조직의 활용도 선호되었다. 특히 민간 자원조직은 전통적인 관료제보다 더 전문적이고 효율적인 서비스전달 수단으로 인식되었다.

급증하고, 기타 기관들(공공기관, 규제기관15), 민영화된 산업, 민간 자원조직, 연구기관(think-tanks) 등)의 정책과정 관여가 증가하면서 정치적 집행부가 이 다수의 기관들을 효과적으로 통제하는 것이 쉽지 않은 과제로 부각된 것이다. 위 기관들의 확장은 '의회 중심적이고 제한적인 국가'(a parliamentary, limited state)라는 관념으로부터 멀어지는 결과로 귀결되었다(Smith, 1999a: 113-114; 1999b: 204-212).

이러한 변화는 전통적인 장관 책임(ministerial responsibility) 개념도 약화시켰다. 특히 책임운영기관장이 직접 의회에 출석해서 발언하게 된 점은 장관 책임의 신화가 지탱될 수 없게 되었음을 보여주는 상징적인 변화였다. 물론 장관은 책임운영기관장에게 책임을 전가하는 등의 정치적 기동범위를 넓힐 수 있었으나, 장관 책임 개념의 약화는 궁극적으로 웨스트민스터 모델의 존립기반을 훼손하는 효과도 가져왔다.

정책과정에 다수의 자율적, 반 자율적 기관들이 참여하는 정책과정의 분절화(fragmentation) 현상은 정치적 집행부가 명령(command) — 계층제 기제 — 방식을 통해 참여자와 기관들을 통제하는 것보다 협상(negotiation)과 네트워크 형성 방식에 의한 통제를 지향하는 것을 불가피하게 만들었다(Smith, 1999b: 214). 그리고 이러한 파트너십 방식의 필요성은 1997년 집권한 노동당 정부에 의해 적극적으로 인지되었으며, 국정운영의 방향 설정에 반영되었다(cf. U.K. Prime Minister, 1999).

2. 노동당 정부 이후(1997~2010년)의 정치·행정개혁 및 변동

1997년 선거에서 압승을 거두고 집권한 노동당의 Blair 정부는 보수당 정부가 추진했던 행정개혁의 효과에 대응해서 중앙 및 지역 수준에서 파트너십 방식 — 네트워크 기제 — 의 국정운영을 펼침과 동시에, 영국 정치의 체제와 운영에 대한 독자적인 개혁을 추진하였다. 이 정치개혁 또한 영국 정책과정의 분절화 현상을 야기하는 요인의 하나가 되었다. 여기서는 먼저 노동당 정부 정치개혁의 배경에 대해 살펴본 후, 정치개혁의 내용과

---

15) 민영화 이후 국가의 역할은 '직접적인 서비스 제공자'로부터 '규제자'로 변화되었으며, 이에 따라 다수의 규제 기관들이 형성되었다(Majone, 1994).

그 한계에 대해 논의하고, 중앙 및 지역 수준에서 행해진 행정개혁과 거버넌스 체제 변화 노력에 대해 살펴본다.

1) 노동당 정부 정치개혁의 배경

보수당과 노동당은 웨스트민스터 모델 체제에서 매우 큰 혜택을 입은 정치 주체라고 할 수 있다. 20세기 전반기부터 양당지배 체제를 구축함으로써 정치적 기득권을 가지게 된 두 당의 지도부 간에는 웨스트민스터 모델을 유지하는데 대한 암묵적 합의가 있다고 하겠으며, 이들 간에는 일종의 클럽의식('club ethos')이 존재한다. 그런데, 1979년 집권한 보수당의 Thatcher 정부는 이 클럽의식에 큰 손상을 입혔다. Thatcher 정부는 급격한 중앙집권화(centralization)를 추진하였는데, 특히 수상의 권력을 강화하였고, 공공부문의 모든 기관들을 중앙부처 장관에게 복속시켰으며, 노동당과 자유민주당이 장악하고 있던 지방정부의 권한을 약화시켰다. 즉, Thatcher 정부는 1985년 광역런던정부를 폐지했으며, 여타 지방정부들의 조세추출과 재정지출 상의 권한을 크게 축소하였다. 그리고 지방정부가 수행했던 많은 기능들을 중앙부처 장관의 통제를 받는 준정부기관(quasi-governmental agencies; non-departmental public bodies)에게 이전시키거나 여타 지방단위 기관들(학교, 민간업체 등)에게 위임/위탁하였다(Johnson, 1999: 65; Dunleavy, 1997: 133-134).16)

이 변화의 과정에서 준정부기관의 수가 크게 늘어났으며, 지방정부 선거에서 노동당과 자유민주당에게 패했던 지방의 보수당 세력들은 새롭게 주요 기능을 수행하게 된 준정부기관의 운영을 담당하게 되었다. 1994년에 이르러, 중앙부처 장관에 의해 관장되는 준정부기관 임명직의 총 수가 대략 42,000개에 이르렀으며, 이는 선출된 지방의원의 수를 능가하는 것이었다(Dunleavy, 1997: 133).

이상 보수당 정부가 18년에 걸쳐 집권하며 추진했던 중앙집권화는 여타 정치세력들의 극심한 불만을 동반했는데, 특히 노동당은 이전에 보수당과 공유했던 클럽의식에 심대한 손상을 입었다. 이에 야당인 노동당은 Thatcher와 Major 정부 기간 동안 분권화

---

16) Major 정부는 지방정부에 남아 있는 권한의 범위 내에서는 Thatcher 정부보다 훨씬 더 유연한 파트너십 접근을 채택했지만, 재정적 의사결정과 관련된 기존의 재량권과 준정부기관 등에 이전·위임·위탁되었던 기능들을 다시 지방정부로 환원하지는 않았다.

(decentralization)와 권한이양(devolution)을 주된 개혁방향으로 하는 정치개혁을 주창하게 되었으며, 실제 집권에 성공한 1997년부터 야당시절과 선거경쟁 기간 동안 약속했던 정치개혁 프로그램을 실행에 옮기게 되었다.

2) 노동당 정부 정치개혁의 내용과 한계

노동당 정부 정치개혁에서 주목할만한 사안들은 스코틀랜드·웨일즈·북아일랜드 지역에 대한 권한이양(devolution)과 잉글랜드의 지역화(regionalization), 공공부문 정보의 개방화, 사법기관 개혁, 인권법 제정 등이다. 여기서는 다음 항에서 논의할 잉글랜드의 지역화와 3절에서 논의하게 될 인권법을 제외한 정치개혁 사안들의 주요 내용에 대해 검토한다.

1997년의 주민투표에서 스코틀랜드와 웨일즈 지역의 주민들은 각 지역에 자체적인 의회를 설립하는 권한이양을 선택하였다. 이에 따라 1999년 7월 스코틀랜드와 웨일즈에서 지역의회가 출범하였다. 또한 유혈사태가 빈발하던 북아일랜드에도 평화협정의 체결과 병행하여 1999년 북아일랜드 의회가 설치되었다. 스코틀랜드 의회는 웨스트민스터 모델과는 달리 비례대표 방식에 의해 의원을 선출함으로써 연립정부(coalition government)가 나타날 수 있는 가능성이 높아졌다.[17] 스코틀랜드 의회는 제한된 범위에서나마 소득세를 징수할 수 있는 권한을 지녔으며, 이양된 사안들 — 보건, 교육, 지방정부, 사회사업, 주택, 경제개발, 교통, 치안 등 — 에 대해서 독자적인 법률을 제정할 수 있는 권한을 부여받았다. 웨일즈 의회도 웨스트민스터 의회와는 달리 비례대표제의 요소를 지닌 의원선출제도를 통해 구성되었다. 웨일즈 의회는 스코틀랜드 의회에 비해서는 그 권한 범위가 제한되었다. 즉, 웨일즈 의회는 이차법률 입안권(secondary legislative abilities)만을 지니며, 조세권을 부여받지 못하였다. 그러나 웨일즈 의회도 다수의 정책쟁점들 — 보건, 교육, 지방정부, 환경, 경제발전 등 — 을 직접 다룰 수 있는 충분한 권한을 지닌다. 북아일랜드 의회 역시 비례대표 방식에 의해 구성되었으며, 의회의 권한은 스코틀랜드 의회와 유사하

---

17) 실제로 1999년과 2003년 선거에서 노동당과 자유민주당의 연립정부가 수립되었다. 그러나 2007년 선거에서는 스코틀랜드 민족당(Scottish National Party)에 의한 소수정부가 구성되었다.

다(Bochel & Bochel, 2004: 108-112; Dingle & Miller, 2004: 3-4).[18]

영국 정부는 전통적으로 정부 업무의 상세한 내용을 외부에 알리지 않는 비밀주의의 입장을 견지했으나, 이 전통적 교리는 정보자유법(Freedom of Information Act)의 도입에 의해 도전받게 되었다. 영국 의회는 2000년 시민의 '알 권리' 개념을 인정하는 정보자유법을 통과시켰으며, 이 법의 전면적인 효력은 2005년부터 발생되고 있다. 이 법은 정보기관을 제외한 대부분의 핵심 정부부처, 상·하원, 지역의회, 지방정부, 국가보건의료서비스(NHS) 관련 기관(health authorities), 잉글랜드·웨일즈·북아일랜드 내의 공공교육기관, 치안기관, 공기업 등 광범위한 공공기관을 대상으로 한다. 이에 따라 정보자유법은 십만 개가 넘는 공공기관들에게 영향을 미치고 있다. 일반적으로 정보제공을 요청받은 공공기관들은 20일 이내에 해당 요구에 대응해야 한다.[19] 2000년대 동안 매년 대략 십이만여 건의 정보제공 요청이 발생하였으며, 이 중 60%는 일반 시민, 20%는 기업, 그리고 10%는 언론인에 의하였다.

분권화와 권한이양을 지향하는 노동당의 정치개혁은 사법체계에 대한 변화의 압력을 동반하였다. 사법체계 개혁의 요점은 사법부와 입법부/행정부간의 명확한 권력 분립을 지향하는 것이었다. 웨스트민스터 모델에서 법관들은 대법관에 의해 임명되는데, 대법관은 내각의 일원이고, 동시에 상원의장이기 때문에 법관들의 정치적 독립성과 판결의 비편파성을 제도적으로 담보할 수 없었다. 이 문제는 후술하는 유럽인권협약의 규정과도 일치하지 않는 것으로 지적되고 있었다. 이런 배경 하에 노동당 정부는 2005년 영국 상원의 구조를 개혁하는 과정에서 사법체계의 개혁도 함께 추진하였다. 즉, 대법원장(Lord Chancellor)의 입법·사법·행정기능을 분리하여, 행정부는 정의부 장관(Secretary of State for Justice and Lord Chancellor), 사법부는 최고대법관(Lord Chief Justice), 입법부는 상원의장(Lord Speaker)으로 분리하였다. 따라서 종전의 상원의장직을 수행하는 대법원장직은 폐지되었으며, 대법관의 역할은 2009년부터 새로 형성된 영국 대법원(Supreme Court of the UK)에서 수행하게 되었다(Dingle & Miller, 2004: 3).

---

[18] 잉글랜드 지역을 대상으로 한 권한이양은 여타 지역만큼 혁신적으로 진행되지는 않았다. 좀 더 자세한 내용은 다음 항(노동당 정부의 행정개혁)을 참조할 것.

[19] 요청받은 정보를 찾는 비용을 포함해서 £600이상이 소요되는 사안은 거부될 수 있다.

그러나 이상 정리한 정치개혁의 효과는 중앙정부, 특히 수상과 내각의 영향력을 지속적으로 유지하고자 했던 노동당 정부의 의도에 의해 어느 정도 상쇄되었다(Bochel & Bochel, 2004: 107). 권한 이양에 의해 신설된 지역의회와 기관들이 성공적으로 작동하기 위해서는 적절한 재원이 확보되어야 했다. 그러나 이 신설기관들은 여전히 런던의 웨스트민스터 의회와 행정부처의 재정통제 하에 놓여 있어, 활동상의 재량에 심대한 제약을 받았다(cf. Dunleavy, 1997: 138; Dorey, 2005: 249). 또한 정보자유법은 여러 형태의 정보공개 면제규정을 담고 있었으며, 정보공개를 요청받은 공공기관들은 이 면제규정을 토대로 정보의 공개여부를 스스로 판단할 수 있어, 정보자유법의 실효성에 의문이 제기되었다. 요청했던 정보를 제공받지 못한 시민과 기관은 정부의 정보공개담당관(Information Commissioner)에게 청원을 제기할 수 있었고, 정보공개담당관은 해당 공공기관에게 정보공개를 명령할 수 있었으나, 정보공개담당관의 명령은 특별행정심판(the Information Tribunal)에 부쳐져서 무효화될 수 있었다. 무엇보다도 영국 하원의 선거체제는 비례대표제적인 요소를 가미하라는 사회적 요구에도 불구하고, 현재에 이르기까지 여전히 단순다수제로 유지되고 있다.[20]

이러한 한계에도 불구하고, 노동당 정부의 정치개혁은 잉글랜드 이외 지역과 광역런던 지역에서 영국 정부와 의회의 영향력을 약화시켰으며, 사법기관의 자율적 활동 강화와 일반 시민의 정보획득 권한 증대에 따라 정부와 의회가 상대적으로 더 위축되는 현상이 나타났음을 부정할 수 없다.

3) 노동당 정부의 행정개혁

전통적인 영국 행정은 부처주의(departmentalism)의 전형이었다. 정부는 각 부처를 중심으로 기능(functions)별로 분리되어 있었고, 각 부처는 종종 특정 전문직들과 밀접한 관

---

20) 2010년 보수당-자유민주당 연립정부의 부수상인 N. Clegg 자유민주당 당수의 주도 하에 단순다수제를 선호투표제(The Alternative Vote system)로 전환하려는 노력이 진행되었고(중앙일보, 2010, 14편), 연정 구성의 대가로서 비례성이 강화된 대안적 투표제로의 개혁 찬반에 대한 국민투표를 얻어냈지만, 영국 유권자의 다수는 변화에 반대하였다. 유권자들의 경로의존적인 보수성과 보수당-자민당 연정의 원만하지 못한 운영 등이 대안적 투표제에 대한 부정적인 인식을 강화했던 것으로 평가되었다(http://www.ohmynews.com/NWS_Web/View/at_pg.aspx?CNTN_CD=A0002146000).

련을 맺고 있었다. 또한 의회는 각 부처별 재정이 본래의 특정 목적대로 정확하게 지출되었는지를 조사하였다. 이러한 체제는 각 기능별 정부의 대책추진, 부패와 낭비의 방지, 명확한 책임의 소재 등에 있어 대체로 효율적이었다(Smith, 1999). 그러나 시간의 경과에 따라 부처주의의 약점들이 부각되었다. 정책문제가 복합성을 지니게 되면서(즉, 다수의 쟁점들이 부처별 영역의 경계에 걸쳐 있게 되면서) 정부의 문제해결 능력이 약화되었고,[21] 심한 경우에는 부처들이 정책문제에 대해 단편적으로 접근함으로 인해 문제해결의 부담을 서로 떠넘기게 되는 현상이 나타났으며,[22] 각 부처는 시민들에 봉사하기보다 자신들의 권한이나 영역을 보호하는데 더 많은 노력을 기울이는 경향이 나타나기도 하였다(Mulgan, 2005: 176-177).[23]

이 문제를 해소하기 위해 영국 정부들은 중앙 및 지방정부 수준에서 다양한 노력— 대부처주의, 종합적 사회정책 접근, 부처간 위원회, 시민헌장, 원스톱 숍 등 —을 기울였는데, 지방정부 수준에서 시행된 노력들에 비해 중앙정부 수준에서 시행되었던 정책들의 성과는 매우 제한되었다. 대부처(super-ministries)는 중앙정부 부처들의 정보 과부하 문제를 악화시켰으며, 대부처들을 감당해야 하는 장관들의 역량문제를 드러냈다. 종합적 사회정책 접근(Joint Approach to Social Policy)은 정치적 의지의 결여, 명확한 목표의 결여, 통합수준 개선 기제에 대한 관심 부족 등으로 인해 실패하였다. 또한 부처 간 위원회(interdepartmental committees)와 특별과업팀(task forces)은 수상의 정치적 관심을 충분히 받기 어려웠으며, 그 결과 큰 효과를 거두지 못하였다(Mulgan, 2005: 177-178).

이러한 조건 하에서 집권한 Blair 정부는 연계형 정부(Joined-Up Government: JUG)를 강력하게 추진하게 되었다. JUG는 부처주의(departmentalism), 터널비전(tunnel vision), 수직적 원탑(vertical silos)에 반대되는 개념으로 제시되었으며, 주된 목표는 이른바 공공기관 간, 행정수준(administrative levels) 간, 정책영역 간의 경계선에 걸쳐 있는 까다로

---

[21] 예컨대, 특정 부처의 경계선을 넘나드는 욕구를 가진 이들(예: 노인, 아동·청소년 등)에 대한 정부 대응의 민감성이 높지 않은 현상이 나타났다.

[22] 예컨대, 학교(교육담당 부처)가 '문제 학생'에 대한 지도를 포기함으로 인해 청소년 비행이 늘어나고 이것이 경찰(치안담당 부처)의 부담증가로 귀결되었으며, 교도소(내무담당 부처)가 재소자 교화나 직업훈련을 적절하게 수행하지 않음으로 인해 출소자들이 사회보장제도(복지담당 부처)에 부담을 주는 현상이 나타났다.

[23] 이하 내용의 일부는 주재현(2012: 248-250)을 토대로 한다. 또한 이 책의 제2부 4장(보수당[1979-1997년], 노동당[1997-2010년] 정부의 행정개혁과 계층제 기제의 의의)에서 제시되는 내용과 일부 중복임을 밝힌다.

운 이슈들(wicked issues)을 보다 잘 장악하려는 데 있었다(Pollitt, 2003). 또한 JUG는 상이한 복수의 정책이 상호 저해하는 상황을 제거하기 위해 수평적·수직적 조정을 달성하고자 하였으며, 이를 통해 부족한 자원의 활용을 극대화하고, 특정 정책영역의 이해당사자들(관련 중앙기관, 지방정부, 민간주체 등)이 협력함으로써 과업수행의 시너지 효과를 창출하고, 시민들에게는 분산된 서비스가 아니라 이음새 없는 서비스를 제공하고자 하였다(Christensen & Lægreid, 2007: 1060). JUG는 정책집행이나 서비스 전달에 있어서의 정부의 제도, 기술, 혹은 전문성 부족을 민간부문과의 횡단적 연계를 통해 극복하려는 노력으로 확장되었다(Barrett, 2003: 2).

노동당 정부의 JUG 추진에 배경이 되었던 구체적 요인들은 다음과 같다. 첫째, 노동당 정부가 주목했던 다수의 문제들— 사회적 배제, 가족, 범죄, 기업의 경쟁력, 환경 등 —은 부처주의적인 구조와 수단으로 쉽게 해소될 수 없었다. 둘째, 사회과학의 연구 성과를 통해, 위의 문제들을 포함한 사회문제들은 상호 연결되어 있어, 하나의 문제를 해결하기 위해서는 여러 수단들이 동원되어야 한다는 것이 널리 알려졌다. 셋째, 이전 보수당 정부의 신공공관리(NPM) 개혁은 명백한 한계를 지녔음이 드러났다. 즉, NPM 개혁은 다수의 책임운영기관과 비정부부처공공기관(NDPBs)에 의해 운영되는 행정 구조를 야기했는데(파편화[fragmentation] 현상), 이 단일목적 기관들은 위와 같은 복합적인 문제에 대처하는데 특히 취약했던 것이다. 나아가 이 기관들은 복합적인 성격의 문제를 방치했고, 정보공유 노력을 충분히 기울이지 않았고, 인터넷의 잠재력을 활용하는데 한계를 보였다. 넷째, 기술 및 조직 관련 기법이 신속하게 발전했으며, 특히 수평적인 의사소통과 조정의 비용이 빠르게 감소되었다. 이러한 변화로 인해, 전통적인 조직구조보다 네트워크 조직이 더 중요한 활동의 단위가 될 수 있는 여건이 조성되었다. 다섯째, 소비자주의의 확대를 배경으로 시민들은 더 나은 서비스를 원했으며, 이는 전통적인 부처 구조에 의해서는 달성되기 어려운 것이었다. 따라서 시민고객 집단의 욕구충족이라는 기준을 적용할 경우 정부의 조직구조가 어떻게 달라질 것인지를 검토하는 것이 당연한 것으로 받아들여졌다(Mulgan, 2005: 178-180; 박천오 외, 2012: 91-92).

이에 Blair의 노동당 정부는 1999년의 백서(*Modernizing Government*)에서 연계형 정부(JUG)와 횡단적 정책(cross-cutting policy)을 펼쳐나가야 한다고 주장하였다. 또한 네트워크 기제에 토대를 둔 거버넌스 체제의 구축이 노동당 정부가 추진해야 할 과제라고 천명하였다. 즉, 노동당 정부는 시장 경쟁(market competition)과 계층제적 감독(hierarchical oversight)을 강조했던 이전의 보수당 정부와는 달리 주로 네트워크 기제를 강조하는 행정개혁 방향을 채택했다고 볼 수 있다.

이와 더불어 노동당 정부는 이러한 네트워크 구축이라는 접근법을 지역개발의 영역에서도 활용하고자 하였다. 영국은 전통적으로 중앙정부의 역할과 영향력이 중심이 되는 국정운영 체제를 운영해왔으며 지방정부의 역할은 중앙정부를 지원하는 데 한정되었다. 특히 Thatcher의 보수당 집권기 동안 주로 노동당이 운영했던 지방정부의 영향력을 더욱 약화시키기 위해 지방정부의 기능을 축소하고, 축소된 기능을 다양한 단일목적 준자치지방기구(Quangos: Quasi-autonomous non-government organizations) 또는 비정부부처공공기관(NDPBs: Non-Departmental Public Bodies)[24]을 통해서 수행하였다. 이에 따라 1980~1990년 동안 지방분권을 요청하는 목소리가 커지고 있었고, 잉글랜드 지역 외의 북아일랜드, 스코틀랜드, 그리고 웨일즈 지역에서는 분권화(devolution) 요구로 나아가는 움직임이 나타나고 있었다(이종호, 2011: 554; 김재홍, 2011: 193).

따라서 1997년 집권한 노동당 정부는 중앙정부의 영향력은 유지하면서 지방 분권의 형식을 강화하는 전략을 모색하였다. 즉, 광역 수준에서 분권적 성격을 지닌 경제개발기구인 지역개발기구(Regional Development Agencies: RDA)를 설치하였다. 1999년 4월(런던 제외 8개 지역) 및 2000년 7월(런던)에 잉글랜드를 9개 지역으로 구분한 지역개발기구가 출범하였다.[25] 이 기구들의 주된 임무는 해당 지역의 투자확대와 고용기회 창출 등과 같은 지역경제 활성화였다.[26]

---

[24] 앞의 각주 14 참조.

[25] 스코틀랜드와 웨일즈에는 이미 스코틀랜드개발청(Scotland Enterprise) 및 웨일즈개발청(Wales Development Agency)과 같은 지역개발기구가 설치되어 있었으며, 이의 기능강화가 추진되었다. 이전 항(노동당 정부 정치개혁의 내용과 한계)을 참조할 것.

[26] RDAs의 출범과 더불어 각 지역에는 지역회의(Regional Chambers)의 설립이 추진되었다. 지역회의는 해당 지역 RDA의 활동을 모니터하는 기능을 지니며, 지역 내 기업·교육기관·비영리단체·노조 등의 대표로 구성되었다. 그러나 잉글랜드 주민들은 각 지역에 새로운 의회(Assemblies)의 설립을 원하지 않아, 잉글랜드 지역의 권한이양은 지역의회의 설립으로까지 나아가지는 않았다. 하지만 런던지역은 예외였다. 런던 주민들은 주민투표에서 선출직 시장(Mayor)과 의회(Assembly)의 설립을 지지했으며, 이에 2000년의 선거를 통해 새로운 형태의 시 정부(city government)가 출범했다. 시의원선거는 비례대표 방식으로 진행되었고, 시의회는 광역 런던의 경제·사회·환경발전을 추진하는 권한을 지니고, 런던개발기구(London Development Agency), 런던교

RDA는 기존에 중앙정부의 지역 단위 사업을 중개하던 지역청(Government Offices for the Region)의 관할 구역을 토대로 설치되었다. RDA는 지방정부와 기존의 다양한 지방 Quangos 및 중앙정부의 지역청 등의 업무를 파트너십의 형태로 통괄하는 법적 기구로서 지역 차원의 재정적 재량권과 계획권 및 집행권을 부여받았다. RDA의 설립 당시 중앙 주무부처는 환경·교통·지역부였으나 2001년부터 통상산업부가 주무부처가 되었다(김재홍, 2011: 193; 이종호, 2011: 554-555).

RDA는 지방분권의 형식을 띤 중앙집권 체제의 연장이었다는 점에서, 그리고 기존의 지역청 체제에서 설정된 지역 경계의 한계를 넘어서지 못했다는 점에서 문제점을 지니고 있었으며, 2010년에 출범한 Cameron 정부는 런던을 제외한 지역에서 RDA를 폐지하고 그 기능의 일부를 30~40개에 이르는 지방산업협의회(LEP: Local Enterprise Partnership)에 이관하였다(김재홍, 2011: 187). 그러나 RDA는 지역 수준에서 거버넌스 체제의 형성을 통해 경제적 발전을 모색했었고, 이는 LEP의 운영에도 영향을 미쳤다는 점에서 주목할만한 시도였다고 하겠다.

3. 유럽연합의 영향력 증대 및 브렉시트(Brexit)

1) 유럽연합 개요

제2차 세계대전을 겪은 후 유입 국가들은 전쟁의 재발을 방지하기 위한 수단의 하나로 1952년 프랑스의 주도 하에 석탄 및 강철 등의 자원 공동개발을 추진하였다. 이러한 작업을 통해 유럽 국가들 간의 공동체 의식을 강화할 수 있을 것으로 믿었기 때문이었다. 이러한 노력은 어느 정도 성과를 보였고, 이에 협력의 영역이 점차 확대되었으며, 1965년에 유럽경제공동체(European Economic Community)가 이러한 노력을 대표하는 기구가 되었다. 이후 1992년 유럽경제공동체가 유럽공동체(European Community: EC)로 명칭이 변경

통기구(Transport for London), 광역경찰기구(Metropolitan Police Authority) 등을 관할하며, 런던시장을 견제하는 기능을 지녔다. 한편 런던시장은 런던의 경제·사회·환경·교통정책 등의 영역에서 정책을 추진·조정하고 리더십 역할을 수행하는 역할을 부여받았다(Dorey, 2005: 248-250; Dingle & Miller, 2004: 4).

되었으며, 같은 해에 유럽연합조약에 의해서 유럽연합(European Union: EU)이 탄생되었다. EU는 유럽 국가들이 경제적·정치적 통합을 자발적으로 받아들여, 더욱 상호의존적인 관계를 형성하기 위해 존재하는 것으로 인식되었으며, 유럽의 정치 엘리트들은 통합에 근접해갈수록 유럽이 더 부유해지고 강해질 것이라는 믿음을 공유하는 것으로 생각되었다(Peterson, 1999: 255).

EU의 주요 기관들은 다음과 같다.

- 유럽평의회(European Council): EU의 최상위 권위체로서 27개 회원국의 대표(국가나 정부의 수장)와 유럽위원회(European Commission)의 장, 그리고 평의회의 대통령으로 구성된다. EU의 정책의제와 전략을 규정하고, 회원국 간의 분쟁과 주요 정치적 위기와 쟁점을 해소하며, 주요 문서(국제협약서 등)에 비준하는 역할을 담당한다.
- 유럽장관회의(European Council of Ministers): 유럽연합의 핵심적인 입법기관이다. 27개 회원국의 장관들로 구성되며, 논의 주제에 따라 회의의 구성원이 변한다. 아래에서 서술하는 유럽위원회의 제안에 따라 유럽의회와 더불어 법률을 제정한다.[27]
- 유럽위원회(European Commission): EU의 정책형성을 주도하고 장관회의의 결정을 집행하며 일상적인 관리를 책임지는 EU의 행정(집행)기관이다. 유럽의 협약들을 수호하고, EU의 입법내용이 각 회원국에서 실행에 옮겨지는 과정을 관장한다. 내각의 장관과 같은 역할을 수행하는 위원들(Commissioner)[28]로 구성되며 그중의 1명이 위원회의 수장이 된다. 이 위원회 수장은 유럽평의회에 의해 임명되며, 다른 위원들은 수장의 동의하에 유럽장관회의에 의해 임명되고, 이들은 이어서 유럽의회의 승인을 받아야 된다.
- 유럽의회(European Parliament): 유럽장관회의와 더불어 EU의 입법을 담당한다. 의회와 장관회의는 공동으로 법안과 예산안을 심의·의결한다. 유럽위원회는 의회에 책임을 진다. 유럽의회의 의원들(Members of the European Parliament)은 5년마다 각국 유권자들에 의해서 직접 선출된다. 의장과 부의장은 의원들로부터 2년 반마다 선

---

[27] 전통적으로 유럽의회는 입법에 큰 영향을 행사하지 못하였다. 따라서 EU의 입법은 장관회의가 주도했었으나, 최근 들어 의회의 권한이 확장되어, 현재에는 의회와 장관회의가 입법권을 반분하고 있다.
[28] 각 회원국에서 1명씩의 위원을 보유하고 있다.

출된다.
- 사법기관(Courts): EU의 사법기관은 유럽법원, 일반법원, 행정심판소로 구성된다. 유럽법원(Court of Justice)은 회원국과 주요 기관들에 의해서 제기된 사례, 그리고 회원국 법원에서 의뢰된 사례들을 취급한다. 일반법원은 회원국 내 개인과 회사들이 EU 법원으로 직접 제기한 사안들을 다루며, 행정심판소는 EU와 그 행정공무원간의 분쟁사안을 처리한다. 특히 EU의 법률은 회원국 법률에 우선하는 것으로 되어 있기 때문에, 유럽법원은 유럽위원회와 회원국 정부 간의 분규를 취급하게 된다.

2) 웨스트민스터 모델에 대한 유럽연합의 영향

지역적으로 영국이 유럽의 일부라는 점은 분명하나, 영국민은 자신들을 유럽대륙과 구분하는 경향을 보였다. 역사적으로 영국은 유럽의 세력균형을 유지하려는 목표를 지녔으며, 제2차 세계대전 후 영국 관심의 정향은 주로 영연방(the Commonwealth of Nations)[29]과 미국을 향했다. 영국이 1973년에 뒤늦게 유럽공동체에 가입한 후에도 영국은 유럽의 경제 및 정치 협력의 증진을 위한 모든 단계에서 회의적인 입장을 견지하였으며, 유럽연합 탈퇴 전에는 회원국 중에서 유럽의 통합에 대해 가장 조심스러운 입장을 취하였다(cf. Freedman, 1996: 316).

EC(EU)에 대한 영국의 이러한 인식의 배경에는 영국 내 신우파와 좌파 모두가 EC(EU)를 부정적으로 보고 있다는 점이 놓여 있었다. 신우파는 유럽연합을 사회주의적인 위협 세력으로 인식하였고, 유럽통합을 통해 영국의 주권을 상실할 것을 두려워했다. 특히 Thatcher 수상에게 유럽은 단지 영국 자본주의를 위한 시장의 의미를 지닐 뿐 정치적 통합 등은 전혀 받아들일 수 없는 사안이었다. 한편 좌파들은 유럽의 통합이 자유무역을 통해 자본주의를 더욱 강하게 하고, 이에 따라 사회주의의 이상과 노동계급의 영향력에 부정적인 효과가 나타날 것을 우려했다(Kingdom, 1991: 81; Freedman, 1996: 317). 이러한 배경에서 영국 역대 정부들의 대 유럽정책은 유럽통합의 추세를 저지하고, 영국 국가와 의회주권과 독립성을 지키는 것을 주된 목표로 하였다. 1997년에 집권한 노동당 정부는 이

---

[29] 영국을 중심으로 해서 과거 영국의 식민지였던 국가들을 위주로 결성된 국제기구를 말한다.

전 정부들에 비해 상대적으로 유연하고 우호적인 대 유럽전략을 채택하였으나, '기본적인 사항들'— 조세, 경제관리, 사회보장, 이민, 외교·국방 등 —에 있어 종래의 기존 입장을 유지함으로써 영국의 전형에서 크게 벗어나지는 않았다(Smith, 2006: 164-165).

그러나 전통적인 웨스트민스터 모델을 고수하고자 했던 영국 정부들의 노력에도 불구하고, 유럽연합은 지속적으로 웨스트민스터 모델에 대한 도전이 되었다. 영국이 유럽연합의 회원국이라는 것은 곧 유럽연합에서 만들어진 법들이 영국 의회에서 입안된 법들에 우선한다는 것을 받아들인다는 의미를 지니기 때문이었다.[30] 이런 점에서 유럽통합의 진전과 웨스트민스터 모델의 고수 간에는 일종의 제로섬 게임이 존재한다고 볼 수 있었다. 전자가 진행되는 만큼 후자는 후퇴할 수밖에 없는 상태에 있었다(Peterson, 1999: 253). 영국의 유럽연합 탈퇴 전에 양자 간의 관계가 한 쪽 방향으로 완전히 넘어간 상태는 아니었지만, 웨스트민스터 모델에 상당한 충격이 가해졌다는 점은 부정할 수 없는 사실이었다.

1990년대 중반을 기준으로 할 때, EU 회원국들이 새롭게 입안하는 국내법의 1/2~1/3 정도가 EU 법률에서 연유하고 있어, EU는 이미 상당한 정도의 초국가적인 권력을 행사하고 있었다는 분석이 있다(Peterson, 1999: 255). 유사한 맥락에서 영국 내에서 형성되는 신 경제규제 및 사회규제의 70% 정도가 EU 법률에 기원을 두고 있었으며, 영국 내 핵심적 쟁점에 대한 통제가 이미 EU 수준으로 상향되어 취급되고 있었다(Dunleavy, 2006: 337).[31]

이러한 맥락에서 영국의 각종 기관과 제도들(institutions)은 EU의 요구에 적응해야 했고, 영국 의회가 유럽과 관련된 사안을 취급하기 위해 사용하는 시간은 지속적으로 증가되었으며, 관료제 내에도 유럽에 대응하기 위한 부서들이 늘어났다. 한편, 다수의 지방정부들이 영국 의회와 중앙정부를 거치지 않고 EU와 직접 접촉하는 빈도가 늘어났으며, 각종 압력단체들(예컨대, 노조, 환경단체 등)도 영국 정부와 의회를 무력화하기 위한 수단으로

---

[30] EU의 법령은 회원국 의회의 동의 여부에 관계없이 회원국에 그대로 적용되며, EU의 법령과 회원국 법령이 충돌할 경우 EU의 법령이 우선하고, 논란이 발생할 경우에는 법원이 이에 대한 결정권을 행사한다. EU 회원국이 적용받는 기본적인 규정에는 각종 조약(Treaties), 유럽인권협약, 유럽법원의 판결 등이 있다(서퍼언, 2005: 31).

[31] 모든 정책 영역에서 EU의 영향이 동등한 정도로 작용하는 것은 아니었다. 특정 정책 영역(농업, 무역/산업 등)이 여타 영역에 비해 EU의 영향에 더 민감하였다(Dorey, 2005: 234).

대 EU 활동을 증대시켰다(Freedman, 1996: 320). 사법적 측면에서도 EU의 영향력이 커졌다. 노동당 정부는 1998년 인권법(Human Rights Act)을 제정하여 유럽인권협약(European Convention on Human Rights)의 주요 내용을 수용하였다. 이에 따라 영국 사법체계의 운용에 있어 EU 차원이 개입하는 것을 피할 수 없게 되었으며, 특히 이민자·난민·망명요구자 등의 인권문제와 대 테러 입법의 채택에 있어 EU의 영향이 크게 작용하였다(Smith, 2006: 163).[32]

EU 법령의 영국 내 적용과 권한 확대에 따라 나타났던 변화들을 정리하면 다음과 같다. 첫째, 종전에 영국 의회가 제정한 법률들 간에는 서열이 없었지만, EU의 법령이 영국 내에 적용되면서 법령 간의 서열이 나타나게 되었다. 둘째, EU 법령과 영국 국내법이 충돌할 경우, 이를 판단할 수 있는 권한을 상위 법원이 가지게 되었다. 웨스트민스터 모델에서는 이러한 판단 권한을 모두 영국 의회가 행사하는 것으로 되어 있었으나, 이제는 상황에 따라 의회가 아닌 다른 주체도 이러한 결정권을 행사하는 변화가 발생하였다. 셋째, 영국이 국내법에 우선하는 EU 법령을 적용받게 됨으로써 영국도 법률보다 상위의 성문헌법과 유사한 존재의 규정을 받게 되었다. 넷째, 영국 내 공공정책에 관한 의사결정 권한의 상당 부분이 영국 의회에서 EU로 이관됨으로써 특정 분야에서는 영국의 독자적인 자주권 행사가 제한되었고, EU와의 협의와 공동 이해에 따라 제약을 받게 됨으로써 영국의 각종 행정제도도 이러한 변화의 영향을 받게 되었다(서필언, 2005: 32).

보수당 정부(Thatcher 정부 및 Major 정부)와 노동당 정부(Blair 정부 및 Brown 정부)를 거치면서 EU로부터 가해졌던 대외적인 충격은 웨스트민스터 모델의 핵심 원리인 의회주권과 장관 책임 개념에 대한 심각한 도전이었다. 영국 의회와 내각의 결정에 제약을 가할 수 있는 주체(즉, EU)가 존재한다는 관념은 영국 정치·행정·사법체계의 틀을 변화시켰으며, 그 틀 내에서 활동하는 행위자들의 인식과 행동에 영향을 미쳤다.

---

[32] 인권법은 영국의 판사들이 유럽 법원의 판결을 참조하고, 유럽인권협약의 내용과 취지에 어긋나지 않는 법해석을 할 것을 요구하였다. 그러나 인권법은 영국 판사들이 영국 의회의 특정 법률의 내용이 유럽인권협약의 취지와 걸맞지 않는다고 판단할 경우라도 의회의 법을 무효로 하지는 못하도록 하고 있다. 판사에게 허락된 권한은 영국 의회의 법률과 '협약'이 상호 부합되지 않는 점이 있다는 것을 공표하는 것에 한정되는데, 이 공표가 영국 의회 법률의 타당성에 영향을 미치지는 않았다. 이는 영국의 인권법이 여전히 '의회주권' 원칙을 수용하고 있음을 보여주었다. 그러나 이러한 제한된 결과에 만족하지 못하는 영국 내 개인은 이 쟁점을 유럽법원으로 가져갈 수 있었다.

3) 영국의 대응: 브렉시트(Brexit)[33]

영국의 주류 정치인들은 기본적으로 EU를 적극적으로 지지하지는 않았지만, EU의 영향력 증대에 대한 그들의 실제 대응은 이를 수용하는 입장과 그렇지 않은 입장으로 양분되었다. EU의 영향력 증대를 수용하는 입장은 EU와 유로[34] 존(eurozone)의 영향을 벗어나기 어려운 영국의 현실을 고려하여 실용적인 관점에서 EU 내에서 EU를 상대하자는 것으로 정리될 수 있었다. 반면, EU의 영향력 증대에 대해 부정적인 입장은 영국의 주권을 지키기 위해서 EU에 강하게 대응해야 하며, EU에서 탈퇴할 수도 있다는 다소 이념적인 태도가 주를 이루었다(Freedman, 1996; Smith, 2006).

이러한 입장의 차이는 두 개의 주류 정당인 보수당과 노동당 모두에 해당되었지만 그 강도는 '영국적 전통'을 강조하는 보수당에서 훨씬 강하였다. 특히 Thatcher와 Major를 거치면서 이른바 '유럽회의주의자'(Eurosceptic)[35]들의 당내 영향력이 강해짐에 따라 보수당은 상당한 내분을 겪게 되었고, 이는 1997년의 선거에서 Blair의 노동당에게 정권을 내주는 원인 중의 하나가 되었다. 당의 내분은 2010년의 총선 시까지 지속되었으나, 당시 2008년의 경제위기 하에서 Brown의 노동당 정부가 유권자들에게 믿음을 주지 못하였다는 점과 '큰 사회(Big Society)'라는 새로운 캐치프레이즈를 내세운 새 당수 Cameron에 대한 기대 등의 요인에 힘입어 보수당은 다시 총선에서 승리하고 정부를 구성할 수 있었다.[36]

그러나 EU를 둘러싼 보수당의 분열은 영국독립당(UK Independence Party)의 약진으로 인해 다시 격화되었다. 유럽회의주의와 우익 포퓰리즘에 토대를 두고 1993년에 창당된 영국독립당은 오랫동안 주류 정치의 장에 안착하지 못하고 있었다. 그러나 2008년 경제위기 이후 집권한 Cameron 정부의 긴축정책(특히 보건의료·복지·교육 등에 대한 지출삭감)

---

33) Brexit는 영국(Britain)과 탈퇴(exit)의 합성어로서 영국이 유럽연합을 탈퇴한다는 의미이다.
34) 유럽연합의 공식 통화로서 27개 EU 회원국 중 19개 국가와 EU에 속하지 않는 일부 국가에서 사용되며, 유로를 사용하는 국가들을 통틀어 유로 존이라고 부른다.
35) 유럽의 통합에 반대 또는 반발하는 정치적 행위자를 통칭하며, 그러한 이념이나 사상을 유럽회의주의(Euroscepticism)라 한다.
36) 다만, 보수당이 의석의 과반을 획득하지 못함에 따라 자유민주당과 연립정부를 구성하였다.

에 대한 유권자들의 불만에 힘입어 2013년의 영국 지방선거(22% 득표)와 2014년의 유럽의회선거(27.5% 득표)에서 크게 약진하였다. 영국독립당과 지지기반이 일부 중첩되는 보수당의 의원 상당수의 우려와 재연하는 당 내부의 분열을 완화하기 위해서 Cameron은, 만약 보수당이 2015년의 총선에서 승리한다면 2017년 말 이전에 영국의 EU 탈퇴 여부에 대한 국민투표를 실시할 것이라고 천명하였다. 보수당은 2015년 총선에서 승리했으나, 전국 득표율에서 세 번째의 위치를 차지한 영국독립당(13% 득표)의 존재를 무시할 수 없는 상태에 처하였다. 이에 Cameron은 총선 시의 약속이었던 국민투표를 2016년 6월 실행에 옮기게 되었다(Pettifor, 2017; 박상현, 2017: 161; 황기식 외, 2017: 9).

Cameron을 비롯한 영국의 정치엘리트들은 영국 유권자의 다수가 EU 탈퇴(Brexit)에 찬성하지 않을 것으로 판단했으나, 결과는 3.8%의 차이로 브렉시트에 찬성하는 이들이 많은 것으로 나타났다(투표율 72.2%; 찬성 51.9%; 반대 48.1%). 이러한 투표 결과에 책임을 지고 Cameron은 수상직에서 물러났으며, 이후 May 수상과 Johnson 수상을 거치면서 브렉시트가 진행되었다.[37]

브렉시트 국민투표 결과를 지역별로 살펴보면, 잉글랜드와 웨일즈 지역에서 탈퇴 찬성이 잔류보다 각각 7%, 5% 많았던 반면, 스코틀랜드·북아일랜드·런던에서는 탈퇴 찬성(38%, 44%, 40%)이 잔류보다 적었다. 즉, 영연방 내에서는 런던을 제외한 잉글랜드와 웨일즈의 탈퇴 찬성이 높았고, 잉글랜드 지역 중에서는 특히 맨체스터, 버밍엄, 리즈 등 옛 공업도시가 밀집된 중부에서 탈퇴 지지표가 많았다. 학력과 가구소득 기준으로는 중하위 소득의 저학력 계층에서, 직업과 인종 기준으로는 비전문직 백인 육체노동자에서 탈퇴 찬성표가 많았다(이영석, 2017: 135; 김경락, 2019: 192).

이러한 결과는 얼핏 낙후한 산업지대의 '뒤쳐진 자들(the left behind)'이 2008년의 세계경제위기 하에서 세계화와 현대화의 흐름에 반대한 채 극우파의 반 이민 쟁점에 호응하면서 나타난 것이라는 해석을 가능하게 한다(Goodwin & Heath, 2016; Hobolt, 2016; Pettifor, 2017). 그러나 2016년의 브렉시트 투표결과에 대해서는 좀 더 깊이 있는 검토가 필요하

---

37) Cameron이 물러난 후, 국내적으로는 경성 브렉시트(hard Brexit: 경제적 손실을 감수한 EU로부터의 신속한 탈퇴)와 연성 브렉시트(soft Brexit: 경제적 손실의 최소화를 위한 과도기의 필요성 요구)간의 분열이 있었고, EU와는 실제 브렉시트의 기간과 조건 등을 둘러싼 지난한 협상의 과정이 있었다. 여기서는 이에 관한 세부 논의는 생략한다. 좀 더 자세한 정리는 안병억(2019), 황기식 외(2017), 김명용(2020) 등을 참조할 것.

다. 왜냐하면 브렉시트는 영국이 유럽공동체에 가입했던 1970년대부터 나타난 영국 정치 엘리트들의 정책적 선택에서 그 단초를 찾을 수 있기 때문이다. 즉, 영국의 정치 지배층은 고파운드화 전략과 금융제도의 개선(자유로운 자본이동과 세율감면 등)을 통해 런던이 국제금융의 중심지가 될 수 있도록 추진했던 반면, 국제적 경쟁력을 잃어가던 전통적인 산업들(철강, 선박, 자동차, 광산업 등)의 경쟁력을 더욱 약화시켰으며, 이에 따라 전통적인 제조업 부문에서 증가한 실업자들에 대해서는 복지 의존층이라는 낙인을 찍는 행태를 보였다. 1990년대 후반에 집권한 '신노동당' 정부는 복지수당의 지급 수준을 높임으로써 이전의 보수당 정부보다 좀 더 온정적인 태도를 견지하기는 했으나, 금융자본주의를 성장시키기 위해 더 적극적인 정책[38]을 추진했다는 점에서는 보수당 정부를 계승한 것으로 볼 수 있다. 이러한 과정에서 노동당의 주요 지지층은 노동계급으로부터 중간계급으로 변모했으며, 지지를 철회했던 블루칼라 세력들의 다수가 2016년 국민투표에서 노동당의 공식 입장과는 달리 브렉시트를 지지하는 투표를 하였다(원동필, 2019: 9-21; 김경락, 2019).

위의 배경요인에 더하여 브렉시트의 좀 더 직접적인 원인은 Cameron 정부의 긴축재정과 유럽의 이민 및 난민위기에서 찾을 수 있다. 먼저, EU가 회원국에 부과하는 조건[39]을 지키면서 동시에 경제위기 하의 금융자본에 대한 지원을 철회할 수는 없었던 Cameron 정부는 복지재정을 축소할 수밖에 없었는데, 이는 잉글랜드 북부와 중부 지역 주민들에게 심각한 위기로 다가왔다(원동필, 2019: 22-24). 이에 삶의 불안정성에 직면한 소외된 이들이 스스로를 보호하기 위한 수단의 하나로서 자유로운 시장에 대한 통제가 포함된 '중상주의적 보호조치'를 강구한 것이 바로 브렉시트인 것으로 해석될 수 있다(정재환, 2017; Pettifor, 2017).

한편, 잉글랜드와 웨일즈 지역의 유권자 다수가 브렉시트에 찬성하는데 직접적인 영향을 미친 또 하나의 요인은 이민 및 난민문제였다. 즉, EU의 노동시장 개방에 따라 2000년대 들어 증가했고, 특히 2008년의 경제위기 이후 두드러진 중·동부 및 남부 유럽으로부터의 이민자 급증과 더불어 2010년대 초 NATO의 아랍 개입의 결과로 나타난 아랍지

---

[38] '신노동당' 정부는 이전에 정부의 관리 하에 있던 이자율 통제권을 'The Bank of England'에 위임하는 조치를 단행하였다.

[39] EU 회원국들은 재정적자를 GDP 대비 3% 이내로 관리해야 했고, 정부 부채의 총규모는 GDP 대비 60%로 제한해야 했다.

역으로부터의 난민유입 증가 현상은 경제적 불안정에 처해 있던 영국인들이 손쉽게 극우파의 인종주의와 반이민 선동에 동화되는 결과를 낳았고, 브렉시트 지지의 동력이 되었다(박상현, 2017: 151-152; 안병억, 2019: 80; 원동필, 2019: 14).

브렉시트 이후 영국은 EU의 영향에서 완전히 벗어날 수 있을 것인가? 오늘날 어느 국가도 민족국가 외부의 정치·경제적 행위 주체들의 영향으로부터 완전히 자유로울 수 없다는 점은 주지의 사실이며, 2019년 총선에서 승리한 보수당의 Johnson 정부도 이 점을 인지하고 있음은 물론이다. 이에 Johnson 정부는 EU와 FTA 체결을 통해서 대외 경제적 관계를 맺어나감과 동시에 국내 정치적으로는 유럽회의주의의 주장을 견지하는 입장을 채택하였다. 그러나 영국의 구미에 맞는 국내 정책과 대외 정책의 조합이 가능할지는 의문이다(김용민, 2020: 98). 또한 영국이 비록 EU를 떠나지만, 여전히 NATO의 일원으로 활동한다는 점을 고려해 볼 때 앞으로도 영국은 유럽의 지형 내에서 주변국 및 그 연합체에 의해서 상당한 정도의 경제적·정치적·외교적·군사적 영향을 받을 것으로 판단된다.

한편, 브렉시트가 웨스트민스터 모델에 미칠 수 있는 실제적인 도전은 국내 정치체제 측면에서 심각한 형태로 나타날 수 있다. 위의 브렉시트 투표 결과에서 알 수 있는 바와 같이, 스코틀랜드와 북아일랜드에서는 EU 잔류를 지지하는 유권자가 다수였다. 그들은 자신의 의사와 달리 잉글랜드 유권자의 표심에 의해 EU에서 탈퇴하게 된 점에 대해서 불만을 갖게 되었고, 이러한 맥락에서 2019년 총선 결과 스코틀랜드 지역에서 압도적인 지지를 얻게 된 스코틀랜드 민족당(Scottish National Party)은 EU 재가입과 스코틀랜드의 독립을 묻는 국민투표를 실시할 수 있음을 주장하였다. 보수당 정부는 스코틀랜드 측의 요구에 응하지 않을 것임을 밝히고 있지만, 이 쟁점은 앞으로 UK(United Kingdom) 체제의 유지에 상당한 위험 요소가 될 수 있을 것으로 보인다(김용민·정성은, 2020: 9-10; 김용민, 2020: 99).

IV. 대안적 접근법의 대두: 다층적 거버넌스 모델

영국 정치와 거버넌스 체제를 파악하기 위한 패러다임은 현재 웨스트민스터 모델로부터 다층적 거버넌스 모델로의 전환과정에 있다. 물론 아직 웨스트민스터 모델의 설명력과 영향력이 완전히 소멸된 것은 아니다. 그러나 기존 모델에 대한 새로운 접근법의 도전이 강력하게 진행되고 있으며, 이 새로운 접근법이 '다층적 거버넌스 모델'로 명명될 수 있다는데 대해 다수의 학자들이 동의하고 있는 상황이다(Bache & Flinders, 2004a; Bochel & Bochel, 2004; Dorey, 2005; Flinders, 2006; Smith, 2006). 아래에서는 먼저 다층적 거버넌스 모델의 토대가 되는 거버넌스 개념과 네트워크 접근에 대해 살펴본 후, 다층적 거버넌스 모델을 웨스트민스터 모델과 대비하여 정리한다. 다음으로, 이러한 다층적 거버넌스 모델을 준거로 해서 영국 정책형성의 새로운 특징에 대해 논의한다.

1. 거버넌스 개념과 다층적 거버넌스 모델

국가와 사회를 대립적인 존재로 파악하는 관점에서는, 한 국가내의 자원을 권위적으로 배분하고 또 통제와 조정을 행사하는 통치구조를 계층제와 시장의 이분법으로 파악한다(Williamson, 1975; Lindblom, 1977; Wolf, 1988). 그러나, 이러한 이분법을 극복하고 계층제와 시장에 더하여 네트워크를 또 하나의 통치구조로 파악하는 새로운 관점에서는 국가와 사회가 대립적인 존재가 아니라 서로 협력하고 신뢰하는 존재로 파악된다(Rhodes, 1996; Kooiman, 2003). 세 개의 통치구조를 제시하고 있는 관점에서 지적하고 있는 사항은 이 세 통치구조 중 하나를 선택하는 것은 이념적인 선택의 문제가 아니라 실질적인 필요성에 근거한다는 것이다(Rhodes, 1996: 653). 따라서 역동성·복합성·다양성을 그 특징으로 하는 현대사회(Kooiman, 2003)에 있어 가장 효과성이 높은 통치구조는 계층제나 시장이 아니라 바로 네트워크라는 진단과 이에 대한 믿음이 이 새로운 통치구조의 등장배경을 형성하고 있다. 이처럼 네트워크를 강조하고 협력과 신뢰형성을 중요시하는 관점은 거버넌스

⁴⁰⁾ 개념과 밀접한 연관성을 지니고 있다.

거버넌스 개념에 대한 다양한 용법 중에서, 통치구조에 대한 이분법적 관점을 넘어서서 새로운 접근을 가능하게 하는 개념적 포괄성을 지닌 거버넌스 개념은 사회적 사이버네틱스 체계(socio-cybernetic system)와 자기조직화 네트워크(self-organizing networks)의 용법이라 하겠으며, 따라서 여기서는 Rhodes의 정의를 받아들여 거버넌스를 '자기조직화하는 조직간의 네트워크'로 정의한다(Rhodes, 1996: 660).⁴¹⁾ 이렇게 정의된 거버넌스의 특징은 첫째, 조직들간의 상호의존성이다. 거버넌스는 정부(government)보다 폭 넓은 개념으로서 정부 외의 행위자들도 포함한다. 이에 따라 정부부문·시장부문·자원부문간의 경계가 불분명해진다. 둘째, 자원을 교환하고 목적을 공유할 필요성을 지닌 네트워크 참여자들 간에 지속적인 상호작용이 존재한다. 셋째, 이러한 상호작용은 신뢰와 협조에 그 뿌리를 두고 있으며, 또한 네트워크 참여자들 간의 협상과정을 거쳐 동의된 게임의 규칙에 의해서 규제된다. 넷째, 정부가 네트워크를 조정(steering)할 수는 있지만, 그것은 간접적이고 불완전한 형태에 머문다. 네트워크는 정부로부터 상당한 정도의 자율성을 지니고 있으며 자기조직화한다. 네트워크 내에서의 정부의 역할은 사회·정치적 상호작용을 가능하게 하고, 문제해결을 위한 다양한 노력을 조장하는 것이다(주재현, 2004: 153-154; 2016: 144-146).

Smith(1999a: 116-117; 1999b: 15-16)가 정리하고 있는 바와 같이, 영국 핵심 집행부(core executive)⁴²⁾의 작동은 거버넌스 개념이 상정하고 있는 현상과 잘 조응한다. 즉, 웨스트민스터 모델이 기술하는 바와는 다르게, 영국 중앙정부 운영에는 다수의 기관들이 관여하고

---

40) Rhodes(1996: 653-659)의 정리에 따르면 거버넌스라는 개념은 최소한 다음과 같은 여섯 가지 의미로 사용되고 있다. 첫째, 거버넌스를 최소국가(minimal state)로 이해하는 것이다. 둘째, 거버넌스를 기업거버넌스(corporate governance)로 이해하는 것으로서 이는 민간부문과도 같은 정보의 개방, 완결성, 그리고 책임 있는 역할 수행을 공공부문에 적용하는 것을 의미한다. 셋째, 거버넌스를 신공공관리(New Public Management)로 파악하는 것이다. 넷째, 거버넌스가 '바람직한 국가운영(good governance)'을 의미하는 경우로서, 이는 개발도상국이 갖춰 나가야 할 자유민주주의체제를 신공공관리 개념과 접맥시켜 놓은 것을 말한다. 다섯째, 거버넌스를 사회적 사이버네틱스 체계(socio-cybernetic system)로 이해하는 것이다. 여섯째, 자기조직화 네트워크(self-organizing networks)로 거버넌스를 해석하는 관점이다.

41) 개념의 혼란을 피하기 위해 이러한 거버넌스 개념을 '뉴 거버넌스'로 부르기도 하며, 네트워크와 파트너십에 초점을 두는 행정개혁을 '뉴 거버넌스 행정개혁'으로 명명하고 있다(뉴 거버넌스 행정개혁에 대해서는 제4장을 참조).

42) 정치적 집행부(political executive)와 같은 의미로서, 기본적으로 영국 국왕에 의해 임명되는 수상과 수상의 추천에 의해 국왕이 임명하는 각료로 구성된다.

있으며, 권력이 소수의 기관에 집중되어 있기 보다는 여러 기관들에 수평적으로 분산되어 있다. 또한 중앙정부의 경계가 과거와는 달리 명료하지 않고, 핵심 집행부 내·외의 여러 상호의존적인 행위자와 집단들 간에 복합적인 네트워크가 구축되어 그들 간의 지속적이고 복잡한 형태의 상호작용(협상·타협)이 발생하고 있다.

그러나 영국의 정치와 정책형성과정의 참여자는 중앙정부 수준에 한정되지 않으며, 다양한 수준에 속하는 여러 행위자들의 영향력 증대는 '거버넌스'를 '다층적 거버넌스' 개념으로 확장시켰다. 다층적 거버넌스 모델은 정치 및 정책과정에서의 영향력이 다양한 수준의 정부 뿐 아니라 이익집단, NGOs, 기업, 개인 등 다수의 행위자들에 의해 공유되는 것으로 파악한다. 다시 말해서, 다층적 거버넌스 모델에 의하면 초국가적 조직이나 기구, 국가, 지방정부, 기업, 이익단체 혹은 NGOs, 그리고 개인에 이르기까지 다양한 행위자들이 국가와 사회 이슈에 참여하여 영향력을 행사한다는 것이다. 이들 다양한 행위자들은 정치적, 경제적, 사회적 및 정책적 영향력을 지니고 있으며, 그들 간의 상호작용을 통해서 정치·정책의제의 방향을 조정해 나가게 된다(Bache & Flinders, 2004a).

다층적 거버넌스 모델에서 전통적인 민족국가의 권력 중 일부는 초국가적 조직이나 다국적 기업으로 상향 이전되고, 또 다른 일부는 지역수준의 정부로 하향 이전된다. 따라서 다층적 거버넌스 모델에서는 수직적 및 수평적 차원 상의 협력이 강조된다. 수직적 차원에서는 초국가적 조직으로부터 민족국가·지역·지방까지의 여러 수준의 정부·기관들 간의 협력이며, 수평적 차원에서는 공공·민간·자원부문에 속해 있는 기관들 간의 협력이다. 따라서 다층적 거버넌스 모델에서 정치 및 정책과정 상의 참여자— 정부기관, 민간 기업 및 단체, 비영리조직 등 —는 지방·지역·국가·초국가 수준을 배경으로 해서 나타나며, 그들은 상·하 수준 간의 연결은 물론 자신의 수준에서 여러 행위자들과 다양한 범위의 관련을 맺고 있다(Dorey, 2004: 219).

웨스트민스터 모델과 다층적 거버넌스 모델의 주요 특징을 비교하면 〈표 2-1〉과 같다. 웨스트민스터 모델(WM)은 중앙 집중화된 국가를 전제로 하는 반면, 다층적 거버넌스 모델(MLG)은 분화된(differentiated) 국가를 전제로 한다. 일반 운영원리에 있어, WM은 계층제적 통제와 명확한 책임의 연계를 강조하지만, MLG는 조종(steering)과 복합적인 책임의 연계를 제시한다. 외적 차원에서, WM은 국가 주권과 영국 외교정책을 앞세우는 반면, MLG는 공유되고 타협된 주권과 복합적인 외교정책을 중시한다. 마지막으로 내적 차원에 있어, WM은 단일국가와 의회주권, 강력한 행정부, 통합된 공무원 조직, 정치적 헌법을 주된 구성요소로 하지만, MLG는 준연방국가, 다층적인 기관간 협상, 분절화/파편화된 행정부와 공무원 조직, 준사법적 헌법을 주 구성요소로 한다.[43]

〈표 2-1〉 웨스트민스터 모델과 다층적 거버넌스 모델의 비교

구분	웨스트민스터 모델	다층적 거버넌스 모델
전제	- 중앙 집중화된 국가	- 분화된 국가
일반 운영원리	- 계층제적 통제 - 명확한 책임의 연계	- 조종(steering) - 복합적인 책임의 연계
외적(external) 차원	- 국가 주권 - 영국 외교정책	- 공유되고 타협된 주권 - 복합적인 외교정책
내적(internal) 차원	- 단일국가(unitary state) - 의회주권 - 강력한 행정부 - 통합된 공무원 조직 - 정치적 헌법	- 준연방국가 - 다층적인 기관 간 협상 - 분절화된 행정부 - 파편화된 공무원 조직 - 준사법적 헌법

출처: Bache & Flinders(2004b: 100)을 재구성함.

2. 중앙정부 정책과정의 변화

핵심 집행부 내에서 나타난 변화는, 과거에 고위 관료들이 누리던 영향력이 상당 부분 약화되었다는 점이다. 수상과 장관들이 직접 임명한 특별보좌관(special advisers)의 활동이 늘어나면서, 수상/장관의 고위 관료에 대한 의존이 감소되었기 때문이다. 이러한 변화와 병행하여, 이제 고위 관료들은 정치와 정책형성 관련 활동보다 정책집행(또는 전달)과

---

[43] 브렉시트로 인해 영국 정치와 정책에 대한 유럽연합의 영향력은 이전에 비해 약해졌다고 볼 수 있다. 따라서 MLG의 '타협된 주권'이나 '준연방국가' 요소의 의의는 전과 같지 않다. 그러나 앞서 언급한 바와 같이 국제 정치·경제·안보적인 네트워크로 연결된 현대사회에서 영국이 전반적으로 유럽연합과 유럽 주요국들의 영향에서 완전히 자유로울 수 없음은 물론이다.

행정관리에 더 많이 관여할 것을 요구받고 있다. 혹 고위 관료들이 장관에 대한 정책조언을 하게 되는 경우에도 그들의 조언은 장관이 가지고 있는 여러 정책아이디어 수집 통로 중의 하나에 불과하다. 한편 복합적인 정책문제에 대한 정책대안을 마련하는데 있어, 내각은 그 효율성 또는 적합성 면에서 한계를 드러냈다. 이에 따라 내각회의는 점차 형식화 되었으며, 실질적인 정책대안 마련은 수상과 해당 부처 장관(또는 재무부 장관 포함) 간의 회의나 소수의 관계장관회의(또는 관계부처회의)에서 결정되는 현상이 일반화되었다(cf. Dorey, 2005: 275-276).[44]

좀 더 포괄적인 정책과정을 살펴보면, 중앙 정부부처와 정책공동체가 주도하는 '구역화(sectorization)' 현상은 여전히 영국 정책과정의 주요 특징이긴 하지만, 오늘날에는 정책공동체 간의 경계가 과거에 비해 훨씬 유연해졌다. 다층적 거버넌스 모델이 잘 보여주는 바와 같이, 핵심 집행부와 정책공동체의 구성원 범주를 넘어서는 다수의 다양한 정책 행위자들이 정책과정에 관여하고 있다는 점과 영국 정부가 취급해야 할 정책문제와 쟁점의 성격이 점차 단일 부처와 정책공동체의 역량으로 감당하기 어려워지고 있다는 점이 이 변화의 배경이 되고 있다. 과거에도 복합적인 성격의 정책문제와 쟁점이 없었던 것은 아니나, 오늘날에는 복합적 정책문제가 그 양과 질에 있어 과거와는 비교가 되지 않는다.[45]

정책과정 참여자의 범위와 수가 확대되고 성격이 다양화됨에 따라, 파편화와 분절화의 부작용을 최소화하고 정책과정 상 조정을 극대화해야 할 과제가 나타났으며, 이 문제는 다층적 거버넌스 모델이 해결해야 될 핵심적 사안이 되었다. 이에 노동당 Blair 정부는 정책형성과 전달체계에 있어 이른바 '연계형 정부(joined-up government)'라는 기치 하에 파트너십과 네트워크의 형성을 지향하였으며, 특히 수상실 내 정책관실과 내각사무처의 조정역할을 강화하여 영국의 정책과정이 부처주의(departmentalism)와 구역화의 시대로 회귀하는 것을 막고자 하였다(한인섭·김정렬, 2004; U.K. Prime Minister, 1999).

다층적 거버넌스 모델이 상정하는 대로 정책과정 참여자의 수와 성격이 변함에 따라

---

44) 브렉시트 이전에는 EU의 장관회의(Council of Ministers)에서 결정되기도 하였다.

45) 예컨대, 양적으로 농업위기, 식료품생산, 환경오염, 국민보건, 청소년범죄, 사회배제, 교통 등 무수한 정책문제들이 단일 부처와 정책공동체의 영역 내에서 해소되기 어려워졌으며, 이 문제들은 매우 복합적인 성격을 지니고, 다수의 정책 행위자의 개입을 필요로 하고 있다는 점에서도 과거의 정책문제들과는 질적으로 차별화되고 있다(Dorey, 2005: 275).

1990년대 이전 중앙 정부부처가 자문을 구하던 소수의 관련 이익단체가 누리던 기득권에도 변화가 나타났다. 정책문제의 성격이 복합적이라는 점도 역시 이러한 변화에 영향을 끼쳤다. 복합적인 정책문제에 대응하는 과정에서 여러 단체와 개인들이 기존의 정책공동체 간 경계를 넘나들며 정책과정에 참여하게 되었고, 이에 따라 더 이상 폐쇄된 정책공동체를 유지하는 것이 어려워졌으며, 기성 이익집단들의 아성이 흔들리게 되었던 것이다. 1990년 이후 영국의 정책과정에서 전통적인 정책스타일— 부처주의·구역화, 안정적인 정책공동체의 유지 —을 발견하는 것은 점점 더 어려워지고 있다. 〈표 2-2〉는 영국 정책과정과 정책스타일 상의 변화를 정리하고 있다.

〈표 2-2〉 영국 정책과정과 정책스타일 상의 변화

기존 정책스타일	변화하는 정책스타일
– 정부(government)	– 거버넌스(governance)
– 구역화와 부처주의	– 부처 간 조정
– 강력하고 자율적인 정책공동체	– 좀 더 개방적이고 불안정해지고 약화된 정책공동체
– 정책하위체계를 통한 수직적 분화	– 정책하위체계 간 수평적 연계와 조정
– 부처 관리자로서의 장관	– 정책 활동가로서의 장관
– 정책조언자로서의 관료 역할	– 정책관리자/서비스전달자로서의 관료 역할 – 특별보좌관과 전문가의 정책조언 역할
국내저인 성격의 정책	– 세계화, 분권화된 성격의 정책

출처: Dorey(2005: 274)를 재구성함.

V. 결론: 우리나라 거버넌스 체제에 대한 시사점

영국의 정치와 거버넌스 체제는 우리나라와 여러 면에서 다르다. 특히 입헌군주제

(constitutional monarchy), 단순다수제(simple plurality) 투표, 의회주권(parliamentary sovereignty), 권력의 융합(fusion of power), 내각책임제(parliamentary cabinet system), 장관 책임(ministerial responsibility) 등의 요소로 구성된 웨스트민스터 모델은 우리나라의 정치 및 거버넌스 체제와 상당히 이질적이다. 그러나 1980년대 이후의 행정 및 정치개혁과 EU의 영향 하에서 웨스트민스터 모델이 다층적 거버넌스 모델로 전환되는 과정에서 영국 사례는 우리에게 몇 가지 주목할 만한 시사점을 제공한다.

다층적 거버넌스 모델에서는 초국가적 조직이나 기구, 국가, 지방정부, 기업, 이익단체 혹은 NGOs, 그리고 개인에 이르기까지 다양한 행위자들이 국가와 사회 이슈에 참여하여 영향력을 행사한다. 따라서 다층적 거버넌스 모델에서는 수직적 및 수평적 차원 상의 협력이 강조되는데, 수직적 차원에서는 초국가적 조직으로부터 민족국가·지역·지방까지의 여러 수준의 정부·기관들 간의 협력이며, 수평적 차원에서는 공공·영리·자원부문에 속해 있는 기관들 간의 협력이다.

다층적 거버넌스의 수직적 차원에서, 영국은 초국가적 조직인 EU와의 관계정립에 어려움을 겪었다. 유럽이 경제적·정치적 공동체로 발전하게 된 배경에는 유럽 내 주요 경쟁국가들— 독일, 프랑스, 영국 —간의 오랜 갈등과 그에 따른 전쟁 발생의 가능성을 최소화하고 공동의 번영을 이루자는 취지가 놓여 있다. 그러나 유럽공동체의 발전을 주도한 국가는 유럽대륙에 위치해 있는 독일과 프랑스였으며, 영국은 뒤늦게 유럽공동체에 가입했다. 또한 영국의 가입 의도는 유럽 내 세력균형 유지라는 전통적 관점에서 크게 벗어나지 않아, 유럽공동체 내에서 독일과 프랑스를 견제하고 힘의 균형을 유지하는 것이 가입의 목표였다. 따라서 유럽공동체가 발전해 나감에 따라 점차 주권의 일부를 넘겨줘야 하는 상황 하에서 영국의 엘리트와 대중은 모두 혼란을 겪었다. 특히 유럽공동체 가입 후 전통적인 반유럽 세력과 새롭게 성장한 유럽 수용 세력은 정당과 이념을 가로질러 존재하였고 기존 정치지형에 상당한 혼선을 야기하였으며, 이는 영국 정부의 대 유럽 정책의 내용이 무엇이고 또 무엇이어야 하는지를 정확히 파악하기 어렵게 만들었고, 결국 영국의 유럽연합 탈퇴라는 결과를 낳았다.

이처럼 영국 사례는 정부·정당·시민집단들이 각각 대내외적으로 공통된 정책적 입장을 정리해내지 못할 경우, 상당한 정도로 정책·담론 또는 여론의 혼선과 그에 따른 사회·경제적 비용이 야기될 수 있음을 보여준다. 따라서 영국 사례로부터 도출할 수 있는 교훈은 다층적 거버넌스 체제에서 초국가적 특성을 지닌 조직을 상대함에 있어, 민족국가 내부의 이견을 성공적으로 조정한 후 가능한 한 단일의 입장으로 대외적인 활동을 전개하는 것이 바람직하다는 것이다.

우리나라가 지리적으로 위치하고 있는 동아시아 지역에서 EU와 같은 형태의 경제적·정치적 공동체가 발전할 가능성은 그리 높지 않다. 한국·중국·일본·대만을 비롯하여 동남아시아의 여러 나라들을 아우르는 공동체를 구축하기는 쉽지 않다.[46] 특히 제국주의 일본의 식민통치나 침략을 겪은 여러 나라들의 일본에 대한 불신, 중국과 대만간의 체제 갈등, 북한 문제 등은 공동체 형성을 어렵게 하는 대표적인 부정적 요소들이다. 그러나 동아시아 지역에서 국가 간 협력의 필요성은 크게 증가하고 있다. 특히 경제적인 협력의 필요성은 이미 널리 공유되고 있으며, 동아시아 지역에서도 다수의 지역무역협정이 체결되어 이러한 필요성을 현실화시키고 있다. 우리나라의 경우, 싱가포르와의 자유무역협정(2004), ASEAN과의 자유무역협정(2007) 체결 및 중국·일본과의 FTA 협상, TPP(Trans-Pacific Strategic Economic Partnership) 참여의사 표명 등을 통해 이러한 상황에 대처해나가고 있다. 한편, 대외 정치적인 차원에서는 북한의 핵개발에 대한 대응, 중국의 세력 팽창과 미국과의 충돌 및 그에 따른 동북아시아 지역의 긴장 완화/해소, 그리고 일본의 과거사 문제에 대한 관련 국가들의 현명한 대응 등을 위해 지역 내 국가들 간의 긴밀한 연계와 협력이 요구되고 있다.

이와 같은 상황에서, 영국 사례의 교훈을 고려해 볼 때, 우리나라는 동아시아 지역을 중심으로 한 경제적·정치적 활동을 전개함에 있어 어떤 입장을 취할 것인지에 대해 명료한 방향성을 정립할 필요가 있다. 그러나 정당과 정파, 이념, 세대 등에 따른 상이한 입장 표명과 자신의 입장 관철을 위한 각 분파의 과도한 행위들로 인해, 우리나라는 동아시아 지역에서 대외적인 정치·경제 활동을 효과적으로 수행하는데 한계를 보이고 있다. 다만, 동아시아 지역에서 초국가적 조직이나 기구들은 아직 형성단계에 이르지 못하고 있으며, 그 영향력도 제한되어 있다. 따라서 우리가 내부의 이견을 조정하고 보다 효과적으로 대외활동을 전개할 수 있는 여지는 남아있다고 할 것이다. 앞으로 어떻게 대결이 아닌 설득

---

46) 동남아시아 지역에는 1967년부터 '동남아시아 국가연합(ASEAN: Association of Southeast Asian Nations)'이 설립되어 있다. ASEAN의 회원국은 미얀마, 라오스, 타이, 캄보디아, 베트남, 필리핀, 말레이시아, 브루나이, 싱가포르, 인도네시아이다. ASEAN은 EU와 유사한 정치·경제적 통합체를 지향하고 있다.

과 타협을 통해서 이견을 조정하는 메커니즘을 형성해 낼 것인지에 전 국가적 관심을 집중해야 할 것이다.

중앙/지방정부 관계에서는 '신노동당' 정부의 접근이 주목할 만하다. 중앙정부와 정치적 입장을 달리하는 이들이 운영하는 지방정부를 무력화하거나 중앙정부의 책임을 지방으로 전가하기 위해 노력하기보다 지방으로의 분권을 추진하면서도 중앙정부의 영향력을 유지하고자 했던 '신노동당' 정부의 접근은 우리에게도 시사하는 바가 크다. 지방정부와 지역사회로의 권한부여와 더불어 역량 제고를 지원하는 것은 '난해한(wicked)' 문제들이 대두되고 있는 한국 사회에서 매우 바람직한 접근방법이다. 그러나 중앙정부는 문제해결의 궁극적인 책임을 지니고 있다는 자세를 견지하면서 서로 다른 상황에 처해 있는 지방정부와 지역사회를 대상으로 리더십을 발휘해야 한다. 이 책 제2부의 영국 행정개혁 사례를 통해서도 논의되겠지만, 거버넌스 체제의 구성에서 계층제 요소가 지니고 있는 의미를 재해석해서 우리 상황에 적용할 필요가 있다.

다층적 거버넌스의 수평적 차원에서, 영국은 다수의 다양한 정책 행위자들이 정책과정에 관여함에 따라 정책과정 참여자의 범위와 수가 확대되고 성격이 다양화되었다. 그런데 이러한 변화는 정책과정의 파편화와 분절화라는 문제를 동반했으며, 이에 따라 파편화와 분절화의 부작용을 최소화하고 정책과정 상 조정을 극대화해야 할 과제가 나타났다. 이에 영국 정부는 정책형성과 전달체계에서 '연계형 정부(joined-up government)'라는 개념을 제시하며 파트너십과 네트워크의 형성을 지향하였으며, 특히 수상실내 정책관실과 내각사무처의 조정역할을 강화하였다. 영국 사례는 거버넌스의 진전에 따라 정책과정의 파편화와 분절화가 불가피하며, 이 문제를 해결하기 위해서는 협력과 통합의 필요성이 제기되고 있음을 보여준다.

권위주의 정치체제로부터 자유민주주의적인 정치체제로 이전을 이뤄낸 우리나라는 다른 어떤 민주주의 국가들보다 더 정책과정의 파편화와 분절화 문제를 겪고 있다. 권위주의 체제에서 정책과정은 매우 단순했다. 대통령과 그 측근, 정무직 공무원과 고위관료 등을 중심으로 한 국가엘리트들이 정책을 결정한 후, 정부 관료제가 주도하는 정책집행이 일사분란하게 수행되는 정책과정이 권위주의 체제 정책과정의 전형이었다. 이 과정에서 일반적으로 기업 엘리트들의 의견은 비교적 주의 깊게 반영되었으나, 노동자 집단과 기타 시민사회 세력의 의견은 매우 제한적으로만 고려되었다. 그러나 1980년대 후반 민주주의적인 체제로 전환된 후, 정책과정은 매우 빠른 속도로 변화하고 있다. 국가엘리트들의 정책 영향력은 여전히 강력하지만, 권위주의 체제 하의 그것에는 크게 미치지 못한다. 정책형성과 정책집행에 있어 정부 관료제의 영향력은 다양한 사회집단들— 이익집단, NGOs —의 성장 및 민간 정책전문가와 특별정책보좌관의 활동에 의해 제약되었다. 다만, 다양한 이익집단들과 NGO의 성장으로 인해 정책과정의 역동성은 상당히 증가했으나, 다원주의 정책과정의 부작용 또한 무시하기 힘든 수준으로 늘어났다. 전체적으로 이러한 변화들은 한국 정책과정의 파편화와 분절화에 기여하고 있다.

이러한 한국 정책과정의 변화는 거버넌스 모델이 적용될 수 있는 선결조건을 구성한다. 그러나 한국 정책과정을 거버넌스 모델로 설명할 수 있기 위해서는 중요한 조건이 추가되어야 한다. 그 추가 조건은 다양한 정책과정 참여자들 간의 파트너십 구축과 그러한 파트너십이 용이하게 이루어지기 위한 하위조건들의 형성이다(주재현, 2004; 2006; 2016). 우리가 영국 사례로부터 얻을 수 있는 교훈은 이러한 추가 조건을 갖추기 위해 정부의 적극적인 노력이 있어야 한다는 것이다. 우리나라에서 거버넌스 모델이 적용될 수 있기 위해서는 무엇보다도 정부와 영리·자원부문간, 그리고 영리·자원부문 내 여러 행위자들 간에 '신뢰'가 구축되어야 한다. 그리고 정부가 앞장서서 신뢰 구축을 위해 노력해야 한다. 앞서 다층적 거버넌스의 수직적 차원에서 논의했던 이견조정과 설득·타협도 결국 사회 내 신뢰의 수준에 의해 크게 영향받는다고 볼 수 있으며, 이런 점에서 신뢰는 우리나라 정치와 거버넌스 체제를 새롭게 만들어나감에 있어 관건이 되는 사안이라 할 것이다. 신뢰 구축에는 오랜 시간이 소요될 수 있으나, 정부의 선도와 시민사회의 호응에 의해서 그 기간을 단축할 수 있을 것이다. 영국의 사례는 오랜 민주정치의 경험을 가진 나라에서도 그것이 쉽지 않은 과제임을 알려주고 있으나, 또한 그럴수록 이를 성취하기 위한 노력이 절실하다는 점도 시사한다.

참고 문헌

김경락. (2019). 브렉시트 혼돈 속의 영국을 들여다보다. 「관훈저널」. 61(1): 189-196.
김명용. (2020). 영국의 브렉시트 후 EU에 대한 관계 전망과 한국에의 시사점. 「유럽헌법연구」. 32: 1-43.
김상묵. (2005). 영국의 행정과 관료제. 박천오 외, 「비교행정론」, 제2판. 서울: 법문사.
김용민. (2020). 브렉시트 이후 영국의 입장: 정치, 외교적 측면을 중심으로. 「국제지역연구」. 24(2): 89-108.
_____ · 정성은. (2020). 2019 영국 조기총선거 분석: 브렉시트 피로감과 코비니즘(Corbynism)의 실패. 「EU 연구」. 54: 3-34.
김재흥. (2011). 잉글랜드 광역경제권 정책의 전환: RDA의 폐지와 LEP 창설을 중심으로. 「지방정부연구」. 15(1): 187-214.
도리이, P. (2003). 1990년대의 영국: 정책협의의 부재. S. 버거. H. 콤프스턴(편), 조재희 외(역), 「유럽의 사회협의제도」. 서울: 한국노동연구원.
박상현. (2017). 브렉시트와 유럽통합의 미래. 「경제와 사회」. 115: 145-182.
서필언. (2005). 「영국 행정개혁론」. 서울: 대영문화사.
선학태. (2006). 「서유럽 정책협의와 갈등조정 시스템: 사회협약정치의 역동성」. 서울: 한울아카데미.
신정현. (2000). 「비교정치론: 이론, 대상, 사례」. 서울: 법문사.
안병억. (2019). 브렉시트와 의회주권. 「통합유럽연구」. 10(1): 77-103.
원동필. (2019). 유럽연합과 영국 노동자계급 그리고 브렉시트. 「대구시학」. 136: 385-421.
윌리암스, C. (2003). 역사적 관점에서 살펴본 영국: 전쟁시 협의에서부터 사회계약의 파괴까지. S. 버거. H. 콤프스턴(편), 조재희 외(역), 「유럽의 사회협의제도」. 서울: 한국노동연구원.
이영석. (2017). 브렉시트, 어떻게 볼 것인가? 「영국 연구」. 37: 129-154.
이종호. (2011). 영국 지역발전기구의 활동 성과와 구조개편 동향. 「한국경제지리학회지」. 14(4): 553-567.
정재환. (2017). 폴라니(Polanyi)의 이중운동과 브렉시트(Brexit): 자유주의적 경제통합과 중상주의적 보호주의. 「글러벌정치연구」. 10(1): 5-36.
주재현. (2000). 「행정서비스헌장제의 효과적 운영 및 조기정착 방안」. 서울: 한국행정연구원.
_____. (2004). 정부와 자원조직간 협력관계: 종합사회복지관 위탁운영 분석을 중심으로. 「사회복지연구」. 24: 149-186.
_____. (2006). 지방정부-기업간 파트너십의 성공조건에 관한 연구: 경기도 민간투자사업 사례분

석. 「지방정부연구」. 10(2): 67-85.

_____. (2010a). 영국의 정치와 거버넌스 체계: 웨스트민스터 모델에서 다층적 거버넌스 모델로의 전환. 양현모 · 조태준 · 서용석. (편저) 「영국의 행정과 공공정책」. 서울: 신조사.

_____. (2010b). 영국 보수당 정부(1979-1997년) 행정개혁의 정치적 의도와 효과에 관한 연구. 「의정연구」 16(3): 39-66.

_____. (2012). 조정기제의 혼합과 계층제 기제의 의의에 관한 연구: 영국 행정개혁 사례를 중심으로. 「한국사회와 행정연구」. 23(3): 237-261.

_____. (2016). 「정책과정론: 이론과 사례분석」, 전정판. 서울: 대영문화사.

중앙일보. (2010). 캐머런 정부, 영국 선거 판을 바꾼다. 2010. 7. 7, 14면.

총무처직무분석기획단(편). (1997). 「신정부혁신론: OECD국가를 중심으로」. 서울: 동명사.

한인섭 · 김정렬. (2004). 영국 행정의 본질과 혁신. 「정부학연구」. 10(2): 151-184.

황기식 · 문보경 · 손수연. (2017). 영국 메이(May) 수상의 브렉시트(Brexit) 정책에 대한 집권보수당과 의회의 입장: 주요 이슈별 다차원적 분석. 「유럽연구」. 35(2): 1-24.

Bache, I. & Flinders, M. (2004a). (eds.) *Multi-level Governance*. New York: Oxford University Press.

_____. (2004b). Multi-level Governance and British Politics. In Bache, I. & Flinders, M. (eds.), *Multi-level Governance*, New York: Oxford University Press.

Barrett, P. (2003). Governance and Joined-up Government: Some Issues and Early Successes. papers presented at Australian Council of Auditors-General Conference, Melbourne.

Bochel, C. & Bochel, H. (2004). *The UK Social Policy Process*. New York: Palgrave Macmillan.

Christensen, T. & Lægreid, P. (2007). The Whole-of-Government Approach to Public Sector Reform. *Public Administration Review*. 67(6): 1059-1066.

Dingle, L. & Miller, B. (2004). Features - UK Constitutional Reform, http://www.llrx.com/fratures/ukconstitution.htm, 2010.07.05

Doern, G. (1993). The UK Citizen's Charter: Origins and Implementation in Three Agencies. *Policy and Politics*. 21(1): 17-29.

Dorey, P. (2005). *Policy Making in Britain: An Introduction*. London: Sage.

Duggett, M. (1998). Citizen's Charter: People's Charter in the UK. *International Review of Administrative Science*. 64(2): 327–330.

Dunleavy, P. (1997). The Constitution. In Dunleavy, P. et al. (eds.), *Developments in British Politics 5*, London: Macmillan.

_____. (1999). Electoral Representation and Accountability: The Legacy of Empire. In Holliday, I., Gamble, A., & Parry, G. (eds.), *Fundamentals in British Politics, London*: Macmillan.

_____. (2006). The Westminster Model and the Distinctiveness of British Politics. In Dunleavy, P. et al. (eds.), *Developments in British Politics 8*, New York: Palgrave Macmillan.

Flinders, M. (2006). The Half-hearted Constitutional Revolution. In Dunleavy, P. et al. (eds.), *Developments in British Politics 8*, New York: Palgrave Macmillan.

Freedman, L. (1996). *Politics and Policy in Britain*. New York: Longman.

Goodwin, M. J. & Heath, O. (2016). The 2016 Referendum, Brexit and the Left Behind: An Aggregate-level Analysis of the Result. *The Political Quarterly*. 87(3): 323–332.

Gray, A. & Jenkins, B. (1993), Public Administration and Government 1991-2. *Parliamentary Affairs*. 46(1): 17–37.

_____. (1994). Ministers, Departments and Civil Servants. In Jones, B. et al. (eds.), *Politics UK*, 2nd ed., Hemel Hempstead, UK: Harvester Wheatsheaf.

Hobolt, S. B. (2016). The Brexit Vote: A Divided Nation, A Divided Continent. *Journal of European Public Policy*. 23(9): 1259–1277.

Johnson, N. (1999). The Constitution. In Holliday, I., Gamble, A., & Parry, G. (eds.), *Fundamentals in British Politics*, London: Macmillan.

Kavanagh, D. (1994). The Cabinet and Prime Minister. In Jones, B. et al. (eds.), *Politics UK*, 2nd ed., Hemel Hempstead, UK: Harvester Wheatsheaf.

Kemp, P. (1990). Next Steps for the British Civil Service. *Governance*. 3(2): 186–196.

Kingdom, J. (1991). *Government and Politics in Britain: An Introduction*. Cambridge, UK: Polity Press.

Kooiman, J. (2003). *Governing as Governance*. London: Sage.

Lindblom, C. (1977). *Politics and Markets: the World's Political-Economic System*. New York: Basic Books.

Majone, G. (1994). The Rise of the Regulatory State in Europe. *West European Politics*. 17(3): 77–101.

Peterson, J. (1999). Sovereignty and Interdependence. In Holliday, I., Gamble, A., & Parry, G. (eds.), *Fundamentals in British Politics*, London: Macmillan.

Pettifor, A. (2017). Brexit and its Consequences. *Globalizations*. 14(1): 127–132.

Pollitt, C. (2003). Joined-up Government: a Survey. *Political Studies Review*. 1(1): 34–49.

Rhodes, R. A. W. (1996). The New Governance: Governing without Government. *Political Studies*. 44(4): 652–667.

Rose, R. (2006). Politics in England. In Almond, G. A. et al. (eds.), *Comparative Politics Today: A World View, 8th ed.*, New York: Pearson Longman.

Smith, M. (1999a). The Institutions of Central Government. In Holliday, I., Gamble, A., & Parry, G. (eds.), *Fundamentals in British Politics*, London: Macmillan.

_____. (1999b). *The Core Executive in Britain*. New York: St. Martin's Press, Inc.

_____. (2006). Britain, Europe and the World. In Dunleavy, P. et al. (eds.), *Developments in British Politics 8*, New York: Palgrave Macmillan.

U.K. Prime Minister. (1999). *Modernising Government*. London: HMSO.

Weaver, R. & Rockman, B. (eds.). (1993). *Do Institutions Matter? Government Capabilities in the United States and Abroad*. Washington, D.C.: The Brookings Institution.

Williamson, O. E. (1975). *Markets and Hierarchies*. London: Collier Macmillan.

Wolf, C. Jr. (1988). *Markets or Governments: Choosing between Imperfect Alternatives*. Cambridge, Mass.: The MIT Press.

영국 거버넌스
체제 변동
연구

제2부

1980년대 이후 영국 정부별 행정 및 정책의 개혁과 거버넌스 체제의 변동

제3장. Thatcher/Major 정부(1979–1997년) 행정개혁의 정치적 의도와 효과
제4장. 보수당(1979–1997년), 노동당(1997–2010년) 정부의 행정개혁과 계층제 기제의 의의
제5장. Blair/Brown 정부(1997–2010년)의 통합적 정책형성·전달체계 모색: 청소년복지정책
제6장. Blair/Brown 정부(1997–2010년)의 정책체제 개혁: 중소기업지원정책
제7장. Cameron 정부(2010–2016년)의 거버넌스 체제 변동

Thatcher/Major 정부 (1979-1997년) 행정개혁의 정치적 의도와 효과*

I. 서론

    1980년대 이후 시행된 영국 행정개혁의 경험은 서구 여러 나라 뿐 아니라 동아시아의 우리나라에도 큰 영향을 끼쳤다. 특히 김대중 정부와 노무현 정부는 영국의 경험과 동향에 상당한 관심을 기울였으며, 실제로 책임운영기관, 행정서비스헌장, 고위공무원단 등 두 정부 행정개혁을 상징적으로 대변하는 여러 제도들을 도입함에 있어 영국의 개혁사례를 벤치마크의 대상으로 하였다.

    이러한 행정실제 상의 동향을 반영해서 국내 학계에서도 1980년대 이후 영국 보수당과 노동당 정부의 행정개혁에 대한 연구가 꾸준하게 수행되었다. 그간 행해진 영국 행정개혁에 대한 연구경향은 크게 세 유형으로 분류될 수 있다. 첫 번째는 영국 행정개혁의 내용 — 전반적인 개혁방안들 또는 개별 제도 — 을 소개하고, 그 효과를 평가하거나 주요

---

*주재현(2010)을 수정한 원고임.

관련 쟁점들을 제기하는 연구이다(이종수, 1994; 민진, 1999; 김순은, 1999; 김종순, 2000; 김정렬, 2001). 두 번째는 앞의 연구경향에서 발전된 것으로서, 영국 행정개혁을 소개하고, 행정개혁이 가져온 효과를, 특히 국가 성격의 변화에 초점을 두고 분석하는 연구이다(강원택, 1998; 이연호, 1999; 2001). 세 번째는 비교론적 관점을 적용한 연구로서, 비교의 범위나 대상은 영국의 보수당 정부와 노동당 정부의 행정개혁, 영국과 여타 앵글로색슨 계통에 속하는 국가(호주, 뉴질랜드 등)의 행정개혁, 또는 영국과 동아시아 국가(한국, 일본 등)의 행정개혁 등이다(민진, 1998; 김재훈, 2003; 한인섭·김정렬, 2004; 소순창·홍진이, 2004; 이윤식 외, 2008).

이상의 연구들은 영국 행정개혁에 대한 정보가 충분하지 않은 상황에서, 국내 학계와 실무계에 적절한 정보를 제공하고, 나아가 토론의 장을 제공하는 의미 있는 성과를 남겼다. 그러나 영국 행정개혁의 소개와 평가, 그리고 비교 분석이 대체로 평면적인 수준에서 수행된 한계를 지닌다. 영국 행정개혁의 현황과 효과를 검토함에 있어, 겉으로 드러난 현상을 중심으로 논의하는 것을 넘어서서 보다 심층적인 분석을 수행할 필요가 있다. 예컨대, 영국 행정개혁의 주도 세력은 그들이 의도했던 성과를 얻어냈는지, 행정개혁의 방향을 결정짓는데 기여한 주요 요인들은 무엇인지 등에 대한 분석이 필요하며, 이러한 분석은 김대중 정부 이후 비교적 급속하게 진행되었던 우리나라의 행정개혁을 돌이켜보고, 그 효과를 분석함에 있어 시사하는 바가 클 것이다.

이러한 문제의식 하에 이 연구는 1980년대 이후 시행된 영국 행정개혁의 전반부를 장식했던 보수당 정부(1979-1997년)의 개혁 주도 세력은 자신들이 의도했던 정치적 효과—행정통제 강화를 통한 의회주권의 재정립—를 달성하지 못했음을 보이고, 그러한 결과가 나타나게 된 원인이 무엇이었는지를 분석하는데 그 목적을 두었다. 영국 보수당 정부는 행정개혁을 통해 관료와 관료제에 대한 정치적 집행부[1]의 통제를 강화하고자 하였으나, 제한된 성과만을 거두는데 그쳤다. 왜냐하면, 행정개혁은 개혁 주도 세력이 의도하지 않았던 효과를 발생시켰기 때문이다. 즉, 행정개혁 과정에서 반 자율적으로 움직이는 책임운영기관 등의 수와 활동이 급증함으로써 의회와 정치적 집행부의 정책통제 역량이 오히

---

[1] 정치적 집행부(political executive)는 영국 국왕에 의해 임명되는 수상과 수상의 추천에 의해 국왕이 임명하는 각료로 구성된다.

려 약화되었던 것이다. 이 연구는 그러한 의도하지 않았던 효과가 나타난 원인이 무엇이 었는지를 분석한다.[2]

분석은 영국 사례의 현황을 파악한 후, 이를 토대로 주요 원인이 무엇이었는지를 탐색하는 귀납적 접근을 취한다. 보수당 정부 행정개혁의 내용과 그 결과에 대한 정보를 토대로 문제의 원인을 도출하는 귀납적 접근은, 본 연구의 문제의식과 관련된 선행연구가 취약한 상태에서 연역적인 분석틀의 설정이 가져올 수 있는 왜곡과 편향의 위험을 최소화하는 장점을 지닌다.[3] 분석에 활용되는 자료는 기본적으로 영국 보수당 정부 행정개혁의 내용과 결과에 관한 정보를 담고 있는 국내외 문헌들이다. 본 연구는 이 문헌들을 토대로 2차적인 분석과 그에 따른 새로운 해석을 시도하려는 노력이라고 할 것이다. 제2절에서 영국 보수당 정부 행정개혁의 정향(orientation)과 결과를 제시하고, 제3절에서 행정개혁 결과의 원인을 분석한다. 마지막으로 결론에서 분석 결과를 정리하고, 영국 사례분석의 함의를 논의한다.

II. 영국 보수당 정부 행정개혁의 정향, 전개, 결과

제2절에서는 영국 보수당 정부 행정개혁의 정향과 신공공관리론에 대해 검토하고, 보수당 정부 행정개혁의 전개— 능률성 검토와 FMI, 책임운영기관, 시민헌장제 등 —를 정리한 후, 그 행정개혁의 결과를 살펴본다.

---

2) 그간 영국 내에서 보수당 정부 행정개혁이 의도하지 않은 효과를 가져왔음을 지적하는 연구들이 제시되어 왔다(cf. Dunleavy & Hood, 1994; Rhodes, 1994; 1996; Smith, 1999b). 본 연구가 이러한 문헌들에 기여하는 바는 의도하지 않은 효과가 발생한 원인에 대한 분석을 시도한 점이라고 하겠다.
3) 차후 관련된 연구들이 축적되면, 연역적인 접근과 분석의 가능성이 높아질 수 있을 것이다.

1. 영국 보수당 정부 행정개혁의 정향

제2차 세계대전의 종전 후, 영국은 복지국가로 성장하여 중간계급 뿐 아니라 노동계급의 전반적인 생활과 복지수준이 크게 향상되었다. 그러나 1970년대 들어 야기된 세계경제의 어려움 하에서 그동안 과도하게 팽창했던 국가의 재정 지출은 영국 경제를 위기 상황으로 몰고 갔다. 예컨대, 1969년 3억 8,700만 파운드의 경상수지 흑자를 기록했던 것이 1974년에는 35억 9,100만 파운드의 적자로 급반전되었으며, 산업의 침체는 실업율의 증가를 가져왔다. 특히 당시 영국은 인플레이션과 실업률이 동시에 높은 스태그플레이션을 보였으며,[4] 비숙련된 노동력, 불안한 노사관계, 낮은 연구개발투자, 그리고 국제화된 자본의 국내산업 외면 등이 영국의 산업을 침체시키고, 실업률을 증가시키는 요인들이었다(이연호 1999: 92-93).

이러한 경제적 위기는 정국의 혼란을 가져와 1970년대 영국 정치는 보수당과 노동당 간의 연이은 정권교체를 경험했으며, 현실 정치의 이면에서는 신우파 이념이 그 영향력을 확대시켜 나갔다. 1979년, 그간의 혼란을 배경으로 집권한 보수당의 Margaret Thatcher 수상은 강력한 우파 이념을 토대로 전후 진행되었던 영국 복지국가화 과정의 한 축을 담당했던 정부 관료제에 대한 공격을 시작하였다.

영국 보수당의 정치 이념에는 전통적으로 자유주의적(libertarian) 관점과 집합주의적(collectivist) 관점이 혼재해 있다. 자유주의적 관점은 '자유(liberty)'를 가장 중요한 가치로 여기며, 국가는 개인들의 활동을 보장하는 틀을 유지하는 역할에 머물러야 한다고 본다. 한편, 집합주의적 관점은 '질서(order)'와 '사회적 조화(social harmony)'를 우선적인 가치로 하며, 사회적 목적을 이루기 위해서는 국가가 사회에 개입할 수 있음을 인정하고 그것이 국가에 의한 복지의 제공일 수 있음을 받아들인다.[5] 이 두 요소는 시대에 따라 보수 정치 이념 내에서 그 상대적 영향력에 차이를 보였는데, 1970년대 말 정권을 잡은 보수당 수상 Thatcher의 사상(Thatcherism)은 이 두 요소를 특수한 방식으로 조합하였다. 즉, 대처리

---

[4] 영국은 1974년과 1975년에 각각 28.7%, 24.2%에 달하는 고율의 인플레이션을 경험했으며, 1970년대 초까지 2.5%를 넘지 않던 실업률은 1975년 4.2%, 1978년 6.1%로 증가하였다.

[5] '사회적 조화'를 위한 국가복지 제공의 가능성을 인정하는 입장은 일국 보수주의(One Nation Conservatism)로 불리기도 한다.

즘은 자유주의적 관점을 기본으로 하면서도, 궁극적으로 '질서'의 유지를 목적으로 했다. 그러나 이 질서의 유지에 있어 '사회적 조화'를 가능하게 하는 복지국가 형태의 개입을 받아들이지는 않았다. 복지국가가 사회의 무질서와 국가 권위의 훼손을 야기한 요인이라고 보았기 때문이다. 대처리즘은 권위주의적 요소의 복원을 통해 질서를 유지하고자 하였다. 그리고 의회(Parliament)를 이러한 권위주의적인 힘의 궁극적인 원천으로 여겼다(Smith, 1999a: 184-188).

대처리즘은 또한 신우파(the New Right) 이념과 밀접한 연관을 지닌다. 1970년대부터 서구 국가를 중심으로 이념적 헤게모니를 장악한 신우파는 '자유경제(free economy)'와 '강한 국가(strong state)'를 표방하는데, 자유경제는 신우파 이념 내의 자유주의적 요소를 대변하는 반면, 강한 국가는 보수주의적 요소를 대변한다. 신우파 이념 내의 자유주의적 요소와 보수주의적 요소 간에는 갈등의 소지가 있으나, 신우파는 이를 '자유경제를 유지하기 위해 국가의 권위를 복원해야 한다'는 방식으로 조화시키고 있다. 또한 두 요소는 사유재산권을 인정한다는 점에서 공통점을 지녀, 재산권에 대한 사회민주주의의 도전에 대응하는 과정에서 자유주의와 보수주의의 결탁이 더욱 용이했다. 1970년대의 현실 정치와 정책에서 신우파는 유럽의 사회민주주의 체제와 미국의 뉴딜 및 '위대한 사회(Great Society)' 프로그램의 이념·실행·기관(제도) 등을 배격하는 입장을 표명하였다(Gamble, 1988: 27-36, 54-60).

신우파 이념과 보수당의 정치이념을 토대로 한 Thatcher는 복지국가화 과정에서 정부의 규모가 과대 팽창했다고 지적하고, 정부팽창에서 주요 역할을 수행했던 관료와 관료조직들을 비효율적이고 낭비적이며 국가의 재정 부담을 증대시키는 핵심 요인으로 간주하였다. 따라서 Thatcher는 관료조직의 불필요한 부분을 제거하여 신우파의 이념에 걸맞는 작고 강한 정부를 구축하고자 하였다. Thatcher는 자유민주주의적인 대의의 원칙에 따라 국민들로부터 제한받지 않는 권력을 부여받은 존재로서의 의회의 주권(parliamentary sovereignty)[6]을 재천명하고, 정치적 집행부가 그 의회의 정점에 있음을 강조하였다. 따라서 Thatcher는 의회에 도전하는 세력들은 법치와 국가의 의지를 위협하는 것으로 인식하

---

6) 의회주권에 대해서는 제1부의 제2장과 Kingdom(1991: 41), Beetham(1993: 356), Freedman(1996: 38) 등을 참조.

였다. 또한 정치적 집행부와 관료조직 간의 관계에서는 양자 간의 위계관계를 확고히 하여, 관료조직은 정치적 집행부의 명령을 수행하는 존재라는 점을 명확히 하고자 했다. 복지국가화 과정에서 관료조직이 정치적 집행부의 권위를 훼손하는 현상이 심화되었다고 보았기 때문이다(Smith, 1999a: 188-189; 이연호, 1999: 105-106).

영국 보수당 정부의 행정개혁은 이러한 맥락에서 수행되었다. Thatcher는 직업공무원이 '그간 누려온 특권'을 해제하고, 정책입안에 있어 관료조직에 의존하는 정도를 줄이고자 하였다. 행정개혁은 자기이익 지향적이고 예산의 극대화를 추구하는 존재로 인식된 관료와 관료제에 대한 통제를 강화하고, 관료와 관료제에 대한 의회(및 정치적 집행부)의 우월성을 명료하게 하려는 정치적 의도를 지녔던 것이다(Smith, 1999a: 188).

영국 보수당 정부 행정개혁의 이론적 논거는 신공공관리론(New Public Management: NPM)으로 정리된다. NPM은 공공부문 조직과 민간부문 조직 간의 차이를 인정하지 않으며, 공공부문의 비능률을 줄이기 위해 공공부문 조직에 민간부문 조직의 관리기법을 적용하고자 한다. 또한 공식적인 규칙을 준수하는 것보다 결과를 달성하는 것을 더 중시한다. 나아가 NPM은 관리기법의 적용과 결과를 중시하는 것에 더해, 거버넌스 체제의 구성에 정부 계층제에 의한 전통적 방식을 넘어서서 경쟁기제의 적용을 통한 효율성의 증진을 모색한다. 이러한 맥락에서 공무원의 보수에도 성과급적 요소를 도입하고자 하며, 서비스 전달체계 상에도 공조직 뿐 아니라 민간조직의 참여를 조장한다(Hood, 1994: 129-133). 아래에서는 대처리즘과 NPM을 기반으로 수행된 영국 보수당 행정개혁의 실제에 대해 살펴본다.

2. 영국 보수당 정부 행정개혁의 전개

보수당 정부의 개혁은 Margaret Thatcher와 John Major 수상을 거치는 18년 동안 지속되었지만, 처음부터 체계적인 계획 하에 진행되었던 것은 아니다. 오히려 하나의 개혁 방안을 수행한 후, 그 개혁의 후속 조치를 모색하는 과정에서 다음 단계의 개혁이 도출되는 방식으로 진행되었다. 1980년대에는 개혁의 초점이 주로 행정 내부의 효율성을 높이는데 있었고, 1990년대에는 개혁의 중심이 행정서비스의 질을 향상시키는 방향으로 이동했다고 볼 수 있다(서필언, 2005: 423). 여기서는 능률성 진단(efficiency scrutinies), 재정관리 개혁(Financial Management Initiative: FMI), 책임운영기관(executive agencies), 시민헌장(Citizen's Charter) 등에 대해 살펴본다.

1) 능률성 진단

Thatcher 정부가 가장 먼저 시행한 행정개혁 프로그램이 능률성 진단이다. 이 프로그램의 목적은 폐지하거나 축소할 정부기능과 행정절차를 발굴하고 정부 기능수행과 관련되는 절차나 제도 중에서 비능률적인 요인을 찾아내서 이를 개선함으로써, 정부 각 부처의 낭비적 지출 요인을 없애고 능률성을 증진하는 것이었다. 이 프로그램을 수행하기 위해 Thatcher 수상은 내각사무처(Cabinet Office)에 능률진단팀(Efficiency Unit)을 설치하고, 민간 백화점(Marks & Spencer)의 사장이었던 Rayner로 하여금 이 사업을 담당하게 하였다. 능률진단팀은 총 8명(공무원 2명, 기업에서 파견된 민간인 3명, 일반 직원 3명)으로 구성되었다(총무처직무분석기획단(이하 기획단), 1997: 271; 서필언, 2005: 425).

구체적인 능률성 진단은 진단 대상이 되는 해당 부처의 주관 하에 조사팀을 구성하여 실시하는 방식을 취하였다. 진단 대상 분야의 선정은 각 부처의 장관과 능률진단팀의 협의로 결정되었으나, 각 부처는 능률성 진단을 스스로의 주관 하에 실시하였다. 능률진단팀은 이러한 작업이 잘 추진될 수 있도록 지원함과 더불어 진단의 이행을 점검하는 역할을 수행하였다. 각 부처의 조사팀은 90일 이내에 진단을 완료하고 개선 방안을 마련하여 보고서를 제출해야 했으며, 개선 방안의 시행은 능률진단팀에 의해 모니터되었다(기획단, 1997: 271; 서필언, 2005: 425-426).

Thatcher 정부 초기부터 1985년경까지 400건이 넘는 능률성 진단이 행해졌으며, 종합적으로 볼 때, 능률성 진단은 정부 기능 수행 상의 여러 문제들(예: 정부 통계의 수집, 사회복지의 급여체계 등)을 발견했고, 상당한 비용 절감을 성취한 것으로 평가되었다. 그러나 이 프로그램은 기존 정부 구조 내에서 능률성의 향상을 추구한다는 제한된 의의를 지닌 개혁 방안이었다(Gray & Jenkins, 1994: 414; 서필언, 2005: 426).

2) 재정관리 개혁

재정관리 개혁(FMI) 프로그램은 1982년 재무부(The Treasury)의 주도하에 시행되었다. FMI는 능률성 진단보다 포괄적이어서 모든 중앙 부처와 기관들을 대상으로 하였다. 부처 및 기관 관리자들에게 해당 기관의 자원과 활동에 대한 책임을 부여하기 위해 시도된 FMI는 관리자들에게 자신의 임무를 수행하는데 필요한 수단을 제공한 뒤 차후 이에 대한 책임을 묻고자 하였다(Gray & Jenkins, 1994: 414; 기획단, 1997: 272). 이를 위해, FMI는 각 부처/기관의 사업 목표를 좀 더 명확히 하여 이를 예산편성에 반영하고, 예산편성과 관리방식을 개편하여 예산집행에 대한 책임을 강화하고자 하였다(서필언, 2005: 427).

FMI의 도입은 기존의 전통적인 예산제도의 비탄력성을 극복하고, 예산의 자율성을 확대하는 것으로부터 출발하였다. 각 부처는 총 운영경비와 인력의 범위 내에서 항목이 아닌 사업 단위로 예산을 편성하게 되었으며, 하부 조직의 관리책임자에게 운영과 예산에 대한 권한과 그에 따른 책임을 부여하도록 하였다. 또한 각 부처가 절감한 예산에 대해서는 이월이 허용되었다(서필언, 2005: 428; 기획단, 1997: 272).

FMI는 능률성 진단 프로그램 보다 그 파급효과가 큰 조치로 평가된다. FMI의 시행에 따라 예산관리 권한의 하부 위임과 그에 따른 책임이 강화되었다. 조직 구조는 업무의 필요에 따라 재구성되고 조직 구성원들은 목표를 갖게 되었으며 성과에 대한 평가와 차등적인 보상 개념이 도입되었다. 또한 관리자들의 자율성이 신장되었다. 그러나 FMI의 성과가 모든 부처에서 동일하게 나타나지는 않았다. 특히 목표의 설정이나 목표 달성 정도에 대한 측정이 어려운 경우가 난점으로 제기되었으며, 공무원들이 여전히 스스로를 관리자로 보고 있는지에 대한 의문이 제기되었다(서필언, 2005: 428-429).

3) 책임운영기관

FMI는 정부활동의 재정적 측면에 집중함으로써 기대할 수 있는 변화의 정도가 제한될 수밖에 없었다. 이러한 맥락에서 1988년 당시 수상의 능률고문이었던 Robin Ibbs는 그간 정부 내에 어느 정도 관리 측면의 개선이 있었는지를 조사하고, 대안을 제시하는 보고서

[7]를 작성하였다. 이 보고서는 그동안 상당한 관리 측면의 개선이 있었으나, 근본적인 문제점이 있다고 진단하였다. 지적된 문제점들은 다음과 같다. 첫째, 고위 관료들은 정책의 형성에는 재능을 보이고 있으나, 정책집행 기능의 관리경험은 부족하다. 둘째, 행정 관료들은 결과에 대한 관심이 부족하며, 관료들의 성과향상을 촉진할 외적인 압력도 충분하지 않다. 셋째, 행정 관료 집단은 하나의 단위로 관리되기에는 그 규모가 너무 크다(Kemp, 1990: 187-188).

이러한 문제점을 해소하기 위해 보고서가 제시한 처방은 먼저 중앙정부의 기능을 정책형성 기능과 정책집행 기능으로 분리하는 것이었다. 그리고 각 정부 부처 밑에 책임운영기관(executive agencies)을 두고, 정부의 정책집행 기능은 그 곳에서 담당하며, 책임운영기관은 장관에 의해 정해진 정책과 재원의 틀 내에서 활동하도록 하였다. 이를 위해, 책임운영기관의 구성원들은 서비스 전달의 관리를 위해 적절히 훈련되고 준비되어야 했다. 책임운영기관에 집행 기능을 넘겨준 중앙 부처는 정책적인 업무와 핵심목표의 관리에 집중하였다(Kemp, 1990: 188; 서필언, 2005: 429-430).

책임운영기관의 설치는 해당 기능의 민영화나 민간위탁이 어려운 경우로 한정하였으며, 책임운영기관은 여전히 공무원 조직이고, 근무자들은 공무원 신분을 유지하였다. 책임운영기관의 장(chief executive)은 공직 내외에서 공모하여 계약에 의해 채용되도록 하였고, 가장 능률적인 방법으로 서비스가 제공될 수 있도록 조직·인사 등의 관리 기능에 대한 자율권을 부여받으며, 사전에 장관과 합의한 목표 및 기준에 따라 운영성과를 평가받아 이에 따른 보상을 받았다. 관리자들이 진정한 관리 책임과 예산권을 지니게 되었다는 점에서 이전의 재정관리 개혁과 차별화 되었다. 한편, 책임운영기관의 활동에 대해서는 장관이 의회에 책임을 지지만, 책임운영기관의 장도 독자적인 책임성을 지녔다.[8] 그러나 이는 장관과 책임운영기관장 간의 책임의 한계가 어떠한지에 대한 혼란을 야기하였다(서필언, 2005: 430-433; Kemp, 1990: 189-1993).

---

7) Ibbs Report라고도 불리는 이 보고서의 원제는 'Improving Management in Government: The Next Steps'이다.
8) 책임운영기관의 장도 하원의 특별위원회(select committee)에 출두하여 발언하여야 한다.

4) 시민헌장

1990년대 들어 보수당 정부의 개혁은 서비스의 질적 수준에 대한 관심으로 진전되었다. 종전의 개혁들은 주로 능률성을 증진하는데 초점을 맞추었다. 이들 개혁에 서비스의 질적 수준에 대한 인식이 전혀 없었다고 말하기는 어렵지만, 공공서비스의 품질과 공공서비스에 있어서의 소비자 주권에 대한 인식이 본격화된 것은 1980대 말이며, 1991년 7월에 발족된 '시민헌장제도(the Citizen's Charter Initiative)'에 이르러서야 구체화 되었다고 하겠다.

시민헌장제도는 당시 영국 수상이었던 Major가 1992년의 총선을 겨냥하고 내놓은 야심적인 정책 아이디어였으며, 이 시민헌장제도를 실행에 옮기기 위해 내각사무처 내에 시민헌장실(Citizen's Charter Unit)이 설립되었다. 시민헌장제도는 일부 부처와 장관으로부터 저항을 불러 일으켰는데, 이를 극복하기 위해 수상이 적극적인 역할을 수행하였다. 즉, Major 수상은 각 부 장·차관과 시민헌장단의 구성원 등이 참여하는 시민헌장제도 관련 세미나를 여러 차례 개최하여 저항세력의 이해를 구해내는 노력을 기울이기도 했으며(Doern, 1993: 19), 이 과정에서 그 저항을 극복하는 하나의 방안으로서 시민헌장제도를 장기간에 걸쳐 수행할 과제로 설정하게 되었다(Gray & Jenkins, 1993: 25).

시민헌장제도는 공공기관들이 자신들이 제공할 서비스의 명확한 수준(standards)을 제시한 '헌장'을 제정하고 이를 준수하기 위해 노력하는 제도이다. 물론 제시되는 서비스의 수준은 시민들의 기대를 충족시킬 수 있을 만큼 높을 것으로 기대되었으며, 만약 시민들에게 약속한 수준의 서비스 제공이 이루어지지 못할 경우 시민들은 시정과 보상을 요구할 수 있었다(기획단, 1997: 274-275; 서필언, 2005: 434-435). 시민헌장제도는 중앙정부 부처나 기관 뿐 아니라 국유화된 산업, 지방정부, 국가보건서비스(National Health Service), 경찰과 긴급구조 서비스, 학교 및 병원 등에도 적용되었다. 전기·가스·수도 등 민영화된 공공기업들도 예외는 아니었으며 사실상 공공서비스 대부분의 영역이 해당되었다. 한편, 서비스의 질을 향상시키려는 노력을 독려하기 위해 우수한 성과를 낸 기관에게는 '시민헌장상(the Chartermark)'을 수여하는 제도를 운영하였다(주재현·정윤수, 2000).

시민헌장제도는 책임운영기관의 설치에 의해서 그 도입이 원활할 수 있었다. 1997년 노동당 정부가 집권하기까지 40개가 넘는 국가헌장(National Charters: 중앙정부 부처가 발간주체인 헌장)과 10,000개가 넘는 지방헌장(local charters: 지방 공공서비스 제공기관이 발간 주체인 헌장)이 개발되었다. 이러한 과정을 거치면서 비밀주의가 중요한 특징의 하나이던 영국의 행정문화에 변화가 나타나고 시민들이 접할 수 있는 공개된 자료의 범위가 획기적으로 증가되었다고 평가되었다(Duggett, 1998: 329).

3. 영국 보수당 정부 행정개혁의 결과

앞에서 언급한 바와 같이 각 단계 보수당 정부의 행정개혁은 성과와 더불어 한계를 보였으며, 다음 단계의 행정개혁은 이러한 한계를 보완하는 의미를 지녔다. 보수당 정부의 행정개혁 중 특히 중앙부처 조직의 구조를 근본적으로 재구조화한 책임운영기관의 설치는 영국 행정에 엄청난 영향을 끼쳤다. 1997년 초까지 130개의 책임운영기관이 설치되었고, 책임운영기관의 운영방식을 도입했던 관세청과 국세청을 포함하여 책임운영기관 형태의 기관(Next Steps Line)에 근무하는 공무원의 수는 38만 6천여 명에 달했으며, 이는 전체 국가공무원 48만 3천여 명의 약 74%에 해당했다(기획단, 1997: 298-299).

그렇다면, 이처럼 중앙부처 행정조직 구조와 그 관리방식에 있어 주목할만한 변화를 가져온 영국 보수당 정부의 행정개혁이 원래 의도했던 정치적 효과를 산출하였는가? 즉, 보수당 정부의 행정개혁을 통해 공익 지향적이기보다는 자기이익 지향적인 존재로 인식된 관료와 관료제에 대한 의회(및 정치적 집행부)의 통제 역량이 강화되었는가?

보수당 정부의 행정개혁은 일견 능률성에 대한 집중적인 점검, 민영화를 지향하는 중앙부처 조직의 개편, 경쟁기제의 도입을 통한 관료(제) 압박 등을 통해 관료와 관료제에 대한 정치적 집행부의 통제를 강화한 것으로 보일 수 있다. 그러나 좀 더 자세히 보면 행정개혁은 의도하지 않았던 효과를 가져왔다. 특히 반 자율적으로 움직이는 책임운영기관과 공공기관[9]의 수와 활동이 급증함으로써 의회와 정치적 집행부의 정책통제 역량은 오

---

9) Quangos 또는 Non-Departmental Public Bodies를 말한다. 보수당 정부는 공식적인 국가구조를 사용하지 않고 사회에 개입할 수 있는 기제로서 Quangos를 활용했다. 이 기관들을 활용하면, 국가 규모를 줄였다고 주장하면서 공공서비스를 제공하는 것이 가능했다. 특히 노동당에 의해 장악되고 있던 지방정부의 도움 없이 주민들에게 서비스를 제공할 수 있다는 의미도 지니고 있었다. 서비스 제공이라는 측면에서는 민간자원조직의

히려 약화되었다. 1980년대 중반까지 정책의 개발과 집행과정에 참여하는 행위자와 기관의 수는 일정 정도로 제한되었다. 그러나 책임운영기관의 수가 급증하고, 기타 기관들(공공기관, 규제기관10), 민영화된 산업, 민간자원조직, 연구기관(think-tanks) 등)의 정책과정 관여가 증가하면서 정치적 집행부가 이 다수의 기관들을 효과적으로 통제하는 것이 쉽지 않은 과제로 부각된 것이다. 아이러니하게도, 위 기관들의 확장은 Thatcher가 원래 의도했던 '의회 중심적이고 제한적인 국가(a parliamentary, limited state)'라는 관념으로부터 더 멀어지는 결과로 귀결된 것이다(Smith, 1999a: 204-212; 1999b: 113-114).

이러한 변화는 전통적인 장관 책임(ministerial responsibility) 개념도 약화시켰다. 특히 책임운영기관의 장이 직접 의회에 출석해서 발언하게 된 점은 장관 책임의 신화가 지탱될 수 없게 되었음을 보여주는 상징적인 변화였다. 물론 장관은 책임운영기관장에게 책임을 전가하는 등의 정치적 기동범위를 넓힐 수 있었으나, 장관 책임 개념의 약화는 궁극적으로 웨스트민스터 모델(Westminster model)11)의 존립기반을 훼손하는 효과도 가져왔다.

정책과정에 다수의 자율적, 반 자율적 기관들이 참여하는 정책과정의 분절화/파편화(fragmentation) 현상은 정치적 집행부가 명령(command) 방식을 통해 참여자와 기관들을 통제하는 것보다 협상(negotiation)과 네트워크 형성 방식에 의한 통제를 지향하는 것을 불가피하게 만들었다(Smith, 1999a: 214). 그리고 이러한 파트너십 방식의 필요성은 1997년 집권한 노동당 정부에 의해 적극적으로 인지되었으며, 거버넌스 체제의 방향 설정에 반영되었다(UK Prime Minister, 1999).

활용도 선호되었다. 특히 민간자원조직은 전통적인 관료제보다 더 전문적이고 효율적인 서비스전달 수단으로 인식되었다.

10) 민영화 이후 국가의 역할은 '직접적인 서비스 제공자'로부터 '규제자'로 변화되었으며, 이에 따라 다수의 규제기관들이 형성되었다(Majone 1994).

11) 의회주권(parliamentary sovereignty), 장관 및 내각 책임(ministerial and cabinet responsibility), 공무원의 비밀주의 및 공직윤리 등의 원리에 토대를 두고 있는 영국식 중앙정부 운영모델을 말한다(Smith, 1999b). 좀 더 자세한 내용은 앞의 제1부 제2장 참조.

Ⅲ. 영국 보수당 정부 행정개혁 결과에 대한 분석

지금까지 살펴본 영국 보수당 정부 행정개혁의 경과를 통해 우리는 영국 행정개혁에서 개혁 주도 세력이 의도하지 않았던 효과가 나타난 원인을 다음과 같이 도출할 수 있다. 하나는 실제 정책집행 과정에서 정책의도의 실현을 어렵게 만드는 현실의 제한이다. 개혁 주도 세력의 정책의도는 많은 경우에 있어 정책 현실에서 나타나는 제한들로 인해 현실세계에서 온전한 형태로 실현되지 못한다. 영국 보수당 정부 행정개혁의 경우, 정책 현실의 제한은 관료제 통제기제가 '이념형'적으로 적용되기 어려웠다는 점과 선행 정책의 유산이 그 다음 정책의 진행방향에 영향을 미쳤다는 점으로 구체화 되었다.

다른 하나는 개혁의 정당성을 뒷받침하는 이론적 근거의 불완전성이다. 사회과학에는 자연과학이 추구하는 정도의 엄밀한 연구방법을 적용하기 어렵다. 따라서 사회과학의 연구 성과에는 대부분 해석상의 논란이 있기 마련이며, 다수의 사회과학 연구 성과들은 그 성과에 의문을 제기하는 또 다른 성과들의 도전에 직면해 있다. 이처럼 제한된 타당성만을 지니고 있는 사회과학 이론들을 토대로 하는 정부 정책방안들이 의도하지 않은 효과를 산출하는 것은 어쩌면 불가피하다고 할 것이다. 영국의 경우, 행정개혁의 이론적 토대인 신공공관리 접근 자체가 지니고 있는 내적 갈등요소가 정책집행 과정에서 드러났으며, 일관된 정책집행과 정책 의도의 유지를 어렵게 만들었다. 아래에서는 이상의 요인들에 대해 좀 더 자세히 살펴보도록 한다.

1. 관료제 통제기제 혼합의 불가피성

영국 보수당 정부의 개혁 의도에서 드러난 바와 같이 행정개혁은 관료제 통제의 의의를 지닌다. 관료제 통제에 적용될 수 있는 수단 또는 기제들의 형태는 다양하며, 이 수단과 기제들의 유형을 정리함에 있어 여기서는 고전적인 유형론— 내부통제/외부통제, 사전통제/사후통제 등 —이 적절하게 포괄하지 못하는 여러 통제형태들까지 체계적으로 검토할 수 있는 개념 틀을 제시한 Hood의 유형론을 활용한다. Hood는 문화이론(cultural theory)에 토대를 두고, 공공조직 통제 기제의 원형(이념형)을 감독(oversight or review), 경쟁(competition), 상호성(mutuality), 비항상성(conrtrived randomness)의 넷으로 정리하였다. '감독'은 행정조직 내외의 행위자나 기관에 의한 공식적인 감사·조사·평가에 의해 행정 관료와 관료제를 통제하는 것이고, '경쟁'은 경합(rivalry)의 유도를 통해 관료(제)를 통제하는 방식을 말한다. '상호성'은 조직 또는 사회 내의 공식·비공식 집단과정과 압력을 통해서 행정 관료와 관료제를 통제하는 방식이고, '비항상성'은 조직의 운영형태에 대한 예측 불가능성을 높임으로써 관료(제)를 통제하는 방식이다. 현실적으로 존재하는 관료제 통제수단들은 순수 원형적인 형태보다는 오히려 관료제 통제의 원형적 요소가 둘 이상 포함된 혼합형(hybrid forms)의 성격을 지닌 통제수단들이 대부분이다(Hood, 1996; 1998; Hood & James, 1997; Hood et al., 2004).

능률성 진단과 재정관리 개혁은 '감독'[12] 기제를 적용하여 행정 관료와 관료제를 통제하려는 개혁방안이었다. 능률성 진단은 내각사무처 능률진단팀의 주도 하에, 그리고 재정관리 개혁은 재무부의 주도 하에 시행되었으며, 이들 중앙기관은 여타 중앙부처와 기관들에 대한 조사를 강화하여 자신들의 정책의도를 이루고자 하였다. 그러나 문제는 그 정책의도를 중앙집권적인 방식으로 추진할 수 없었다는 점이다. 중앙집권적으로 정책을 추진하기 위해서는 추진기관 자체가 상당한 수의 인력을 보유하고, 모든 조사와 평가를 기본적으로 자체 인력을 동원해서 수행해야 한다. 그러나 공무원 수를 줄이고자 했던 Thatcher 정부에서 그러한 접근을 채택할 수는 없었으며, 따라서 능률진단팀은 소수의 인력으로 능률성 진단을 추진해야 했고, 재무부도 재정관리 개혁을 수행하기 위해 다수의 추가 인력을 공급할 수는 없었다.

---

12) 관료제 내·외의 기관이나 행위자들에 의한 공식적 감사·검사·평가 등에 의해서 조직과 조직인을 통제하는 것으로서, 특정의 사람 또는 기관들에게 관료제와 그 구성원의 행동을 감시·조사·평가하고 그들에게 명령을 내릴 수 있는 권한을 부여하는 통제기제를 말한다. 이때 '특정의 사람들'은 관료제 내부와 외부 모두에서 나올 수 있다. 조직 내부의 경우에는 권위의 계층제 상에서 통제대상자의 상위에 위치해 있는 개별 인사가 통제권을 부여받거나, 또는 특정 기관이나 부서가 통제대상자와 그들의 조직에 대한 감찰·조사권을 부여받는다. 관료제 외부에서 통제권을 행사하는 기관들로는 의회, 법원, 심판소, 독립적인 회계기관이나 조사기관, 상위행정기관, 시민단체 또는 국제기구 등을 들 수 있다. 내·외부 감독자의 감찰·조사·평가의 내용에는 규정준수여부, 재무감사, 업무성과평가, 생산되는 서비스의 질적 수준 평가 등이 포함된다. 이러한 감독기제는 대의제 민주주의제도 하에서 가장 일반적으로 고려될 수 있는 공공기관 통제기제라 할 수 있다.

중앙집권적인 정책추진이 불가능한 상황에서 개혁정책을 추진하기 위한 대안적인 접근은 개혁대상 부처와 기관들의 협력을 이끌어내는 것일 수밖에 없었다. 이에 능률진단팀은 능률성 진단을 각 부처 스스로의 주관 하에 실시하도록 유도하게 되었고, 유사한 맥락에서 재무부는 예산편성과 관리에 대해 각 부처와 기관이 자율적인 책임 역량을 강화하도록 유도하는 접근을 취하였다. 이러한 접근은 곧 통제 대상기관의 참여와 자율성을 제고하여 해당기관의 책임성을 높이려는 '상호성'[13] 기제가 적용되었음을 의미한다. 다시 말해서, 능률성 진단에서 시작하여 재정관리 개혁을 거치는 과정에서 보수당 정부는, 그렇게 의도했건 아니건, '감독' 기제와 '상호성' 기제가 혼합되어 있는 관료제 통제방식을 채택·적용하는 것이 불가피했다고 하겠다.

이러한 혼합적인 통제기제 적용 방식은 책임운영기관과 시민헌장제도에도 그대로 이어졌다. 책임운영기관은 조직·인사 등의 관리 기능에 대한 자율권을 부여받는 대신 결과에 대해 책임을 지게 되었고, 시민헌장제도는 공공기관들이 스스로 자신들이 제공할 서비스의 명확한 수준(standards)을 제시한 후 이에 대해 서비스 이용자들로부터 평가받는 것을 기본틀로 하였다.

이와 같이 '상호성'을 중요 요소로 활용하는 관료제 통제방식에서는 중앙 통제기관의 '감독' 역할이 감소하는 대신 통제대상 기관의 자율성 신장에 의한 책임이 증가하게 된다. 영국 보수당 정부는 직업 관료들이 '그간 누려온 특권'을 해제하는 데에는 어느 정도 성과를 거뒀으나, 관료조직들을 무력화하는데 있어서는 그다지 성공적이지 못하였다. '감독'이라는 단일의 통제기제만을 적용할 수 없었던 현실의 한계, 즉 '상호성' 기제를 포함하는 혼합적인 접근을 택힐 수밖에 없었던 현실이 보수당 정부 개혁의도 실현의 제한요인이었던 것이다.

---

13) 조직 또는 사회 내의 공식·비공식 집단과정과 압력을 통해서 행정 관료와 관료제를 통제하는 방식이다. 조직 내의 집단과정이란 집단구성원 상호간의 자율적이고 지속적인 감독·평가·협조를 관료(제) 통제의 핵심요소로 삼는 것이다. 조직 내적 '감독'(oversight)이 조직 내의 상부로부터 가해지는 압력을 의미하는 반면, '상호성'은 대체로 수평적인 수준에서 행해지는 압력(horizontal influence)에 해당한다. 즉 상급자에 대한 책임이라기보다는 동료 집단에 대한 자율적인 책임(peer-group accountability)을 의미한다. 사회 내의 집단과정은 사회일반으로부터의 관료(제) 통제로서, 관료제(공공서비스 생산자)와 시민(소비자인 고객) 간의 대면적인 집단 상호작용과 네트워킹을 최대화하여 관료제와 시민간의 차이를 해소하는 것이다. 이는 '분권화된 공동체 자치정부' 개념과 '공동생산' 개념, 그리고 '대표관료제' 개념과 연결된다. '상호성'은 특히 사회의 응집성(social cohesion)이나 공동체 의식의 관점에서 볼 때 '경쟁'과 대척점에 위치해 있는 관점으로서 사회 응집성이나 공동체 의식의 회복을 통해 관료제 내·외의 참여를 조장하는 관료제 통제기제이다.

2. 선행 정책의 유산과 경로의존성

정책은 '앞선 정책의 유산과 관성'에 의해 내부적으로 조성될 수 있다. 즉, 앞서 채택된 정책은 나름의 성과 또는 한계를 나타낼 수 있고, 이러한 성과 또는 한계 자체가 원인이 되어 후속되는 정책이 필요로 될 수 있다는 것이다. Heclo(1974: 315-317)는 산출된 정책(policy output)이 종속변수에만 머무는 것이 아니라 독립변수가 될 수도 있다는 점, 즉 일단 산출된 정책은 실행을 거쳐 정책효과를 발생시키며 이 효과에 대응하는 과정에서 다음 단계의 정책내용이 변화를 겪을 수 있다는 점을 언급하였다. 같은 맥락에서 Skocpol과 Amenta(1986: 150)는 미국 복지정책 발전의 역사를 예로 들어, 미국에서 20세기 초에 시행되었던 내전연금(Civil War pension)에 대한 적대적 또는 방어적인 반응으로 인해 노령연금(old-age pensions)에 대한 지지를 진전시키는데 필요했던 계급 간의 협력 가능성이 부정적인 영향을 받았다는 점을 분석함으로써 기존 정책의 유산이 이후의 정책발전에 독립변수로 작용할 수 있음을 보였다. 또한 Wilensky(1975: 47)는 그가 연구한 60개 국가에서 사회복지 프로그램 자체가 지니고 있는 추동력(momentum)이 복지국가 발전에 기여한 점이 있다고 지적하였다. 정책유산과 관성의 중요성을 강조하는 이러한 연구경향은 역사적 제도주의(historical institutionalism)로 진전되어, 제도나 정책의 경로의존성(path dependancy) 개념으로 정리되었다(Thelen & Steinmo, 1992; Hall & Taylor, 1996).

앞서 언급한 바와 같이, 영국 보수당 정부의 행정개혁은 처음부터 체계적인 계획 하에 진행된 것은 아니며, 하나의 개혁 방안을 수행한 후 그 개혁의 후속 조치를 모색하는 과정에서 다음 단계의 개혁이 도출되는 방식으로 진행되었다. 그리고 앞선 정책에서 설정된 방향이 다음 단계의 정책내용 구축에 심대한 영향을 끼쳤다.

위에서 분석한 대로 능률성 진단은 진단 대상이 되는 해당 부처의 자율과 재량을 적극 활용하되 이를 사후적으로 진단·점검하는 방식으로 수행되었다. 정책현실의 제한으로 인해 채택되었던 이러한 접근법은 후속하는 행정개혁에서도 널리 받아들여지고 활용되었다. 한편 능률성 진단은 기존 정부 구조 내에서 능률성의 향상을 추구했다는 점에서 제한된 성과만을 거둘 수밖에 없었으며, 이러한 한계는 다음 단계의 행정개혁(재정관리개혁: FMI) 추진의 배경을 형성하였다. 즉, 재무부는 능률성 진단의 한계를 넘어서기 위해 모든 중앙 부처와 기관들을 대상으로 하는 재정관리 개혁을 추진하게 되었다. 그리고 이 개혁

방안을 추진함에 있어, 대상 기관들에게 예산운영의 자율성 확대를 허용하되 사후적으로 이에 대한 책임을 묻는 접근법을 채택함으로써 '능률성 진단'에서 채택되었던 집행방식을 발전적으로 활용하였다.

그러나 위에서 평가한대로, 재정관리 개혁의 성과가 모든 부처에서 동일하게 나타나지는 않았으며, 특히 공무원들이 여전히 스스로를 관리자로 보고 있는지에 대한 의문이 제기되었다. FMI의 이러한 한계는 다시 Ibbs가 그간 정부 내에 어느 정도 관리 측면의 개선이 있었는지를 조사하고, 대안을 제시하는 보고서를 작성하는 배경을 형성하였다. 그리고 여기서 Ibbs는 효과적인 관리 개선을 추구하기에는 행정부처의 단위가 너무 크기 때문에, 정책집행 기능을 분리하여 책임운영기관을 둘 것을 제안하게 되었다. 그리고 각 책임운영기관의 운영에 있어, 앞의 두 정책의 경우와 유사하게, 기관의 장에게 개선된 관리상의 책임과 예산권 등의 재량을 허용하되, 그 성과에 대해 사후에 평가하고 책임을 묻는 접근방식을 적용하였다. 이처럼 선행정책의 유산을 배경으로 해서 경로의존적으로 수행된 영국 보수당 정부 행정개혁의 결과는 다수의 반 자율적인 책임운영기관 형성으로 귀결되었으며, 이로 인해 정책과정의 분절화와 정치적 집행부의 정책통제 역량의 약화를 가져왔던 것이다.

요컨대, 영국 보수당 정부의 행정개혁은 기존 정책의 유산과 관성을 통해 다음 단계의 정책이 형성·집행되는 과정을 보여주고 있으며, 그 과정에서 정치적 집행부가 원래 의도하지 않았던 효과— 행정 조직의 수와 조직 운영상의 자율성이 확장되는 효과 —가 도출될 수 있음을 보여주는 정책사례라고 하겠다.

3. 개혁의 이론적 토대 상의 상충

영국 보수당 정부 행정개혁의 이론적 논거인 신공공관리론(New Public Management: NPM)은 크게 두 개의 지적 원천에 토대를 두고 있는데, 이 두 지적 기반들 간의 긴장과 모순으로 인해 개혁의 효과가 복합성을 띠게 되었다.

NPM은 공공선택론(또는 신제도주의 경제학)과 관리주의(managerialism)를 지적 원천으로 한다(Aucoin, 1990; Pollitt, 1993; Hood, 1994). 전자는 정부 관료제에 대한 대표정부의 우선성과 우월성을 강조하고, 후자는 정부 관료제에 대한 관리 원칙의 적용을 강조한다. 관료들도 공익보다 자신의 이익을 우선시하는 존재라는 주장을 담고 있는 공공선택론(특히 Niskanen의 예산극대화론)은 관료(제) 통제를 모색하던 신우파 정치인들의 구미에 맞는 이론적 논거가 되었으며, 민간부문에서 개발된 탈관료제적인 관리기법과 원칙들이 공공부문 조직에도 적용될 수 있다는 관리주의론자들의 주장은 관료(제) 통제와 동시에 능률과 경제성을 추구하던 신우파 정치인들에게 대안을 제시해줄 수 있었다.[14]

NPM에는 정치/행정 간의 관계에 대한 원리와 관리구조에 대한 원리가 혼재해 있다. 정치/행정 간의 관계에 대한 원리는 집중화(centralization), 조정(coordination), 통제(control) 등으로서 이는 주로 공공선택론의 영향을 받았다. '집중화'는 대통령·수상·장관 등 정치적 집행부의 권력을 강화하고, 이들이 좀 더 적극적으로 정책을 주도하며 행정관료들을 장악해야 한다는 원리이다. '조정'은 정부 전체 차원에서는 중앙의 통합·조정력을 강화하여 각 부처가 개별화되고 상호모순적인 기관이 되지 않도록 하는 것이며, 개별 부처 차원에서는 장관의 역량을 강화하여 부처 내 및 산하의 여러 기관들이 모 부처로부터 괴리되어 독자적인 행위자로 귀결되는 것을 차단하는 것을 말한다. '통제'는 정치적 집행부가 인사·조직·전달체계 상의 수단을 통해 관료(제)를 정치적 집행부의 의도 하에 묶어 두고, 관료조직이나 고위 관료의 자율성과 권력을 약화시키는 것을 말한다(Aucoin, 1990: 119-122).

NPM의 관리구조에 대한 원리에는 분권화(decentralization), 탈규제(deregulation), 대리(delegation) 등이 있으며, 이는 주로 관리주의의 영향을 받았다. '분권화'는 중앙의 통제를 기본방향 설정에 한정하고, 구체적인 목표달성과 관리활동은 중간 관리자(managers)에 맡겨야 한다는 원리이다. 거대 복합조직에서 이 분권화는 반드시 필요한 것으로 논의되며, 이를 위해서는 계층제 상 수준(levels)의 수를 줄여야 한다고 주장된다. '탈규제'는 계선 상의 관리자가 재정 및 인사관리 측면에서 자유로워야 한다는 원리이다. 이를 위해서 정부조직 내의 규제(regulation inside government)를 대폭 줄이되, 관리자에게 결과에 대한 책임을 묻는 접근법을 채택해야 한다는 것이다. '대리'는 조직의 목적을 명료하게 하여

---

[14] 공공선택론과 관리주의는 관료제를 비판한다는 점에서 공통점을 지니고 있어, 신우파 정치인들에게 매력적인 이론적 논거를 제시할 수 있었다.

각 조직 구성부분들이 명확하게 정의되고 일관된 임무를 수행하도록 하고, 나아가 조직의 활동이 시민이나 조직의 고객에 대한 대응성을 높여야 한다는 원리를 말한다(Aucoin, 1990: 122-125).

다소 단순화시켜 정리하면, 공공선택론과 관리주의는 관료(제)를 보는 관점, 정치/행정의 관계에 대한 관점, 대표성과 대응성에 대한 강조점의 차이 등에서 상충한다. 공공선택론이 관료(제)가 지나친 권력을 지니고 있다고 보는 반면, 관리주의는 관료제 속의 관료들이 지나치게 속박되어 있다고 본다. 공공선택론은 정치인이 주도하고 행정은 이에 부응하는 의미에서의 정치행정일원론을 지지하는 반면, 관리주의는 정치행정이원론의 입장에서 최상위정책결정에서만 정치의 역할을 인정하고 그 이하의 수준에서는 계선의 관리자들에게 자율적인 결정권을 부여하고자 한다. 공공선택론은 정부 대표성 확보의 차원에서 관료조직이 이익집단 세력들에 포획되지 않도록 노력해야 함을 강조하는 반면, 관리주의는 행정의 대응성을 강조하여 관료들이 자신의 정책고객들에 잘 대응해야 함을 내세운다(Aucoin, 1990: 126-128).

따라서 공공선택론과 관리주의에 토대를 두고 있는 NPM의 원리들 간에 긴장과 모순이 존재하는 것은 불가피하다. 다만, 정부의 정치·행정 엘리트들이 이러한 갈등적인 요소들을 현실 정치와 행정에 잘 조절하여 적용할 수 있는 역량과 의지를 지닌다면, NPM의 내부 모순에 따른 복합적인 효과의 부작용을 최소화 할 수 있을 것이다. 문제는 현실적으로 이러한 기대가 충족되기 쉽지 않다는 것이며, 이는 영국 보수당 정부의 행정개혁 과정을 통해서도 확인된다.

IV. 결론: 영국 보수당 정부(1979~1997년) 행정개혁의 시사점

영국 보수당 정부(1979-1997년)의 행정개혁은 관료와 관료제에 대한 통제를 강화하고, 관료(제)에 대한 의회(및 정치적 집행부)의 우월성을 명료하게 하려는 정치적 의도 하에 수행되었다. 그러나 영국 보수당 정부의 개혁 주도 세력은 자신들이 의도했던 효과― 행정

통제 강화를 통한 의회 주권의 재정립 —를 달성하지 못하였다. 능률성 진단, 재정관리 개혁, 책임운영기관, 시민헌장 등을 통해 진행된 보수당 정부의 행정개혁은 일견 관료(제)에 대한 정치적 집행부의 통제를 강화한 것으로 보일 수 있다. 그러나 실제적으로 영국 행정개혁은 의도하지 않았던 효과를 가져왔다. 즉, 반 자율적으로 움직이는 책임운영기관과 공공기관 등의 수와 활동이 급증함으로써 의회와 정치적 집행부의 정책통제 역량이 오히려 약화되었다. 위 기관들의 확장으로 인해, Thatcher를 중심으로 한 보수당 정부가 원래 의도했던 '의회 중심적이고 제한적인 국가'라는 관념에서 오히려 더 멀어지는 결과로 귀결된 것은 영국 행정개혁의 아이러니라고 하겠다.

이 연구는 영국 보수당 정부의 행정개혁이 의도하지 않았던 결과로 귀결된 원인을 정책의도의 실현을 어렵게 만드는 현실의 제한(관료제 통제기제 혼합의 불가피성, 선행 정책의 유산과 경로의존성)과 개혁을 뒷받침하는 이론적 근거의 불완전성(NPM 원리들 간의 긴장과 모순)에서 찾고자 하였다. 첫째, '감독'이라는 단일의 통제기제만을 적용할 수 없었던 현실의 한계, 즉 '상호성' 기제를 포함하는 혼합적인 통제기제를 적용할 수밖에 없었던 현실이 보수당 정부의 개혁의도 실현을 제한하였다. 둘째, 영국 보수당 정부 행정개혁은 기존 정책의 유산과 관성을 통해 다음 단계의 정책으로 연결되었으며, 그 과정에서 의도하지 않았던 효과— 행정 조직의 수와 조직 운영상의 자율성이 확장되는 효과 —가 나타났다. 셋째, 영국 보수당 정부 행정개혁의 이론적 논거인 신공공관리론은 공공선택론과 관리주의라는 두 개의 지적 원천에 토대를 두고 있는데, 이 두 지적 기반들 간의 긴장과 모순으로 인해 개혁의 효과가 복합성을 지니게 되었다.

영국 보수당 정부의 행정개혁은 다음과 같은 교훈을 제공한다. 모든 개혁 프로그램은 사실상 순수한 '이념형적' 정책수단보다는 그 순도가 떨어지는 '혼합적'인 정책수단에 의존하게 된다. 정책 현실의 복잡성과 제한 요인들이 순수한 정책수단의 적용가능성을 크게 낮추기 때문이다. 그 결과 이념형적 정책수단에서는 나타나지 않을 뜻하지 않았던 효과들이 혼합적 정책수단의 적용에서는 오히려 일반적인 현상이 된다. 또한 개혁 프로그램들이 하나의 완벽하고 내적으로 조화를 이루는 이론체계에 의해서 뒷받침되지 못하고, 모순과 상충을 보이는 여러 요소들로 구성된 이론적 자원을 토대로 할 수밖에 없다면, 개혁 프로그램의 적용은 과학적 엄밀성보다는 일종의 유능한 기술적 역량과 판단을 필요로 한다고 할 것이다. 그러나 모든 개혁 프로그램은 상당한 기간에 걸쳐 시행될 수밖에 없는데, 이

기간 동안 개혁 업무를 담당할 주체 세력이 그러한 역량과 판단을 지속적이고 일관성 있게 유지하는 것은 실질적으로 불가능하다. 이에 더하여 개혁 프로그램 자체가 지니고 있는 관성과 유산은 개별 정책담당자들의 역량과 판단을 무력화할 수도 있다. 이러한 교훈들은 개혁 프로그램이 원래 의도했던 효과보다 의도하지 않았던 효과를 내는 것이 자연스러운 현상일 수 있음을 의미한다. 따라서 우리는 이러한 한계를 인정하면서, 의도하지 않았던 효과가 치명적인 역효과(fatal reverse effects)로 귀결되지 않도록 관리하는 방안을 모색하는 다소 보수적이고 신중한 입장을 취할 필요가 있다.

참고 문헌

강원택. (1998). 영국 행정개혁과 국가 통치 기능의 변화: 국가의 공동화 혹은 중앙집중화?「한국행정학보」. 32(4): 53-66.

김순은. (1999). 영국의 행정조직 및 관리조직에 관한 연구: Next Steps 프로그램을 중심으로.「한국지방자치학회보」. 11(4): 249-270.

김재훈. (2003). 성과관리 행정개혁을 위한 정부예산회계제도 개혁: 영국, 호주 및 뉴질랜드를 중심으로.「한국사회와 행정연구」. 14(1): 121-144.

김정렬. (2001). 영국 블레어정부의 거버넌스.「한국행정학보」. 35(3): 85-102.

김종순. (2000). 영국 지방정부 서비스공급방식의 개혁노력: 의무경쟁입찰제도에서 Best Value 정책으로.「한국정책학회보」. 9(2): 189-210.

민진. (1998). 한국과 영국의 행정개혁의 비교.「한국행정학보」. 32(4): 37-52.

_____. (1999). 영국의 행정개혁 사례 연구: Nest Steps를 중심으로.「한국사회와 행정연구」. 10(1): 47-63.

서필언. (2005).「영국 행정개혁론」. 서울: 대영문화사.

소순창·홍진이. (2004). 신공공관리(NPM)적 측면에서 본 행정개혁: 한국, 일본, 그리고 영국의 비교분석.「한국지방자치학회보」. 16(1): 319-342.

이연호. (1999). 영국에서 신자유주의 개혁과 국가성격의 변화, 1979-1997: 보수당정부의 경험.「동서연구」. 11(2): 89-108.

_____. (2001). 영국 신노동당의 자본주의 개혁: '이해관계보유정책'(the Stakeholding Economy)의 실험과 국가성격의 변화.「국제정치논총」. 41(2): 203-221.

이윤식·배귀희·윤종현. (2008). 영국과 호주의 중앙정부 정부개혁에 관한 소고: 역사적 신제도주의적 관점을 중심으로.「한국공공관리학보」. 22(4): 385-420.

이종수. (1994). 영국에서의 행정개혁과 최근의 쟁점: 대처정부의 행정개혁과 그에 대한 평가를 중심으로.「한국행정연구」. 3(1): 27-46.

주재현. (2010). 영국 보수당 정부(1979-1997년) 행정개혁의 정치적 의도와 효과에 관한 연구.「의정연구」16(3): 39-66.

_____·정윤수. (2000). 행정서비스헌장제의 정착을 위한 정책방향.「한국행정학보」. 34(1): 245-264.

총무처직무분석기획단 편. (1997).「신정부혁신론: OECD국가를 중심으로」. 서울: 동명사.

한인섭 · 김정렬. (2004). 영국 행정의 본질과 혁신. 「정부학연구」. 10(2): 151-184.

Aucoin, P. (1990). Administrative Reform in Public Management: Paradigms, Principles, Paradoxes, and Pendulums. *Governance*. 3(2): 115-137.

Beetham, D. (1993). Political Theory and British Politics. In Dunleavy, P. et al., *Developments in British Politics 4*, London: Macmillan.

Doern, G. B. (1993). The UK Citizen's Charter: Origins and Implementation in Three Agencies. *Policy and Politics*. 21(1): 17-29.

Duggett, M. (1998). Citizen's Charter: People's Charter in the UK. *International Review of Administrative Science*. 64(2): 327-330.

Dunleavy, P. & Hood, C. (1994). From Old Public Administration to New Public Management. *Public Money and Management*. 14(3): 9-16.

Freedman, L. (1996). *Politics and Policy in Britain*. New York: Longman.

Gamble, A. (1988). *The Free Economy and the Strong State: the Politics of Thatcherism*. London: Macmillan.

Gray, A. & Jenkins, B. (1993). Public Administration and Government 1991-2. *Parliamentary Affairs*. 46(1): 17-37.

_____. (1994). Ministers, Departments and Civil Servants. In Jones, B. et al. (eds.), *Politics UK*, 2nd ed., Hemel Hempstead, UK: Harvester Wheatsheaf.

Hall, P.A. & Taylor, R. (1996). Political Science and the Three New Institutionalism. *Political Studies*. 44(5): 936-57.

Heclo, H. (1974). *Modern Social Politics in Britain and Sweden*. New Heaven, NJ.: Yale University Press.

Hood, C. (1994). *Explaining Economic Policy Reversals*. Buckingham, UK: The Open University Press.

_____. (1996). Control over Bureaucracy: Cultural Theory and Institutional Variety. *Journal of Public Policy*. 15(3): 207-230.

_____. (1998). *The Art of the State: Culture, Rhetoric, and Public Management*. New York: Oxford

Univ. Press.

_____. & James, O. (1997). The Central Executive. In Dunleavy, P. et al. (eds.), *Developments in British Politics 5*, London: Macmillan.

_____, James, O., Peters, B. G., & Scott, C. (eds.) (2004). *Controlling Modern Government: Variety, Commonality and Change*. Cheltenham, UK: Edward Elgar.

Kemp, P. (1990). Next Steps for the British Civil Service. *Governance*. 3(2): 186-196.

Kingdom, J. (1991). *Government and Politics in Britain: An Introduction*. Cambridge, UK: Polity Press.

Majone, G. (1994). The Rise of the Regulatory State in Europe. *West European Politics*. 17(3): 77-101.

Pollitt, C. (1993). *Managerialism and the Public Services*, 2nd ed. Oxford: Blackwell.

Rhodes, R. (1994). The Hollowing Out of the State: the Changing Nature of the Public Service in Britain. *Political Quarterly*. 65: 138-151.

_____. (1996). The New Governance: Governing without Government. *Political Studies*. 44(4): 652-667.

Skocpol, T. & Amenta, E. (1986). States and Social Policies. *Annual Review of Sociology*. 12: 131-157.

Smith, M. (1999a). The Institutions of Central Government. In Holliday, I., Gamble, A., Parry, G. (eds.), *Fundamentals in British Politics*, London: Macmillan.

_____. (1999b). *The Core Executive in Britain*. New York: St. Martin's Press, Inc.

Thelen, K. & Steinmo, S. (1992). Historical Institutionalism in Comparative Politics. In Steinmo, S. et al. (eds.), *Structuring Politics: Historical Institutionalism in Comparative Analysis*, New York: Cambridge University Press.

U.K. Prime Minister. (1999). *Modernising Government*. London: HMSO.

Wilensky, H. (1975). *The Welfare State and Equality: Structural and Ideological Roots of Public Expenditure*. London: University of California Press.

보수당(1979-1997년), 노동당 (1997-2010년) 정부의 행정개혁과 계층제 기제의 의의*

I. 서론

조정(coordination)은 다양한 행위자(agents)와 기관(agencies) 간의 관계 및 그들의 행동에 질서와 균형을 부여하는 활동을 말한다(Thompson et al., 1991: 3). 이러한 조정 활동은 조직 간의 관계 뿐 아니라 조직 내적 관리에서도 발생한다. 또한 조정 활동은 민간부문과 공공부문 모두에서 발생하며, 이러한 조정 활동을 통해서 자원의 배분과 공공서비스의 생산이 가능해진다(Thompson et al., 1991; Rhodes, 1996). 고전적인 정치경제학은 조정 활동이 발생하는 기제를 계층제(hierarchies)와 시장(markets)의 이분법으로 파악했으나(Williamson, 1975; Lindblom, 1977; Wolf, 1988), 1980년대 이후 이러한 이분법을 극복하고 계층제와 시장에 더하여 네트워크(networks)를 또 하나의 조정기제로 파악하는 새로운 접

---

* 주재현(2012)을 수정한 원고임.

근법이 대두되었다(Thompson et al., 1991; Rhodes, 1996; Kooiman, 1993a; 2003).[1] 이에 따르면, '계층제'는 행정 명령, '시장'은 경쟁, '네트워크'는 신뢰와 협력을 토대로 조정 활동을 한다(Thompson et al., 1991: 15).[2]

본 연구는 이러한 조정기제들(coordinating mechanisms)을 행정개혁과 관련지어 논의하며, 특히 공공서비스의 생산과 관련된 공공부문 내 기관들(및 일부 관련 민간기관들)을 대상으로 한다. 19세기말 이후 서구 국가를 중심으로 추진되어 온 행정개혁은 조정기제의 변화를 모색하는 노력으로 해석될 수 있다. 19세기 말 미국을 중심으로 나타난 '진보주의' 행정개혁(Progressive Public Administration) 이후 1970년대 말에 이르기까지는 '계층제'에 의존하는 조정기제가 주류를 형성했으나(Hood, 1994), 신공공관리(New Public Management) 행정개혁은 '시장'을, 뉴 거버넌스(New Governance) 행정개혁은 '네트워크'를 지배적인 조정기제로 채택하려는 노력이었다. 그러나 본 연구는 그와 같은 조정기제의 변화 모색에도 불구하고, '계층제' 기제는 신공공관리 행정개혁과 뉴 거버넌스 행정개혁의 시대를 관통해서 건재했음은 물론, 오히려 시장 또는 네트워크 중심적인 행정개혁의 주요 요소로 자리 잡고 있음을 보이고자 한다. 즉, 실제 행정제도(개혁 수단)의 운영에서 계층제 양식은 불가피한 요소로 자리 잡고 있다는 것이다.

세 조정기제 중 '계층제'의 실효성에 대해서는 계층제의 종말론·건재론·상황론 간의 논쟁이 존재한다(유재원·이승모, 2008: 195). '계층제'가 더 이상 유효한 조정기제가 되지 못한다는 주장(Pinchot & Pinchot, 1994; Richards & Smith, 2002)에 대해 '계층제'가 여전히 유효하며 공공업무를 관리하는 기능을 잘 수행하고 있다는 주장(Davis, 2002; Hill & Lynn, 2005)이 제기된 바 있다. 한편, 정책영역이나 조직유형 등의 상황변수에 따라 '계층제'가 유효할 수도 그렇지 않을 수도 있다는 주장이 제시되기도 하였다(Jordan et al., 2005;

---

[1] '조정기제'는 '통치구조(governing structures)' 또는 '거버넌스 체제' 등의 개념으로 불리기도 한다(Rhodes, 1996; Bevir, 2007; 유재원·이승모, 2008). 그러나 '통치구조'는 한 국가 내 자원의 권위적 배분 현상에 주로 관련되고 정부 조직관리 측면과의 관련성은 약한 개념으로 해석될 여지가 있으며, '거버넌스 체제'는 제2장에서 정리된 '거버넌스' 개념이나 후술하는 '뉴 거버넌스' 행정개혁과 혼란을 야기할 가능성이 있다. 따라서 여기서는 '조정기제' 개념을 사용하도록 한다.

[2] 그러나 이 접근법은 세 조정기제 중 어떤 것도 본질적으로 나쁘거나 좋은 것은 아니며, 이 셋 중 하나를 선택하는 것은 이념적인 선택의 문제가 아니라 실질적인 필요성에 근거한다는 것이라는 점을 지적하고 있다(Rhodes, 1996: 653).

Keast et al., 2006). 국내에서는 우리나라 중앙 및 지방 공무원을 대상으로 한 설문조사 결과를 토대로 세 조정기제 중 '계층제'가 여전히 중심적인 기제로 작동하고 있음을 보이는 연구결과들이 제시되었다(유재원·소순창, 2005; 김근세 외, 2005; 유재원·이승모, 2008). 한편, 장지호·홍정화(2010)는 거버넌스에 관한 국내 연구성과들을 검토한 후, 계층제적 요소를 포함하고 있는 '국가중심 거버넌스' 현상의 실재에도 불구하고, 이에 대한 연구가 '시민사회중심 거버넌스'에 대한 연구보다 상대적으로 취약함을 지적하였다.

본 연구는 공무원들이 업무를 수행하는 과정에서 어떤 조정기제가 주로 사용되고 있는지를 묻는 인식조사 방식이나 선행연구에 대한 평가(review) 방식이 아니라 대표적인 행정개혁 사례(제도)의 내용과 제도의 운영을 검토하는 방식을 통해서, '계층제' 기제가 각 제도에 내재되어 있음을 보이고자 한다. 또한 이 연구는 우리나라의 제도가 아니라 대표적인 벤치마크 대상국인 영국의 신공공관리 및 뉴 거버넌스 행정개혁 사례(제도)를 분석의 대상으로 한다는 점에서 기존의 국내 연구와 차별성을 보인다. 영국 보수당 정부(1979-1997년)가 추진했던 행정개혁은 전술한 신공공관리로 명명되어 전 세계적으로 상당한 영향을 미쳤으며, 뒤를 이은 노동당 정부의 행정개혁 또한 주목할만한 관심을 끌었다. 우리나라의 행정개혁도 영국 보수당 및 노동당 정부의 영향으로부터 자유롭지 않아, 김대중·노무현 정부는 물론, 이명박 정부에서도 영국 행정개혁의 교훈을 찾고자 하는 노력이 계속되었다.[3] 이러한 의의를 지닌 영국 사례에 대한 분석은 우리에게 시사하는 바가 클 것이다.

이 연구는 조정기제에 관한 국내 연구 동향 뿐 아니라 영국 행정개혁에 관한 국내 연구와 관련해서도 다음과 같은 의의를 지닌다. 그간 우리나라에서 영국 행정개혁에 대한 관심은 상당 부분 보수당 정부의 개혁에 초점을 맞추었으며(이종수, 1994; 총무처직무분석기획단, 1997; 강원택, 1998; 민진, 1999; 이연호, 1999; 소순창·홍진이, 2004; 주재현, 2010), 노동당 정부의 개혁에 대해서는 그 개혁방향을 거시적인 관점에서 조망하거나, 전반적인 개혁방향과 내용을 포괄적으로 논의하는 등 제한적인 연구만이 이루어졌다(이연호, 2001; 김정렬,

---

[3] 특히 2010년 이후에는 '융합행정'(고객관점에서 행정·공공기관 및 민간이 긴밀히 협력하여 규제 정합성을 높이거나 시설·정보 등의 공유와 기능연계를 통해 새로운 가치를 창출하는 창조적 업무방식: 행정안전부 외, 2011: 2)의 필요성이 부각되어 융합행정의 선례 중 하나인 영국 노동당 정부의 '연계형 정부'(Joined-up Governemnt: JUG)에 대한 관심이 제고되었다(행정안전부 외, 2011).

2001). 일부 비교연구에서 노동당 정부의 행정개혁이 부분적으로 취급되기도 하였으나(민진, 1998; 김재훈, 2003; 한인섭·김정렬, 2004; 소순창·홍진이, 2004; 이윤식 외, 2008), 특정 개혁방안이나 제도에 대한 체계적인 분석이 수행되었다고 보기는 어렵다. 이러한 맥락에서 이 연구는 영국 보수당 뿐 아니라 노동당 정부의 특정 행정개혁— 후술할 연계형 정부 (Joined-up Government: JUG) —도 분석대상으로 한다는 점에서 선행연구와 차별성을 지닌다.

먼저 제2절에서 이념형(ideal types)으로서의 계층제·시장·네트워크에 각각 조응하는 행정중심론, 신공공관리론, 그리고 뉴 거버넌스론의 특징에 대해 논의한 후, 이를 토대로 조정기제의 주요 특징을 정리하여 분석의 지침을 마련한다. 다음으로 제3절에서 영국 신공공관리 행정개혁과 뉴 거버넌스 행정개혁의 대표적인 사례(의무경쟁입찰제도, 연계형 정부)를 검토하고, 각 사례에서 '계층제' 기제가 어떻게 '시장' 또는 '네트워크' 기제와 공존하고 있는지를 분석한다. 제4절에서는 분석결과로 나타난 조정기제 혼합 현상의 의미에 대해서 토론하고, 마지막 5절(결론)은 연구결과를 요약한다.

II. 조정기제와 행정개혁 모형에 관한 이론적 논의

1. 계층제: 행정중심론

'계층제' 조정기제는 정부의 공식적 법규나 행정 명령 등을 통해서 자원의 배분과 통제 및 조정이 이루어지는 방식을 말한다. 또한 이 접근법에서는 행정 관료제의 논리, 즉 법적·합리적 권위에 토대를 둔 조직 운영방식이 행정조직 내·외를 대상으로 하는 정책결정과 집행에서 핵심적인 역할을 담당한다. 이 조정기제는 두 개의 행정중심론적 행정개혁 조류와 연결된다. 하나는 고전적 행정(Old Public Administration) 개념이고, 다른 하나는 행정국가(Administrative State) 개념이다.

고전적 행정은 행정 책임(accountability)의 문제에 대해 공식적·계층제적·법적인 관점을 견지한다. 즉, 행정 공무원들은 심각한 정도의 재량을 행사해서는 안 되며, 그들은 단지 계층제 상의 상관, 선출된 공직자, 또는 사법부에 의해서 설정된 법규·규칙·기준 등을 실행에 옮기면 되는 것으로 여겨진다. 따라서 행정 공무원들이 일반시민에 대해 직접적인 책임을 지는 것은 필요하지도 적절하지도 않으며, 일반시민들의 의지를 파악하여 이를 정책화하는 책임은 오직 선출된 공직자에 의해서만 가능한 것으로 파악된다. 행정 공무원들에게 요구되는 것은 전문성과 업무수행 역량일 뿐이며, 책임 있는 행정행위는 과학적이고 가치중립적인 원칙에 토대를 두고 있는 것으로 이해된다(Denhardt & Denhardt, 2003: 129; Hughes, 2003: 236-237; Henry, 1975).

행정국가는 광범한 역할을 수행하는 행정체제(정부 관료제)가 공공부문의 운영에서 주도적인 역할을 수행하는 국가를 말한다. 20세기의 전반기 동안 전개된 행정국가화 현상은 고전적 행정 개념의 유지를 어렵게 만들었다. 행정국가에서는 거대 정부 관료제가 국정을 주도하며 국민생활에 심대한 영향을 미친다(Waldo, 1948; 오석홍, 2008: 120). 행정국가화 되기 이전의 행정은 협의의 집행·관리기능에 제한되었으나, 행정국가화와 더불어 입법부의 기능인 정책결정 기능까지도 담당하기 시작하였다. 정부 관료제가 질서유지나 치안 등의 '안정' 유지자의 기능을 넘어서서 '변화'를 유도하는 기능까지 맡게 된 것이다(박동서, 1981: 32; cf. O'Toole, 1987).

행정 관료제의 역할범위와 정치-행정 관계에 대한 인식차이가 존재하지만, 고전적 행정 개념과 행정국가 개념 모두 '계층제'를 지배적인 조정기제로 보고 있다는 점에서는 일치한다. 즉, 국가와 사회를 대상으로 한 주요 정책의 결정과 집행, 그리고 정부조직의 운영은 '시장' 기제나 '네드워그' 방식을 통해서가 아니라 정부 관료제를 통해야 한다는 것이다. M. Weber에 의해서 정립된 관료제적 조직운영의 특징은 다음과 같다. ① 각 부서 업무의 영역이 명백하게 규정된다. ② 조직의 상부에 하부에 대한 감독과 책임이 부여된다. ③ 공·사의 구분이 철저하다.[4] ④ 선출이 아닌 임명에 의해 보임되며, 조직과 구성원간의 관계는 계약에 근거한다. ⑤ 관료들은 객관적인 자격요건(훈련, 시험, 자격증 등)에 의해서 선발된다. ⑥ 관료들은 자의적인 해고로부터 보호되며, 서열 및(또는) 업적에 의해 승진한다. ⑦ 관료 활동에 대한 규제는 일반적이고 일관성 있는 추상적 규칙에 의한다. ⑧

---

4) 업무 외의 영역에서 상급자에 복종할 필요가 없다.

공적 의무는 증오·선의 등과 무관한 비사인성(impersonality)에 기반해서 수행된다. ⑨ 관료제적 조직은 종종 비관료적인 총수(지위승계, 피선출 등에 의해 보임됨)에 의해서 지휘된다(Etzioni-Halevy, 1983: 27; Hague & Harrop, 2004).

2. 시장: 신공공관리론

'시장'은 경쟁(competition) 기제를 활용해서 자원의 배분과 통제 및 조정을 실시하는 조정기제를 말한다. 이 방식을 지배적인 조정기제로 할 경우, 정부 조직 또한 시장의 논리를 적용받아 활동하는 행위자의 하나에 불과하며, 정부 조직의 내적 운영도 경쟁 기제의 적용을 받게 된다. 이러한 개념을 행정개혁에 도입한 이론적 조류가 신공공관리론(New Public Management: NPM)이다.

신공공관리론은 경쟁 기제를 관료조직 운영과 공공서비스 생산의 핵심적 수단으로 채택하고 있다. NPM은 공공부문과 시장부문 간에 조직운영상의 차이가 존재하지 않는다고 보고 있으며, 공공부문의 작업방식이 절차와 규칙을 강조하는 것으로부터 결과(성과)에 주목하는 것으로 전환되어야 한다고 주장한다(Hood, 1994: 129; Dunleavy & Hood, 1994: 9-10). NPM에서 시장부문과 공공부문이 다르지 않다고 보는 것은 시장부문에서 개발되고 검증된 관리기법들이 공공부문에도 적용될 수 있음을 의미한다. 시장부문이 공공부문보다 효율적이기 때문에 기업조직을 관리하는데 활용되는 관리기법들을 공공조직에 적용하면 공공부문의 효율성이 제고될 수 있다는 것이다. 또한 법적 절차나 규칙보다 결과를 중시하는 것 역시 비용절감이나 효율성을 강조하는 시장부문의 영향력이 공공부문에 미치게 됨을 의미한다.

NPM이 제시하는 주요 교리들은 다음과 같다(Hood, 1994: 129-132; Aucoin, 1990; Kettl, 2005). 첫째, 공공부문 내 조직들 간은 물론 공공조직과 민간조직들(기업 뿐 아니라 비영리 조직도 포함) 간의 경쟁을 강조한다. 경쟁을 조장하기 위한 수단은 '시장성 테스트'와 '민간위탁' 등이다. 경쟁이 효율성의 증진과 서비스 질의 향상을 가져온다고 믿기 때문이다. 이러한 경쟁은 정책조언 영역보다는 정책집행 영역에서, 특히 사회 및 복지서비스 전달 영역에서 두드러진다.

둘째, 공공조직 내 구성원들 간의 경쟁을 조장하기 위해 인센티브 제도를 도입하고, 성과평가 기제를 강화한다. 성과평가 결과를 토대로 차등적인 임금이 지급되는 것이 정당한 것으로 받아들여진다. 이를 위해서 명백하고 측정 가능한 성과기준을 설정하고 이를 준거로 평가를 시도한다. 성과기준은 상관의 자의적이고 일관성 없는 명령이 아니라 적절한 조사와 토의를 통해 미리 설정된 산출지표를 위주로 한다. 이러한 접근은 '주인-대리인' 이론의 주장을 수용한 것으로 볼 수 있으며, NPM에서 관료들은 더 이상 신뢰의 대상이 아니라 통제의 대상으로 인식되고 있음을 알 수 있다.

셋째, 공공부문 조직의 상층 관리부가 외부의 관찰에 쉽게 노출될 수 있고, 보다 적극적으로 조직의 운영에 관여하도록 하는 조직관리 스타일을 지향한다. NPM은 전통적 행정조직의 상층 관리부가 조직의 관리보다는 정무직 공무원에 대한 정책조언을 선호하였고 외부에 잘 노출되지 않았으며, 그 여파의 하나로서 상층부 관료들의 조직관리가 느슨하게 전개되었다고 본다. 따라서 이제는 조직 상층부 관료들이 정무직 공무원에 대한 정책조언보다 직접적인 조직관리에 더 적극적으로 관여하도록 유도하고 그들에게 조직관리상의 책임을 물어야 하며, 이를 위해서 상층부 관료가 더 잘 노출되도록 제도를 구축하되, 그들에게 더 많은 관리상의 재량권을 부여해야 한다고 주장한다.

넷째, 상층 관리부의 노출과 책임을 조장하는 수단의 하나로서, 종전의 상대적으로 대규모라고 볼 수 있는 공공조직을 여러 세부조직들로 분할한 후 각 조직에게 단일의 미션을 부여하는 조직구성 접근을 채택한다. 각 세부조직의 관리자는 경쟁을 통해서 선발되어 조직의 운영을 책임지고 그 성과에 따라 보상과 진퇴여부가 결정되며, 외부의 관찰에 쉽게 노출된다. 관리자들은 조직의 성과를 높이기 위해 시장부문에서 검증된 관리기법들을 적절히 활용할 것으로 기대되며, 해당 기법들은 적절히 적용될 경우 비용절감이나 서비스 품질 향상을 가져올 것으로 기대된다.

3. 네트워크: 뉴 거버넌스론

'네트워크'는 신뢰와 파트너십에 토대를 둔 조정기제이다. 여기서는 국가와 사회가 대립적인 존재가 아니라 서로 협력하고 신뢰하는 존재로 파악된다. 역동성·복합성·다양성으로 특징지어지는 현대사회(Kooiman, 1993b; 2003)에서 가장 효과성이 높은 조정기제는 '계층제'나 '시장'이 아니라 '네트워크'라는 진단과 이에 대한 믿음이 이 조정기제의 등장배경을 형성하고 있다. 이처럼 네트워크를 강조하고, 협력과 신뢰형성을 중요시하는 관점은 또 하나의 행정개혁 조류인 뉴 거버넌스론과 밀접한 연관성을 지니고 있다.

거버넌스에 대한 다양한 용법 중에서, 조정기제에 대한 이분법적 관점을 넘어서서 새로운 접근을 가능하게 하는 개념적 포괄성을 지닌 뉴 거버넌스 개념은 사회적 사이버네틱스 체계(socio-cybernetic system)와 자기조직화 네트워크(self-organizing networks)의 용법이라 하겠으며, 따라서 여기서는 뉴 거버넌스를 '자기조직화하는 조직간의 네트워크'로 정의한다(Rhodes, 1996: 660). 이렇게 정의된 뉴 거버넌스의 특징은 첫째, 조직들 간의 상호의존성이다. 거버넌스는 정부보다 폭넓은 개념으로서 정부 외의 행위자들도 포함한다. 이에 따라 정부부문·시장부문·자원부문간의 경계가 불분명해진다. 둘째, 자원을 교환하고 목적을 공유할 필요성을 지닌 네트워크 참여자들 간에 지속적인 상호작용이 존재한다. 셋째, 이러한 상호작용은 신뢰와 협조에 그 뿌리를 두고 있으며, 또한 네트워크 참여자들 간의 협상과정을 거쳐 동의된 게임의 규칙에 의해서 규제된다. 넷째, 정부가 네트워크를 조종할(steering) 수는 있지만, 그것은 간접적이고 불완전한 형태에 머문다. 네트워크는 정부로부터 상당한 정도의 자율성을 지니고 있으며 자기조직화한다.

네트워크의 활성화를 가능하게 하는 구체적인 조건들과 관련해서는 다음과 같은 객관적·주관적 조건들이 제시되고 있다(Kooiman, 1993c; Vliet, 1993; Kouwenhoven, 1993). 먼저 '객관적'인 조건들을 살펴보면, ① 전통적인 권위와 문제해결 수단들의 실패 또는 쇠퇴, ② 이익의 중재를 가능하게 하는 조직형태와 패턴이 아직 제대로 정립되어 있지 않은 새로운 사회정치적 활동 영역의 등장, ③ 특정의 공공부문과 민간부문 행위자 모두에게 관련되는 커다란 관심사항들의 부각, ④ 여러 행위자들의 목적 및 이익의 수렴과 그들 간의 협력을 통한 시너지 효과 산출가능성의 존재 등이 있다. 한편, 네트워크에 관여하고 있는 행위자들의 심리상태와 관계된 '주관적' 조건들에는 ① 상호신뢰(trust)와 이해(understanding)의 존재, ② 책임을 공유할 준비성 등이 있다. 이러한 객관적, 주관적 조건들이 특정의 촉발요인이나 중개요인의 도움을 받을 경우, 네트워크의 활성화가 가능하다는 것이다.

〈표 4-1〉은 세 조정기제의 주요 특징을 행정개혁 모형과 관련지어 정리하고 있다. 조

정기제의 특징들은 이하의 사례분석에서 분석의 지침으로 활용된다.

<표 4-1> 조정기제의 주요 특징

구분기준	계층제	시장	네트워크
행정개혁 모형	행정중심론	신공공관리론	뉴 거버넌스론
관리 가치	합법성(법령, 규칙)	결과	신뢰
작동 원리	명령과 통제(감시·감독)	경쟁	파트너십
공공서비스	공공기관 직접생산	민영화, 민간위탁, 경쟁입찰 등	공동공급(다양한 행위자 참여)
관리 방식	관료제 중심	고객 지향	공동목표 지향

III. 영국 행정개혁 사례 분석

아래에서는 신공공관리 행정개혁과 뉴 거버넌스 행정개혁을 대표하는 사례로서 '의무경쟁입찰제도'와 '연계형 정부'를 분석한다.

1. 신공공관리 행정개혁: 의무경쟁입찰제도

Thatcher와 Major 수상으로 이어졌던 보수당 정부는 공공서비스 공급자인 공공조직의 비효율성에 주목하고, 공공부문에 경쟁기제를 도입해서 이 문제를 극복해나가고자 하였다. 이러한 노력을 보여주는 대표적인 개혁방안 중의 하나로 의무경쟁입찰제도

(compulsory competitive tendering: CCT)를 들 수 있다.[5] 이하에서는 의무경쟁입찰제도가 '시장' 기제에 토대를 두고 있으나, 동시에 '계층제' 기제가 제도 운영의 주요 요소로 가미되어 있었음을 보이고자 한다.

1) 보수당 정부의 CCT 추진 배경

영국의 우파 사상가와 정치인들은 영국의 지방정치와 행정이 정당간의 과열경쟁과 관료주의로 인해 그 기능과 재정이 확대되어 심각한 비효율의 문제에 봉착해 있다고 보고 있었다. 특히 그들은 다수의 지방정부가 노동당에 의해 장악되면서, 과도한 복지정책의 추진으로 인한 심각한 재정적자에도 불구하고 관리상의 무능과 노동조합과의 결탁 때문에 그대로 방치할 경우 회복 불능상태에 빠질 것으로 보았다(Gray & Jenkins, 1991: 472). 이러한 배경 하에서 보수당 정부는 그동안 경쟁 없이 독점적 지위를 보장받았던 지방정부 조직들이 더 이상 그러한 '특권적' 지위를 누릴 수 없도록 하기 위해 공공서비스 생산과 제공에 민간기업의 참여를 유도하는 CCT를 도입하였다. 지방정부로 하여금 민간기업과 경쟁하게 함으로써 납세자인 주민에게는 양질의 서비스를 저렴한 가격으로 제공하고 민간기업에게는 새로운 기회를 제공하며 폐쇄적 행정환경을 기업환경과 접목시킴으로써 행정문화를 쇄신할 수 있다는 것이었다(양형일, 1997: 110).

공공부문에 경쟁기제를 도입하는 것은 다음의 몇 가지 점에서 보수당 정부에게 매력적이었다. 첫째, 정부조직에 대한 업무의존도를 낮추고 기업 등 외부조직이 저렴한 비용으로 업무를 수행하게 된다면 공공지출을 절감할 수 있다. 둘째, 정부 또는 민간조직 중 어느 쪽이 서비스 제공기관으로 결정되건 간에 CCT 과정은 사업의 내용과 비용을 명확히 하는 유용한 수단이 될 수 있다. CCT 과정에서 직무기술서와 서비스 공급의 실질적인 비용을 명확히 할 필요가 있는데, 이러한 정보는 서비스 공급에 대한 책임의 이전이 비용 면에서 효과적인지의 여부를 확인하는데 긴요했다. 셋째, CCT는 공공부문에 계약주의 (contractualism)의 도입을 가져왔는데, 여기서 정부는 만족스럽지 못한 서비스 공급자에

---

[5] CCT는 이후 1991년의 백서(*Competing for Quality*)를 통해서 시장성 테스트(marketing test) 개념으로 재정립되었다.

대해 계약을 철회할 수 있는 권리를 가지고 있었기 때문에 공공서비스의 공급에 대한 새로운 규제의 틀을 발전시킬 수 있었다(서필언, 2005: 445-446).

2) CCT의 시장 요소

CCT는 경쟁원리를 적용해서 공공서비스의 생산 및 공급자를 결정하는 제도였다. 즉, 공공서비스의 생산·공급에 있어 정부조직에 독점적 지위를 부여하는 것이 아니라 민간조직(주로 기업)에게도 기회를 제공하고, 정부조직과 민간조직 중에 가장 경쟁력 있는 입찰자에게 공공서비스의 생산 및 공급 기능을 부여하자는 것이었다. CCT는 공급가격의 비교를 강제규정하고 있다는 의미이지, 해당 서비스의 공급을 반드시 민간 공급자가 담당해야 한다는 것은 아니었다. 상업적 기준에 따라 민간조직이 서비스 공급자로 선정될 수 있지만, 동일한 기준에 의해서 정부조직이 공급자로 선정될 수도 있었다. CCT 체제 하에서 지방정부가 입찰에 부쳐지는 기능을 계속 수행하고자 할 경우, 지방정부는 해당 기능의 수행(또는 서비스의 제공)을 담당할 '직접 서비스 조직'(direct service organization: DSO)을 구성한 다음 입찰에 참여할 수 있었다. 요컨대 CCT는 '민간'에 초점을 두는 것이 아니라, '경쟁'에 초점을 두고 있는 제도였다. 경쟁이 결여된 채 정부독점이 민간독점으로 형태만 바뀌게 된다면, 여전히 비용절감과 서비스 질의 향상은 기대할 수 없게 된다고 보았다. 종전의 공공서비스 제공에서 비효율성이 문제가 되었던 것은 정부조직이 비경쟁적 환경에서 독점적인 지위를 유지했다는 데 기인했던 바가 컸기 때문에, 정부가 독점해 온 서비스 영역 가운데 상당 부분을 경쟁 입찰에 부치자는 것이 CCT의 기본취지라고 하겠다(김종순, 2000: 192; Gray & Jenkins, 1991: 472).

보수당은 1980년 '지방정부의 계획 및 토지에 관한 법률(Local Government Planning and Land Act)'을 제정해서 공공서비스 제공에 대한 경쟁 입찰을 의무화하였다. 당시의 CCT는 지방정부 주관의 시설건설과 관리(local authority construction and maintenance) 영역에 한정해서 적용되었는데, 일부 지방정부들은 폐기물 수거와 같은 여타 서비스 영역에 CCT를 자발적으로 적용하기도 하였다. CCT의 영역은 1988년(및 1989년의 2차 입법)과 1992년의 '지방정부법(Local Government Act)'에 의해 확장되었다(표 4-2). 1980년의 입법이 CCT를 도입하였고, 1988년 입법이 '근로 분야(blue collar services)'에 중점을 둔 것이었다면 1992년의 입법은 '전문 분야'(white collar services)에 이르기까지 경쟁 입찰의 대상 기능이 확장되었다[6](Patterson & Pinch, 2000; 양형일, 1997: 111-112).

<표 4-2> CCT 관련 입법과 주요 입찰 대상 기능

연도	관련 법	입찰 대상 기능
1980	지방정부의 계획 및 토지에 관한 법률	시설건설과 관리
1988/1989	지방정부법(및 2차 입법)	건물청소, 거리청소, 쓰레기수거, 학교 및 사회복지 급식, 정원·공원관리, 차량관리, 스포츠·여가서비스관리
1992	지방정부법	경찰·소방·학교 차량관리, 극장·박물관 관리, 도서관 서비스, 주차서비스, 설계서비스, 토목계획 서비스, 공공주택관리, 자산관리, 건설관리, 행정관리서비스, 법률서비스, 재무관리서비스, 인력관리서비스, 전산정보서비스

출처: Patterson & Pinch(2000: 270); 양형일(1997: 111).

1997년에 수행된 조사에 의하면, CCT는 서비스의 질보다는 제공 가격에 초점을 두고 수행되었던 것으로 나타났다. 즉, 전체 계약의 91%가 1차 입찰에서 가장 낮은 가격을 제시한 기관에게 낙찰되었으며, 2차 입찰에서는 최저 가격 제시기관에게 낙찰된 비율이 85%에 이르렀다(Patterson & Pinch, 2000: 270). 한편, 경쟁 입찰에 부쳐졌던 공공서비스의 낙찰기관 구성을 살펴보면, 1997년도의 경우 정부조직이 '근로 분야' 전체 계약의 56.5%를 차지하였다. 또한 계약의 규모에서도 정부조직이 체결한 계약의 규모가 상대적으로 컸던 것으로 나타났다. 그러나 전반적인 추세는 민간조직의 성공비율이 점차 커지고 있었다(표 4-3).

---

6) 단, 1988년과 1992년의 입법은 해당 기능의 시행을 일률적으로 규정하지 않고, 내각에 권한을 위임하여 지방정부의 사정을 고려해서 단계적으로 시행할 수 있도록 했다.

⟨표 4-3⟩ 민간조직의 '근로 분야' CCT 계약체결 비중(1991년 및 1997년)

분야	계약(수)의 비율(%)		계약(규모)의 비율(%)	
	1991	1997	1991	1997
건물청소	40	56	14	31
쓰레기수거	27	38.5	21	37
거리청소	25	36	19	30
차량관리	23	30	14	24
급식(학교, 사회복지)	1.5	30	0.6	22
급식(기타)	25	41	21	29
정원·공원관리	31	47	18	32
스포츠·여가관리	-	26	-	16
전체 계약	30	43.5	16	29

출처: Patterson & Pinch(2000: 271).

3) CCT의 계층제 요소

위에서 살펴본 바와 같이 CCT는 시장 기제를 토대로 하고 있었다. 그러나 동시에 CCT에는 계층제 요소가 내재되어 있었다. 계층제 기제는 특히 제도의 작동을 규율하는 각종 규칙과 중앙정부에 의한 계층제적 감독의 형태로 드러났다.

CCT 체제를 유지하기 위한 규칙들과 중앙정부의 규제에서 나타나는 계층제적 요소는 다음과 같다(김종순, 2000: 194-195; 양형일, 1997: 112-113). 첫째, CCT는 지방정부의 운영에 대한 중앙정부의 통제 의지를 반영하고 있었다. 따라서 특정 공공서비스들을 의무적으로 경쟁 입찰에 부치고, 그 구체적인 시행시기까지 명시한 것 자체가 계층제 기제가 적용되고 있었음을 보여준다.

둘째, 지방정부의 DSO가 낙찰을 받게 되면 DSO는 회계를 독립시켜 별도로 관리되어야 했으며, 경쟁 입찰에 참여하는 기업들과는 달리 적어도 계약액의 5% 이상을 이익으로 남겨야 했다. 또한 계약이행과 관련된 주요 사항을 중앙정부에 보고하고, 불공정 경쟁을 막기 위한 각종 법적·제도적 장치를 준수해야 했다.

셋째, 지방정부가 경쟁을 억제·왜곡·금지하지 못하도록 하는 각종 법적·제도적 장치들이 마련되어 있었다. 특히 1988년의 '지방정부법'은 경쟁원리를 제한하거나 왜곡하는 행위나 조치를 지방정부가 취해서는 안 된다는 점을 명문화했으며, 문제발생시 지방정부에 제재를 취할 수 있는 권한을 중앙정부에 부여했다. 입찰에 문제가 있거나 의문이 제기되는 경우, 중앙정부의 주무 장관은 지방정부에 대해 서면으로 입찰절차에 관해 구체적으로 보고하게 하고 재입찰을 명할 수 있도록 하였다. 또한 경쟁 입찰에 명백한 불공정행위가 있다고 판단될 경우에는 해당 지방정부 DSO의 입찰 참여 자체를 금하는 등의 적절한 조치를 취할 수 있는 권한을 해당 장관에게 부여하였다.

2. 뉴 거버넌스 행정개혁: 연계형 정부

Blair의 노동당 정부는 1999년의 백서(Modernizing Government)에서 정책결정과 집행에서 나타나는 파편화(fragmentation) 현상에 주목하고, 이 문제를 연계형 정부(JUG)와 횡단적 정책(cross-cutting policy)으로 극복해 나가야 한다고 주장하였다. 또한 거버넌스 형성과 네트워크 구축이 노동당 정부가 추진해야 할 과제라고 천명했다. 따라서 이러한 주장에 의한다면, 노동당 정부는 시장 경쟁(market competition)과 계층제적 감독(hierarchical oversight)을 강조했던 이전의 보수당 정부와는 달리 주로 '네트워크' 기제를 강조하는 행정개혁 방향을 채택했던 것으로 이해된다. 아래에서는 노동당 정부의 연계형 정부 개혁이 네트워크 방식을 크게 활용하고자 했음을 밝힌다. 그러나 동시에 노동당 정부의 연계형 정부 개혁에서도 보수당의 신공공관리 개혁과 마찬가지로 '계층제' 기제가 중시되었다는 점을 부각시키고자 한다.

1) 영국 노동당 정부의 JUG 추진

전통적인 영국 행정은 부처주의(departmentalism)의 전형이었다. 즉, 정부는 각 부처를 중심으로 기능(functions)별로 분리되어 있었고, 각 부처는 종종 특정 전문직들과 밀접한 관련을 맺고 있었다(예: 보건부문- 의사, 교육부문- 교사, 내무부문- 경찰 등). 또한 의회는 각 부처별 재정이 본래의 특정 목적대로 정확하게 지출되었는지를 조사하였다. 이러한 체제는 각 기능별 정부의 대책추진, 부패와 낭비의 방지, 명확한 책임의 소재 등에 있어 대체로 효율적이었다(Smith, 1999). 그러나 시간의 경과에 따라 부처주의의 약점들이 나타났다. 정책문제가 복합성을 지니게 되면서(즉, 다수의 쟁점들이 부처별 영역의 경계에 걸쳐 있게 되면서) 정부의 문제해결 능력이 약화되었고, 심한 경우에는 부처들이 정책문제에 대해 단편적으로 접근함으로 인해 문제해결의 부담을 서로 떠넘기게 되는 현상이 나타났으며, 각 부처는 시민들에 봉사하기보다 자신들의 권한이나 영역을 보호하는데 더 많은 노력을 기울이는 경향이 나타나기도 했다(Mulgan, 2005: 176-177).

　이 문제를 해소하기 위해 영국 정부들은 중앙 및 지방정부 수준에서 다양한 노력— 대부처주의, 종합적 사회정책접근, 부처간 위원회, 시민헌장, 원스톱 숍 등 —을 기울였는데, 지방정부 수준에서 시행된 노력들에 비해 중앙정부 수준에서 시행되었던 정책들의 성과는 매우 제한되었다. 대부처(super-ministries)는 중앙정부 부처들의 정보 과부하 문제를 악화시켰으며, 대부처들을 감당해야 하는 장관들의 역량문제를 드러냈다. 종합적 사회정책접근(Joint Approach to Social Policy)은 정치적 의지의 결여, 명확한 목표의 결여, 통합수준 개선 기제에 대한 관심 부족 등으로 인해 실패하였다. 또한 부처 간 위원회(interdepartmental committees)와 특별과업팀(task forces)은 수상의 정치적 관심을 충분히 받지 못했으며, 그 결과 큰 효과를 거두지 못하였다(Mulgan, 2005: 177-178).

　이러한 조건 하에서 집권한 Blair 정부는 JUG를 강력하게 추진하게 되었는데, 노동당 정부의 JUG 추진에 배경이 되었던 구체적 요인들은 다음과 같다. 첫째, 노동당 정부가 주목했던 다수의 문제들— 사회적 배제, 가족, 범죄, 기업의 경쟁력, 환경 등 —은 부처주의적인 구조와 수단으로 쉽게 해소될 수 없었다. 둘째, 사회과학의 연구 성과를 통해, 위의 문제들을 포함한 사회문제들은 상호 연결되어 있어 하나의 문제를 해결하기 위해서는 여러 수단들이 동원되어야 한다는 것이 널리 알려졌다. 셋째, 이전 보수당 정부의 NPM 개혁은 명백한 한계를 지녔음이 드러났다. 즉, NPM 개혁은 다수의 책임운영기관과 비정부부처공공기관(NDPBs)에 의해 운영되는 행정 구조를 야기했는데(파편화 현상), 이 단일목적 기관들은 위와 같은 복합적인 문제에 대처하는데 특히 취약했던 것이다. 나아가 이 기관들은 복합적인 성격의 문제를 방치했고, 정보공유 노력을 충분히 기울이지 않았으며,

인터넷의 잠재력을 활용하는데 한계를 보였다. 넷째, 기술 및 조직관련 기법이 신속하게 발전했으며, 특히 수평적인 의사소통과 조정의 비용이 빠르게 감소되었다. 이러한 변화로 인해, 전통적인 조직구조보다 네트워크 조직이 더 중요한 활동의 단위가 될 수 있는 여건이 조성되었다. 다섯째, 소비자주의의 확대를 배경으로 시민들은 더 나은 서비스를 원했으며, 이는 전통적인 부처 구조에 의해서는 달성되기 어려운 것이었다. 따라서 시민고객 집단의 욕구충족이라는 기준을 적용할 경우 정부의 조직구조가 어떻게 달라질 것인지를 검토하는 것이 당연한 것으로 받아들여졌다(Mulgan, 2005: 178-180; 박천오 외, 2012: 91-92).

2) JUG의 네트워크 요소

영국 노동당 정부 JUG는 공통의 이용자를 대상으로 서비스를 제공하는 기관들 간에 네트워크를 형성하고, 이를 기반으로 서비스 제공 창구의 단일화를 통해 서비스 이용자의 편의를 높이고자 하였다. 중소기업지원체제의 경우, Business Link Operators(BLOs)는 중소기업지원청(Small Business Service: SBS)과의 계약에 의해 자신이 담당하게 된 지역에서 중소기업과 관련된 주요 서비스를 직접 제공하거나 또는 다른 지원기관에 관한 정보를 제공하는 등 One Stop Service 창구로서의 역할을 수행하였다(SBS, 2001; DTI, 2001). 아동·청소년복지정책의 경우, 관련 분야의 전문가들이 물리적으로 한 공간에 모여 있는 기관(예: 아동센터)을 활성화하거나, 이러한 물리적 통합이 불가능한 경우에는 '가상 센터' (virtual team)를 운영하였다. 학교와 아동센터(Children's Centres) 내 또는 그 주변에 여러 분야의 전문가들로 구성된 팀을 구성해서 운영하도록 독려하였고, 이 팀을 통해 일선교사나 아동보호자가 제기하는 사안들에 신속하게 반응할 수 있도록 하였다(DfES, 2004). 이 외에도 서비스 사용자의 특성·경험을 기준으로 한 서비스 통합을 추진하였다(예: 임산부, 은퇴자 등 동일한 경험이나 상황을 공유한 이들을 대상으로 한 관련 서비스들의 통합적 제공).

또한 영국 노동당 정부의 JUG는 관련 기관 간의 조정에서 실무자 수준의 네트워크 형성과 협력을 조직화 하였다. 중앙정부 수준에서, 여러 중소기업 관련 부처의 고위 실무 담당 공무원들로 구성된 'Whitehall Group'이라는 정책조정기구를 운영하였으며, 이 'Whitehall Group'이 정부 내 발언권이 큰 부처들의 고위간부들로 구성되었다는 점이 정책조정의 실효성을 담보하였다(DTI, 2001: 171). 아동·청소년복지정책의 경우, 내각사무처에 'Children and Young People's Unit'을 설치해서 관련 부처들 간의 조정을 주관하도록 하였다.

지역수준에서 중소기업관련 서비스 전달에 관여하는 여러 기관들— 지역개발기구(Regional Development Agencies: RDA), 자치단체, BLOs, SBS 지부, 중소기업조직 등 — 간에 파트너십을 조장할 수 있는 조정기구를 제도화 하였다. 서비스 수혜자인 중소기업의 의견을 반영하여 지역의 특성에 맞는 서비스를 제공하기 위해서는 해당 지역 내에서 서비스 제공자와 수혜기관들이 한 자리에 모여서 서로의 의견을 듣고 이를 조정하려는 노력이 긴요하다. RDA가 중심이 되어 운영된 이러한 조정기구는 지역 내 서비스의 중복과 혼란을 제거해 나가는데 있어 중추적인 역할을 수행하였다(DTI, 2001; SBS, 2003). 아동·청소년복지정책에서는 아동·청소년 보호를 위해 기존의 지역아동·청소년보호위원회(Area Child Protection Committee)를 대체하는 보다 강화된 기능의 지방아동·청소년보호위원회(Local Safeguarding Children Boards)를 설치함으로써 지역 내 정책조정의 실효성을 제고하였다. 그 외의 영역에도 지방수준에서 다수의 파트너들을 단일의 협력추진기구에 포섭하는 노력이 추진되었다(예: Youth Offending Teams) (DfES, 2003; 2004).

이 외에도 영국 노동당 정부는 JUG를 추진하는 과정에서 다음과 같은 네트워크 기제들을 활성화 하였다(Mulgan, 2005: 182-184). 첫째, 연계형 예산(joined-up budgets)의 확보 및 운영('Sure Start', 마약류 관리, 범죄 관리 등의 분야)을 통해 네트워크의 재정적 기반을 확보하였다. 둘째, 데이터베이스나 인덱스 설치를 위한 제도/IT기술 지원을 토대로 해서 정보공유 노력을 기울였다(예: 아동·청소년들의 건강·교육·사회보호·범법행위 등에 관한 포괄적 정보의 관련 전문가 공유). 셋째, 인접 분야에 대한 일선 공무원들의 이해를 제고하고, 통합서비스 제공 역할을 조장하였다(예: 범죄의 사회적 맥락에 대한 경찰공무원의 이해 제고, 'Job Centre Plus' 일선 공무원의 융합행정 역할). 넷째, '정책활동팀(policy action teams)'의 설치를 통해 정책결정과정상의 연계형 접근을 시도하였다

3) JUG의 계층제 요소

그러나 영국 노동당 정부의 JUG는 '계층제' 기제의 영향 하에 추진되었다. 무엇보다도,

영국 노동당 정부의 JUG는 행정부 수반의 강력한 정책의지가 개혁의 추진에 매우 긴요한 조건을 구성했음을 보여주었다. Blair 수상은 Victoria Climbie라는 소녀의 사망사건을 계기로 영국 아동·청소년복지정책의 방향전환을 모색하였고, 이를 통해 녹서(Every Child Matters)의 발간과 아동법의 개정을 주도하였다. 이 과정에서 연계형 아동·청소년정책이 모색될 수 있었다. 또한 Blair 수상은 앞장서서 영국의 경제·사회발전에 있어 중소기업이 중요한 역할을 담당한다는 점을 강조하고 관련 부처들을 독려함으로써 통상산업부(DTI)와 중소기업지원청(SBS) 뿐 아니라 여타 중앙정부 부처들의 중소기업정책에 대한 관심을 크게 증진시켰다. 보다 포괄적으로, Blair 수상은 1999년에 발간된 백서(Modernizing Government)에서 정책과정의 분절화(fragmentation)를 극복하기 위해 연계형 정부(JUG)가 필요하다는 점을 천명하였다. 수상의 주도에 힘입어 노동당 정부의 JUG는 적극적으로 추진될 수 있었고, 아동·청소년복지정책과 중소기업정책을 포함한 다수의 영역에서 성과를 낼 수 있었다(박천오 외, 2012: 92).

또한 노동당 정부는 수상의 정책추진에서 핵심적 도구 역할을 수행할 수 있는 중앙행정기관을 활용해서 JUG를 추진하였다. 즉, 노동당 정부의 JUG 추진에서 센터 역할을 수행한 기관은 내각사무처(Cabinet Office)와 재무부(Treasury)이었으며, 기타 중앙 부처들은 자신들의 전문 영역에서 지도적인 역할을 담당하였다(Ling, 2002: 622-624). 내각사무처의 'Performance and Innovation Unit'은 협업의 활성화에 필요한 기술, 예산형태, 리더십 스타일 등에 관한 자료를 제공했으며, 'Service First Unit'은 공공정책과 행정 서비스에 대한 시민들의 견해를 알기 위해 'People's Panel(영국 국민의 제 구성영역에서 차출된 인구집단)'을 설치·운영하였다. 또한 내각사무처는 융합행정을 추진하기 위해서 'Social Exclusion Unit'과 'Prime Minister's Delivery Unit'을 비롯한 다수의 부서(Units)를 설치하였다. 재무부는 'Public Services Agreements(횡단적인 성격의 목표를 포함한 각 부처의 전반적인 목표를 확인)', 'Public Service Productivity Panel(공공부문의 생산성 증진방안에 대해 조언)', 협업이 나타날 수 있는 회계 및 예산의 틀 제시 등의 방법으로 연계형 정부를 추진하였다(박천오 외, 2012: 93). 기타 중앙 부처들은 각 영역에서 연계형 정부를 추진하기 위한 사업을 주도하였다. 특히 교육기술부(Department for Education and Skills)는 유아와 보육 분야에서, 통상산업부는(Department of Trade and Industry)은 중소기업지원 분야에서 주목할 만한 사업들을 기획·시행하였다.

이와 관련하여, 노동당 정부 JUG는 추진 전담기관을 지정함으로써 책임소재를 명확하게 하는 접근을 취하였다. 중소기업정책의 경우, 다수의 중앙부처에 산재되어 있는 규제 및 지원방안들을 총괄하는 책임을 SBS에 부여했으며, 실제 정책이 집행되는 지방수준에서는 RDAs에 조정 및 관리책임을 부여했다. 아동·청소년복지정책의 경우, 중앙정부의 교육기술부를 주무부처로 하고 여기에 아동·청소년·가족관련 정책을 통합·조정하는 전담차관(Minister for Children, Young People and Families)을 두었다. 또한 아동·청소년들로부터 의견을 수렴하고 아동·청소년의 이익을 대변하는 독립적 기관으로 아동·청소년책임관(Children's Commissioner) 직을 설치하였다. 지방정부 수준에서는 각 지방 단위에서 교육과 아동·청소년의 사회서비스를 책임지는 아동·청소년서비스국장(Director of Children's Services) 직을 신설하고 아동·청소년담당지방의원(a lead council member for children)을 지정하였다(박천오 외, 2012: 93). 그 외의 분야에서도 노동당 정부는 내각사무처 내에 해당 영역별 전담기구(예: Social Exclusion Unit, Rough Sleepers Unit, Performance and Innovation Unit, Children and Young People's Unit 등)를 설치하거나 전담차관(ministers with cross-cutting portfolios; 예: 보건성 소속의 'Sure Start' 전담차관)을 임명하는 접근을 취함으로써 사업추진과 그에 따른 책임소재를 명확히 하였다. 내각사무처와 재무부(the Treasury)는 JUG를 추진하고 그 성과를 모니터하는 책임을 부여받았다.

IV. 조정기제 혼합 현상에 대한 토론

이상의 분석결과는 다음과 같은 시사점을 제시한다. 첫째, '시장'과 '네트워크'는 순수한 원형적 형태로 현실세계에 존재하기 힘들 수 있다는 것이다. 둘째, '계층제'는 '시장' 또는 '네트워크' 조정기제와도 공존하면서 실제 행정제도(개혁 수단)의 운영에서 불가피한 요소로 작용한다는 것이다. 여기서는 이러한 현상이 나타나게 된 이유에 대해서 서설적인 차원에서 토론하도록 한다(cf. Thompson et al., 1990; Schwarz & Thompson, 1990; Douglas & Wildavsky, 1982).

'시장'은 개인 및 조직 간의 경쟁을 기본 원리로 한다. 시장에서 각 개인 및 조직은 자신의 성공을 위해 타인들과 경쟁하고 있으며, 자신이 성취하지 못하면 다른 사람에게 그 성공을 빼앗기게 된다. 여기서는 실패를 제도의 탓으로 돌리기보다는 개인적인 역량의 탓으로 여기며, 제도의 간섭을 최소화하고 개인의 선택을 최대화하고자 한다. 시장 경쟁을 통해서 하나의 균형 상태에 도달할 수 있지만, 이 균형은 오래 지속되지 않는다. 경쟁에서 승리한 이들도 곧 새로운 경쟁자들의 도전에 직면하게 되고, 만약 이 경쟁에서 승리하지 못하면 패배자의 위치로 내려앉게 된다. 따라서 완전히 순수한 형태의 시장 경쟁체제는 지속적인 변화와 역동성으로 특징지어 진다.

그러나 시장 경쟁체제가 유지되기 위해서는 시장 질서를 유지·보호하고, 필요시 심판관의 역할을 수행해 줄 존재 또는 기제가 요구된다. 즉, 약탈과 무질서를 방지하고, 공정한 경쟁을 보장할 강제력과 권위를 지닌 관리자가 필요하다는 것이다. 나아가 '시장 경쟁'이 하나의 체제로서 자리 잡기 위해서는 어느 정도의 안정이 요구된다. 한 체제가 효과적으로 관리되기 위해서는 변화의 방향과 결과가 어느 정도 예측될 수 있어야 하는데, 순수한 시장 경쟁체제는 그러한 예측 가능성의 범위를 축소시킴으로써 체제의 효과적인 운영을 어렵게 한다. 또한 과도한 경쟁과 변화는 사회 구성원들의 삶에 피로도를 높인다. 소수의 예외적인 경우를 제외하면, 대부분의 개인과 조직들은 일정 기간의 도전과 변화를 거치고 나면, 안정적인 상태에 들기를 기대한다. 특히 경쟁에서 승리한 이들은 자신의 성공이 더 오래 지속되기를 바란다. 즉, 더 이상의 도전을 허용하지 않거나 관리 가능한 수준으로 새로운 도전을 제약함으로써 자신의 위치를 유지하고자 한다.

'계층제'는 시장 경쟁체제의 정립·유지 및 구성원 삶의 안정화에 대한 요구를 충족시키는데 필요한 수단을 제공해 준다. 관료제적으로 운영되는 정부 행정기제가 동원됨으로써 시장질서가 안정적으로 운영될 수 있게 되고, 경쟁의 과열을 방지하여 시장의 예측가능성을 높일 수 있게 된다. 그리고 이러한 정부의 개입은 경우에 따라 기득권자들에 대한 과도한 도전을 억제하는 효과를 낳을 수 있다. 요컨대 '시장' 체제는 성립 그 자체를 위해서 또는 시장 경쟁 관여자들(특히 기득권자)의 요구를 충족시키기 위해서 '계층제'를 필요로 한다.

신공공관리론은 경쟁기제를 토대로 하고 있지만, 일면 계층제적인 감시·감독(oversight) 기제를 탑재하고 있었다. NPM은 민영화·경쟁입찰 등을 통해 공공서비스의 생산을 모색하지만, 민영화와 경쟁입찰은 새로 성립된 시장에 대한 정부의 규제 및 민간업체나 낙찰기관에 대한 정부의 감시·감독을 수반하였다. 또한 가격기제에 의한 시장 선택이 어려운 상황 하에서 전개된 정부 내·외의 경쟁은 정부가 주관하는 평가활동을 활성화시켰으며, 이러한 정부 평가활동의 활성화는 새로운 형태의 규칙설정과 감독으로 볼 수 있다. NPM에서 고위공무원들로 하여금 조직관리에 집중하도록 하고 조직관리 상의 책임을 묻는 것에서도 고위공무원에 대한 계층제적 감독 요소를 발견할 수 있다. 요컨대, 신공공관리론은 경쟁원리를 강조하는 레토릭에도 불구하고, 상당 부분 계층제적 요소를 지녔다고 볼 수 있으며, 이는 사실상 불가피한 현상이었다고 하겠다.

'네트워크'는 개인 및 조직들 간의 파트너십을 기본 원리로 한다. 여기서 각 개인과 조직은 공동체의 일원으로 이해되며, 그들은 전체 공동체의 이익을 실현시키기 위해 협력해야 하는 존재로 파악된다. 공동체 구성원들의 공동체에 대한 저항은 금기시되며, 구성원 간 관계는 경쟁이 아니라 협동과 연대성으로 특징지어지고, 합의에 의한 의사결정이 존중된다. 그러나 이러한 평등주의적 네트워크 관계에서는 집단 내적 역할 분화가 정교하지 않으므로 구성원들 간의 관계가 불명료하고, 집단 내의 권위행사를 뒷받침하는 지위의 구분이 구체화되어 있지 않기 때문에 내부적인 갈등을 해소하기 어려운 특징을 지닌다.

따라서 '네트워크' 체제가 성립되기 위해서는 구성원들 간의 의견 충돌 시 이를 통제할 권위를 지닌 존재가 필요해진다. 각자 자신이 옳다고 믿는 동료들 간의 갈등은 수평적인 인간관계만으로 해소되기 어렵기 때문이다. 성공적인 통제의 부재는 자칫 일부 구성원의 공동체 탈퇴와 그에 따른 공동체 약화 내지 붕괴로 귀결될 수 있기 때문에, 권위를 부여받은 존재에 의한 리더십의 발휘가 '네트워크' 체제의 유지에 긴요한 조건이 된다. 다시 한 번, '계층제'적 기제는 '네트워크'의 성립·유지 및 구성원 삶의 안정화에 대한 요구를 충족시키는데 필요한 수단을 제공해 준다. 즉, 계층제적 행정기제의 동원을 통해 정부 또는 사회 구성원들 간의 파트너십이 안정적으로 운영될 수 있게 되고, 역할 불분명과 과다한 의견충돌을 어느 정도 해소하여 '네트워크'의 지속가능성을 높이게 된다. 뉴 거버넌스론에서 정부의 역할은 사회·정치적 상호작용을 가능하게 하고, 문제해결을 위한 다양한 노력을 조장하는 것이다. 이는 정부(특히 중앙정부 부처)가 다른 행위주체들과 동등한 수준에 머무는 것이 아니라 리더십을 발휘하는 위치에서 네트워크의 성립과 운영을 위해 나름의 통제기제를 작동시키고 있음을 의미한다. 요컨대 '네트워크' 체제는 그 성립과 운영을 위해서 '계층제'를 필요로 한다.

　영국의 행정개혁 사례에서 발견된 조정기제의 혼합 현상은 우리나라의 행정개혁에도 나타난다. 신공공관리 행정개혁 정향을 반영한 성과급 제도나 개방형직위제도는 공무원 간 또는 공무원과 민간전문가 간의 '경쟁'을 기본으로 하지만 동시에 성과평가라는 감독기제를 통해서 '계층제' 개념을 담고 있다. 또한 뉴 거버넌스 행정개혁의 파트너십 요소를 지닌 민간위탁제도는 '네트워크' 체제의 의미를 부각시키지만 여기서도 정부의 감시·감독이라는 '계층제' 기제가 제도의 주요 부분을 구성한다. 한편, 평등주의적 '네트워크'에 크게 치우치고 '계층제' 면에서 상대적으로 취약했던 다면평가제도가 많은 운영상의 문제점을 드러내며 명목적인 제도로 후퇴한 것은, '계층제' 요소를 포함하는 조정기제의 혼합이 제도의 성공에 긴요하다는 점을 방증한다(주재현, 2009). 특히 계층제적 문화를 주된 행정문화로 하고 있는 우리나라가 '경쟁'이나 '네트워크' 기제에 토대를 둔 행정개혁 방안들을 추진함에 있어서는, '계층제' 기제를 여타 조정기제와 혼합하는 접근법의 유용성에 대해 심도 있게 검토해야 할 것이다(주재현, 2011; 백완기, 2008; 조성한, 2005).

V. 결론

　조정기제(coordinating mechanisms)는 '계층제', '시장', '네트워크'의 셋으로 분류된다. '계층제'는 행정기제, '시장'은 경쟁기제, '네트워크'는 협력기제를 주축으로 해서 국가와 사회에 관한 주요 결정을 내리고 이를 실행에 옮기며, 관련 조직을 운영한다. 1980년대 이후의 행정개혁은 종래의 주류 조정기제인 '계층제'를 '시장' 또는 '네트워크' 방식으로 변화시키고자 하는 노력으로 이해된다.

　이 연구는 영국 보수당(1979-1997년) 및 노동당(1997-2010년) 정부의 신공공관리 행정개혁과 뉴 거버넌스 행정개혁 정향을 대표하는 의무경쟁입찰제도와 연계형 정부 사례를 분석하여, '시장' 기제 또는 '네트워크' 기제 중심으로의 변화 모색에도 불구하고 '계층제' 기제가 실제 행정제도의 운영에서 여전히 중요한 요소로 작용하고 있음을 보였다.

'계층제'의 대안으로 '시장'을 내세웠던 보수당 정부는 신공공관리론을 발전시켜 경쟁원리를 중심적인 정부조직 운영기제로 채택하였다. 한편, 신공공관리론의 부작용을 교정하고자 파트너십을 제시한 노동당 정부는 뉴 거버넌스론을 토대로 '네트워크'를 중심적인 조정기제로 제시하였다. 그러나 신공공관리 행정개혁 사례인 의무경쟁입찰제도에는 중앙정부의 규칙설정 및 감시·감독과 평가 활동을 통해서 '계층제'가 핵심적인 구성요소로 작용하고 있었다. 또한 뉴 거버넌스 행정개혁 사례인 연계형 정부에도 행정수반의 영향력이나 중앙 및 지방정부 기관들의 감독 기능 등을 통해서 '계층제'가 결정적인 역할을 수행하였다.

이 연구는 우리나라 행정개혁의 벤치마크 대상인 영국 정책사례에 대한 분석을 통해서, '시장' 및 '네트워크' 거버넌스 체제가 독립적이고 순수한 형태로 성립·유지되는 것은 사실상 어려우며 이들 대안적인 조정기제는 '계층제'와의 혼합을 통해서만 실질적으로 작동할 수 있음을 밝혔다. 이는 성공적인 행정개혁이 '계층제'와 대안적인 조정기제들을 어떻게 효과적으로 조합할 것인지에 달려있음을 시사해준다.

참고 문헌

강원택. (1998). 영국 행정개혁과 국가 통치 기능의 변화: 국가의 공동화 혹은 중앙집중화? 「한국행정학보」 32(4): 53-66.

김근세·이경호·김철. (2005). 한국 고용지원서비스의 거버넌스에 관한 연구: 서울지역 고용안정센터 직원의 직무지향을 중심으로. 「한국행정학보」 39(2): 181-206.

김재훈. (2003). 성과관리 행정개혁을 위한 정부예산회계제도 개혁: 영국, 호주 및 뉴질랜드를 중심으로. 「한국사회와 행정연구」 14(1): 121-144.

김정렬. (2001). 영국 블레어정부의 거버넌스. 「한국행정학보」 35(3): 85-102.

김종순. (2000). 영국 지방정부 서비스공급방식의 개혁노력: 의무경쟁입찰제도에서 Best Value정책으로. 「한국정책학회보」 9(2): 189-210.

민진. (1998). 한국과 영국의 행정개혁의 비교. 「한국행정학보」 32(4): 37-52.

_____. (1999). 영국의 행정개혁 사례 연구: Nest Steps를 중심으로. 「한국사회와 행정연구」 10(1): 47-63.

박동서. (1981). 「한국행정론」, 개정판. 법문사.

박천오·주재현·진종순. (2012). 우리나라 융합행정의 발전 가능성과 방향에 관한 탐색적 연구. 「한국정책과학학회보」 16(2): 85-112.

백완기. (2008). 한국의 행정문화와 외래이론에 의존한 정부혁신의 적합성. 「정부학연구」 14(1): 5-35.

서필언. (2005). 「영국 행정개혁론」. 대영문화사.

소순창·홍진이. (2004). 신공공관리(NPM)적 측면에서 본 행정개혁: 한국, 일본, 그리고 영국의 비교분석. 「한국지방자치학회보」 16(1): 319-342.

양형일. (1997). 영국 지방정부 의무경쟁입찰제(CCT)의 성과와 함의. 「한국지방자치학회보」 9(4): 107-124.

오석홍. (2008). 「행정학」, 제4판. 박영사.

유재원·소순창. (2005). 정부인가 거버넌스인가? 계층제인가 네트워크인가? 「한국행정학보」 39(1): 41-63.

_____·이승모. (2008). 계층제, 시장, 네트워크: 서울시 구청조직의 거버넌스 실태에 대한 실증적 분석. 「한국행정학보」 42(3): 191-213.

이연호. (1999). 영국에서 신자유주의 개혁과 국가성격의 변화, 1979-1997: 보수당정부의 경험. 「동서연구」 11(2): 89-108.

_____. (2001). 영국 신노동당의 자본주의 개혁: '이해관계보유정책'(the Stakeholding Economy)의

실험과 국가성격의 변화.「국제정치논총」41(2): 203-221.

이윤식·배귀희·윤종현. (2008). 영국과 호주의 중앙정부 정부개혁에 관한 소고: 역사적 신제도주의적 관점을 중심으로.「한국공공관리학보」22(4): 385-420.

이종수. (1994). 영국에서의 행정개혁과 최근의 쟁점: 대처정부의 행정개혁과 그에 대한 평가를 중심으로.「한국행정연구」3(1): 27-46.

장지호·홍정화. (2010). 국내 거버넌스 연구의 동향: 국가, 시장, 시민사회의 구분을 중심으로.「한국사회와 행정연구」21(3): 103-133.

조성한. (2005). 수사적 행정개혁과 문화적 갈등.「한국사회와 행정연구」15(4): 23-47.

주재현. (2009). 행정개혁과 관료제 통제기제에 관한 연구: 노무현 정부의 인사행정개혁을 중심으로.「행정논총」47(4): 49-78.

_____. (2010). 영국 보수당 정부(1979-1997년) 행정개혁의 정치적 의도와 효과에 관한 연구.「의정연구」16(3): 39-66.

_____. (2011). 한국 행정문화의 지속과 변화에 관한 연구: Grid-Group 문화이론의 적용.「정부학연구」11(1): 1-33.

_____. (2012). 조정기제의 혼합과 계층제 기제의 의의에 관한 연구: 영국 행정개혁 사례를 중심으로.「한국사회와 행정연구」. 23(3): 237-261.

총무처직무분석기획단 편. (1997).「신정부혁신론: OECD국가를 중심으로」. 서울: 동명사.

한인섭·김정렬. (2004). 영국 행정의 본질과 혁신.「정부학연구」10(2): 151-184.

행정안전부 외. (2011). 공공서비스 경쟁력 강화를 위한 '융합행정' 촉진전략: 부처간 벽을 넘어 '창의적 협업정부'로. 행정안전부 내부자료.

Aucoin, P. (1990). Administrative Reform in Public Management: Paradigms, Principles, Paradoxes, and Pendulums. *Governance*. 3(2): 115-137.

Bevir, M. (2007). What is Governance? In Bevir, M. (ed.). *Public Governance, Vol. 1: Theories of Governance*. London: Sage.

Business Link. (2003). *Business Link: Give Your Business the Edge*. London: Business Link.

CBE(U.K. Chamber Business Enterprises). (2000). *Small Business Service Franchise Proposal.*

Davis, J. (2002). The Governance of Urban Regeneration: A Critique of the 'Governing without Government' Thesis. *Public Administration.* 80(2): 301-322.

Denhardt, J. V. & Denhardt, R. B. (2003). *The New Public Service: Serving, not Steering.* New York: M. E. Sharpe, Inc.

DfES (U.K. Department for Education and Skills). (2003). *Every Child Matters: What Do You Think.* Nottingham, UK: DfES publications.

_____. (2004). *Every Child Matters: Change for Children.* Nottingham, UK: DfES publications.

Douglas, M. & Wildavsky, A. (1982). *Risk and Culture: An Essay on the Selection of Technological and Environmental Dangers.* London: University of California Press.

DTI (U.K. Department of Trade and Industry). (2001). *Cross Cutting Review of Government Services for Small Business.* London: HMSO.

Dunleavy, P. & Hood, C. (1994). From Old Public Administration to New Public Management. *Public Money and Management.* 14(3): 9-16.

Etzioni-Halevy, E. (1983). *Bureaucracy and Democracy: A political dilemma.* London: Routledge & Kegan Paul.

Gray, A. & Jenkins, B. (1991). Local Government. In Jones, B. et al. (eds.). *Politics UK*, 2nd ed. Hemel Hempstead, UK: Harvester Wheatsheaf.

Hague R. & Harrop, M. (2004). *Comparative Government and Politics: an Introduction*, 6th ed. New York: Palgrave Macmillan.

Henry, N. (1975). Paradigms of Public Administration. *Public Administration Review.* 35(4): 378-386.

Hill, C. J. & Lynn Jr., L. E. (2005). Is Hierarchical Governance in Decline? Evidence from Empirical Research. *Journal of Public Administration Research and Theory.* 15(2): 173-195.

Hood, C. (1994). *Explaining Economic Policy Reversals.* Buckingham, U.K.: The Open University Press.

Hughes, O. E. (2003). *Public Management and Administration*: An Introduction, 3rd ed. New York: Palgrave Macmillan.

Jordan, A., Wurzel, R. & Zito, A. (2005). The Rise of 'New' Policy Instruments in Comparative Perspective: Has Governance Eclipsed Government? *Political Studies*. 53(3): 477–496.

Keast, R., Mandell, M. & Brown, K. (2006). Mixing State, Market and Network Governance Modes: The Role of Government in "Crowded" Policy Domains. *International Journal of Organization Theory and Behavior*. 9(1): 27–50.

Kettl, D. F. (2005). *The Global Public Management Revolution*, 2nd ed. Washington, D.C.: Brookings Institution Press.

Kooiman, J. (ed.). (1993a). *Modern Governance: New Government-Society Interactions*. London: Sage.

_____. (1993b). Governance and Governability: Using Complexity, Dynamics and Diversity. In Kooiman, J. (ed.). *Modern Governance: New Government-Society Interactions*. London: Sage.

_____. (1993c). Findings, Speculations and Recommendations. In Kooiman, J. (ed.). *Modern Governance: New Government-Society Interactions*. London: Sage.

_____. (2003). *Governing as Governance*. London: Sage.

Kouwenhoven, V. (1993). Public-Private Partnership: A Model for the Management of Public-Private Cooperation. In Kooiman, J. (ed.). *Modern Governance: New Government-Society Interactions*. London: Sage.

Lindblom, C. (1977). *Politics and Markets: the World's Political-Economic System*. New York: Basic Books.

Ling, T. (2002). Delivering Joined-up Government in the UK: Dimensions, Issues and Problems. *Public Administration*. 80(4): 615–642.

Mulgan, G. (2005). Joined-Up Government: Past, Present, and Future. In Bogdanor, V. (ed.). *Joined-Up Government*. Oxford, UK: Oxford University Press.

O'Toole, Jr., L. J. (1987). Doctrines and Developments: Separation of Powers, the Politics-Administration Dichotomy and the Rise of the Administrative State. *Public Administration Review*. 47(1): 17–25.

Patterson, A. & Pinch, P. (2000). Public Sector Restructuring and Regional Development: the

Impact of Compulsory Competitive Tendering in the UK. *Regional Studies*. 34(3): 265–275.

Pinchot, G. & Pinchot, E. (1994). *The End of Bureaucracy and the Rise of Intelligent Organization*. San Francisco, CA: Berrett-Koehler.

Rhodes, R.A.W. (1996). The New Governance: Governing without Government. *Political Studies*. 44(4): 652–667.

Richards, D. & Smith, M. (2002). *Governance and Public Policy in the United Kingdom*. Oxford: Oxford University Press.

SBS (U.K. Small Business Service). (2001). *Think Small First*. London: HMSO.

_____. (2003). *The Small Business Service: Annual Report and Accounts 2002–03*. London: TSO.

Schwarz, M. & Thompson, M. (1990). *Divided We Stand*. Hempel Hempstead: Harvester Wheatsheaf.

SEU & CMPS (U.K. Social Exclusion Unit & Centre for Management and Policy Studies). (2002). *The Social Exclusion Unit's Policy Action Team Approach to Policy Development: The Views of Participants*. London: TSO.

Smith, M. (1999). *The Core Executive in Britain*. New York: St. Martin's Press, Inc.

Thompson, G., Frances, J., Levacic, R. & Mitchell, J. (eds.). (1991). *Markets, Hierarchies and Networks: The Coordination of Social Life*. London: Sage.

Thompson, M., Ellis, R. & Wildavsky, A. (1990). *Cultural Theory*. Boulder, San Francisco: Westview Press.

Vliet, M. (1993). Environmental Regulation of Business: Options and Constraints for Communicative Governance. In Kooiman, J. (ed.). *Modern Governance: New Government-Society Interactions*. London: Sage.

Waldo, D. (1948). *The Administrative State*. New York: Ronald.

Williamson, O. E. (1975). *Markets and Hierarchies*. London: Collier Macmillan.

Wolf, C. Jr. (1988). *Markets or Governments: Choosing between Imperfect Alternatives*. Cambridge, Mass.: The MIT Press.

Blair/Brown 정부(1997-2010년)의 통합적 정책형성·전달체계 모색: 청소년복지정책*

I. 서론

　오늘날 정부가 당면하고 있는 주요 과제 중의 하나는 '복합적인 성격을 지닌 정책문제를 대상으로 어떻게 통합적인 정책형성과 집행을 수행할 것인가?'이다. 현대사회의 복잡성과 동태성의 증가에 따라 더욱 복합성이 증대된 사회문제들에 효과적으로 대응하기 위해서 정부기능의 분화와 전문화를 넘어서는 통합의 필요성이 제기된다. 특정 정책문제를 대상으로 관련 정부기관들이 적절한 통합을 이루지 못할 경우, 정부는 각 기관별로 파편화된(fragmented) 정책을 생산하게 되고, 이를 실행에 옮기는 과정에서 상당한 중복과 모순을 일으킬 가능성이 높아지며, 궁극적으로 정책실패를 야기할 가능성 또한 증가한다. 따라서 특정 문제에 관한 정책의 형성 및 전달체계의 구축에 있어 통합성을 높이기 위해 노력해야 한다는 것은 현대 정부의 핵심적 과제가 된다(Kooiman, 1993; Gilbert & Terrell,

---

*주재현(2006)을 수정한 원고임.

2002: 154-194).

우리나라의 경우도 통합적인 정책체제를 갖추어야 한다는 점에서 예외일 수 없다. 그러나 여러 경우에 있어 정책체제의 통합성을 적절한 수준으로 유지하지 못하였다고 판단되며, 그 대표적인 사례 중의 하나가 청소년복지정책이다. 우리나라의 청소년복지정책은 서비스 제공자인 중앙정부 부처 중심의 논리로 구성된 분절적(fragmented) 체제로 운영되는 한계를 보였다. 이러한 문제점들을 해소 또는 경감하기 위한 주된 정책방향은 실제 서비스 전달이 행해지는 지역사회 중심의 논리로 구성된 통합적 정책형성 및 전달체계를 구성하는 것이며, 이러한 정책방향은 이미 선행연구들에서 여러 차례 확인된 바 있다(예를 들어, 황순길, 1998; 조영승, 2000; 이용복, 2002 등 참조). 그러나 통합화의 추진에 있어 청소년복지 관련 모든 정부기능을 한 기관이나 부처에 집중시키는 것은 가능하지 않고, 바람직하지도 않다. 청소년이라는 특정 대상이 필요로 하는 정책수요— 사회복지서비스, 보건, 교육, 취업, 주거 등 —는 기존의 여러 정부 부처를 가로지르는 다양성을 지니고 있기 때문이다. 따라서 청소년복지정책을 통합적으로 추진한다는 것은 결국 기존 정부 부처와 기관들을 어떻게 효율적으로 조정·연계하여 정책효과를 극대화할 수 있는가의 문제이며, 이는 다시 말해서 관련 기관들 간의 네트워크를 어떻게 구축할 것인가의 거버넌스 체제 문제로 귀결된다(Kooiman, 1993; Rhodes, 1996).

정부기관 내, 나아가 정부기관과 민간기관간의 네트워크를 구축하려는 노력에 있어서는 크게 두 가지 접근법을 고려할 수 있다. 하나는 현 체제가 지니고 있는 한계와 부작용을 실증적으로 분석하고 이러한 연구·분석결과를 토대로 정책대안을 모색하는 것이다. 다른 하나는 주요 외국의 경험을 고찰하고 그들의 경험으로부터 시사점을 도출하여 우리의 정책대안을 마련하는데 도움을 받는 것이다. 이 두 가지 접근법은 상호보완적으로 동시에 사용될 수 있다. 그런데, 우리나라 청소년복지 정책체제의 개선방안을 제시함에 있어서 기존 연구들(황순길, 1998; 조영승, 2000; 이용복, 2002 등)은 주로 첫 번째 접근법에 근거하여 이루어졌다. 두 번째 접근법의 사용은 특정 국가(미국과 일본)를 대상으로 해서, 특정한 범주나 분야(가출청소년, 청소년보호 등)에 한정적으로 적용되었으며(한국청소년개발원, 1993; 청소년보호위원회, 1998, 2002), 통합적인 정책체제의 구축을 위한 교훈의 도출로까지 나아가지 못하였다.

본 연구는 상대적으로 그 적용이 미흡했던 두 번째 접근법— 해외경험의 고찰 —을 채택하여, 2000년대 들어 활발히 진행되었던 영국 청소년복지 정책형성 및 전달체계의 변화 내용을 고찰하고 영국의 실험이 우리나라 청소년복지 정책체제의 개선에 시사하는 바를 논의하는데 그 목적이 있다. 연구에 사용한 방법은 문헌조사로서, 국내외의 선행연구 및 영국 정부에서 발간한 문헌(보고서, 법규 등)을 주된 분석 자료로 활용한다. 이하에서는 먼저 제2절에서 영국 사례연구의 의의에 대해 간략히 서술하고, 세부적인 분석차원을 제시함으로써 후술하는 분석을 위한 토대를 구축한다. 제3절은 영국 청소년복지정책의 전통과 '신노동당' 정부의 정책변화 방향, 그리고 영국 청소년복지 정책형성 및 전달체계의 변화 내용을 제2절에서 제시된 세부 분석차원별로 검토한다. 마지막으로 제4절에서 영국의 청소년복지 정책체제 변화에 대해 정리한 후, 영국의 청소년복지 정책변화가 우리에게 주는 시사점에 대해 토론한다.

II. 영국 사례연구의 의의 및 세부 분석차원의 제시

영국은 1980년대 초 이래 전 세계적인 정부개혁의 진행에 있어 선도적인 역할을 수행했으며, 우리나라를 포함한 여러 국가들에게 벤치마킹의 대상이 되었다. 본 논문의 관심사인 영국의 청소년복지정책변화는 그러한 광범한 정부개혁 노력 성과의 하나로 볼 수 있으며, 특히 2000년대 들어 가속화 되었던 영국 노동당 정부의 공공부문개혁 이념을 반영하였다. 영국 노동당 정부의 정부개혁은 그에 앞선 보수당 정부의 개혁 노력을 계승하되 노동당의 이념적 입장을 일정 부분 반영하는 형태를 취하였다. 보수당 정부는 이른바 신우파 정부개혁으로 지칭될 수 있는 개혁방향을 지향하였다. 즉, 정부규모와 지출을 감축하는 관리혁명에 더하여 공공서비스의 질적 수준과 고객만족도를 제고하려는 노력을 공공부문개혁의 핵심으로 하였다. 1997년 보수당 정부를 대체하여 들어선 Blair의 '신노동당' 정부는 공공서비스의 질적 수준과 고객만족도를 제고하려 했다는 점에서는 이전 정부의 개혁방향을 계승한 것으로 볼 수 있다. 그러나 보수당 정부 하에서 효율성의 명분하에 행해진 경쟁 이념의 도입이 빈부격차를 포함한 사회의 양극화를 심화시켰으며, 다른 한편으로는 정부기관들 내에서, 나아가 정부기관과 민간기관들 간에 협력적인 활동의 기반을 과도하게 훼손했다고 판단하고, 이를 치유할 수단으로 '공동체주의'와 '사회정의', 그리고 '협력'이라는 노동당 고유의 이념을 동원하였다. 이에 사회복지 부문에 대한 정부의 역할과 관심을 제고하되, 정부의 역량이 미치지 못하는 영역이 있음을 인정하고 민간부문과의 협력관계 구축을 중요시하였다. 또한 정부의 정책형성과 전달체계에 있어서는 '연계형(Joined-up) 정부'라는 기치 하에 파트너십과 네트워크의 형성을 지향하는 다층 거버넌스 체제의 구축을 개혁방향으로 하였다(김윤태, 1999; 김정렬, 2001; 한인섭·김정렬, 2004; 서필언, 2005: 422-542; U.K. Prime Minister, 1999). 이러한 영국 노동당 정부의 개혁노력은 사회의 양극화와 신자유주의적 정부개혁의 부작용이 발생한 우리나라의 상황에서, 그리고 본 논문과 관련하여서는 청소년복지 정책체계의 개혁에 있어서 그 시사하는 바가 크다.

본 연구의 구체적인 분석은 다음의 네 가지 차원을 중심으로 수행된다.

- 통합적 서비스 제공: 서비스 제공의 일선에서 통합적 서비스가 제공되는가?
- 통합적 행정과정: 일선에서 공통적인 욕구조사나 정보의 공유가 행해지는가?
- 통합적 전략: 기획, 예산 등을 포함한 통합적인 전략수립이 행해지는가?
- 기관 간 거버넌스: 기관들 간에 네트워크가 형성되어 있는가?

'통합적 서비스 제공'은 서비스 제공의 일선에서 실제로 서비스 수급자인 고객들에게 통합적인 서비스가 제공되는지를 분석하는 가장 미시적인 분석수준을 말한다. '통합적 행정과정'은 일선에서의 통합적 서비스 제공이 원활히 이루어지도록 하기 위해서 필요로 되는 행정과정의 개선을 의미한다. '통합적 전략'은 행정과정의 개선을 넘어서는 기획과 예산 등의 제도적 개선을 통해 통합적 서비스 제공을 뒷받침하는 것을 말한다. 통합적 행정과정과 통합적 전략은 통합적 서비스 제공을 가능하게 하는 과정과 제도에 관한 중범위적 분석수준이다. 마지막으로 '기관 간 거버넌스'는 기관간의 협력과 네트워크를 통해 거시적인 수준에서 통합적 서비스 제공을 지원하는 것을 의미한다(DfES, 2004a).

위의 네 차원들(dimensions)은 영국 청소년복지정책의 거버넌스 개혁과정에서 제시되었으며, 미시적인 '통합적 서비스 제공'으로부터 거시적인 '기관 간 거버넌스'로 진행하는 연속선의 맥락에서 이해될 수 있다. 이러한 시도는 거버넌스와 네트워크 형성을 통한 통합적인 서비스 전달체계의 구축을 미시-중범위-거시의 연속적 차원에서 체계적으로 이해했다는 점에서 의의를 찾을 수 있을 것으로 보이며, 본 연구의 정책형성 및 전달체계의 분석을 위한 유용한 지침을 제공해준다. 네 차원 간의 관계 및 원활한 작동에 의해 성취될 것으로 기대되는 효과 간의 관련을 그림으로 나타내면 [그림 5-1]과 같다.

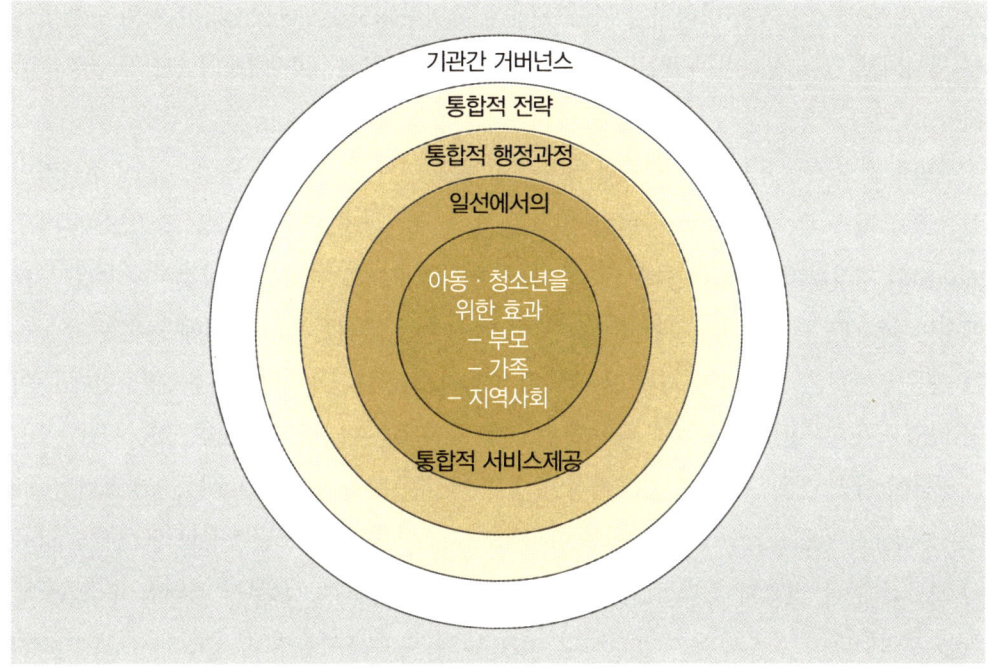

출처: DfES(2004a: 13).

[그림 5-1] 청소년복지 거버넌스의 개념 틀

Ⅲ. 영국 청소년복지정책의 전통과 노동당 정부 정책변화 분석

1. 영국 청소년복지정책의 전통

영국 청소년복지정책의 특징 중 하나는 아동 및 가족정책과의 연관성 하에서 청소년복지 문제를 취급한다는 점이다. 이러한 접근의 기원은 1601년의 구빈법에서 찾을 수 있다. 널리 알려진 바와 같이 이 법은 성인 뿐 아니라 요보호아동(고아, 기아, 빈곤가정의 아동)에 대한 규정도 세우고 있었다. 즉, 요보호아동을 양육할 의사가 있는 사람에게는 무료 또는 유료로 위탁할 수 있는 조치를 마련하였으며, 일할 수 있는 아동·청소년은 도제로 보내 장인으로부터 기술을 연마하거나 가사를 돕게 하였다(표갑수, 2002: 73). 이처럼 구빈법에서 제시되고 있는 청소년 대책은 요보호아동 및 빈곤가정에 대한 대책의 연장선상에서 이해될 수 있다.

구빈법의 전통이 영국의 아동 및 청소년정책에 끼친 또 하나의 영향은 선별주의적인 접근에서 찾을 수 있다. 즉, 구빈법 후 최근에 이르기까지 영국은 아동 및 청소년 욕구(needs)의 대부분이 가정을 통해서 충족되는 것을 원칙으로 하였으며 이것이 어려운 상황에서만 국가가 관여하였다. 따라서 그간 국가의 주된 관심은 사회질서에 반하는 행동을 한 아동·청소년, 부모가 없거나 부모의 적절한 보호를 받지 못하는 아동·청소년에 주어져 있었으며, 그 관여의 범위와 깊이도 결코 높은 수준은 아니었다(Young, 2000: 235).

영국이 아동·청소년 관련의 포괄적인 법을 제정한 것은 1933년의 아동·청소년법(the Children and Young Persons Act 1933)이 최초이다. 이 법은 청소년법정의 판사에게 양육과 보호를 받을 필요가 있다고 판단되는 아동들을 그들의 부모로부터 격리할 수 있는 권한을 부여했다는 점에서 특기할 만하다. 1948년에 제정된 아동법(the Children's Act 1948)은 부랑아동들에 대한 법적 책임을 집대성하였으며, 지방정부로 하여금 요보호아동에 대한 관리를 담당하도록 하였다(Young, 2000: 236). 1989년의 개정 아동법(the Children Act 1989)은 아동·청소년의 권리에 대한 UN 협약의 내용에 근접하는 수준의 개선을 추구하였으며, 가정과 아동보호, 지방정부의 역할, 주간보호, 양육가정(foster homes), 보육(child-minding) 등의 주제에 관한 내용을 담고 있었다(DfES, 2005: 27). 그러나 요보호아동을 주된 대상으로 하는 영국의 선별적 청소년복지정책의 틀을 벗어나지는 못하였다.

그런데, 2000년에 있었던 한 소녀의 사망이 아동·청소년복지정책에 대한 영국정부의 접근방식을 180도로 바꾸는 촉발요인이 되었다. Victoria Climbie라는 소녀가 자신의 이모 및 이모의 동거남에 의해 심한 학대를 받아 사망에 이른 사건은 언론의 집중 조명하에 아동·청소년의 복지 일반에 대한 문제제기로 발전하였으며, 노동당 정부는 이 문제를 정책의제로 받아들여 아동·청소년정책을 근본적으로 재구성하려는 노력을 기울였다. 이러한 노력은 2003년 'Every Child Matters'라는 녹서(green paper)의 발간과 그 후 계속된 후속작업으로 나타났으며, 녹서(2003년)의 주요 내용들은 2004년의 개정 아동법(the Children Act 2004)으로 결실을 맺었다. 2003년 녹서와 2004년 개정 아동법의 기본 정신은 요보호아동을 포함한 모든 아동과 청소년의 기회를 극대화하고 위험을 극소화하는데 있었다. 이를 위해서 영국 정부는 아동·청소년, 그리고 가정과 관련된 서비스들을 보다 효과적으로 연계하고, 관련 기관들 간의 협력체계를 효과적으로 구축하는 노력을 경주하였다. 개정 아동법(2004년)과 더불어 영국의 아동·청소년복지정책은 보편주의적 접근을 취하게 되었으며, 이 새로운 접근법을 뒷받침하기 위한 법적·제도적 장치의 구비 노력이 진행되었다.

2. 영국 청소년복지 정책변화의 기본방향

영국 청소년복지 정책변화는 한 소녀의 사망사건에 의해 촉발되었으나 그 정책변화의 기저에는 노동당 정부의 정책이념이 가로놓여 있었다. 영국 노동당은 제2차 세계대전 직후, 영국 복지국가의 초석을 다지는 업적을 이룬 바 있다. 당시의 노동당 정부는 전쟁 중 Beveridge에 의해 주창되었던 보편주의적(universalistic) 정책이념을 채택하였으나, 자유주의라는 전통적 이념에 토대를 둔 선별주의적(selectivistic) 관행의 저항과 재정적 한계로 인해 보편주의적인 사회복지를 충분한 수준에서 시행할 수 없었다. 복지국가로의 진행은 그 후 시간의 경과에 따라 보수당 및 노동당 정부를 거치면서 점차 강화되었으나, 1970년대의 경제위기 이후 Thatcher와 Major의 보수당 정부 하에서 근본적인 재검토와 그에 따른 변화를 겪었다(Glennerster, 1995; 이영찬, 2000). 그러나 1990년대의 후반에 새롭게 들어선 Blair의 노동당 정부는 보수당 정부 하에서 오랫동안 퇴색되었던 사회민주주의의 가치인 공동체주의와 사회정의를 다시 내세웠으며(한인섭·김정렬, 2004: 167), 이는 사회복지에 있어 다시금 보편주의적 접근의 제시와 이 정책이념의 보다 광범한 적용 노력으로 나타났다. 청소년복지정책분야에서의 변화 역시 이러한 보편주의 정책이념의 확산에서 핵심적 설명요인을 찾을 수 있다. 한 가지 주목할 사항은 노동당 정부는 보편주의적 사회복지의 제공을 중앙정부 내 특정 부처 하나만의 힘으로 수행하고자 했던 것이 아니라, 각급 지방정부 및 민간의 다양한 관련 기관들과 파트너십을 형성하여 수행하고자 하였으며, 많은 경우에 있어 지방정부의 리더십을 장려하였다는 점이다. 그리고 이것이 바로 제2절에서 언급했던 '연계형(Joined-up) 정부'나 '다층 거버넌스'를 구현해가는 과정이라고 여겼다.

영국 청소년복지 정책변화의 토대가 된 2003년 녹서(*Every Child Matters*)는 영국 내에 거주하는 19세 이하 아동과 청소년을 그 대상으로 하여 작성되었다. 녹서는 모든 아동·청소년이 자신의 잠재력을 충분히 개발하고 사회에 부정적인 효과를 발생시키지 않도록 하기 위해 필요로 되는 보편적인 서비스의 틀 내에서, 위험에 처해 있는 아동·청소년을 적절히 보호하려는 의도로 작성되었다. 녹서가 지향했던 바람직한 상태는 다음의 다섯 가지 효과(outcomes)로 제시될 수 있다.

- 건강한 삶(being healthy): 육체적·정신적으로 건강하며, 건전한 생활방식을 유지한다.
- 안전의 유지(staying safe): 위해와 무관심으로부터 보호받는다.
- 즐겁고 발전적인 삶(enjoying and achieving): 생활 속에서 최선의 것을 얻고, 성인으로서의 삶을 위한 기술을 습득한다.
- 사회에의 기여(making a positive contribution): 공동체와 사회의 구성원으로 활동하며, 반사회적인 행동을 하지 않는다.
- 경제적인 안녕(economic well-being): 삶 속에서 자신의 잠재력을 최대한 발휘할 수 있다.

이상의 포괄적 목적과 구체적 효과들을 달성하기 위해서 영국 정부는 아래의 네 가지 영역에 초점을 맞췄다. 네 영역별 정부의 주된 관심사는 아래와 같다.

1) 아동·청소년의 부모와 보호자에 대한 지원

아동·청소년의 삶의 질을 개선하려는 정부의 노력은 부모와 보호자를 지원하는데 중점을 두고 있었다. 영국 정부는 아래의 세 가지 지침을 통해서 부모와 보호자에 대한 지원을 개선하고자 하였다.

- 보편적 서비스(universal services)의 제공: 학교교육, 보건 및 사회서비스, 보육서비스, 정보와 조언 등을 제공하고, 이 과정에서 부모의 참여를 유도한다.
- 선별적/전문화된 지원(targeted and specialist support)의 제공: 보편적 서비스 외에 추

가적인 지원을 필요로 하는 부모에게 선별적으로 전문화된 서비스를 제공한다.
- 강제적인 행위(compulsory action)의 수행: 무단결석이나 반사회적 또는 범법행위를 행한 자녀에 대해 부모가 적절한 조치를 취하지 않는 경우, 정부는 최종적인 수단으로써 Parenting Orders를 통해 부모의 적절한 역할을 강제한다.

2) 초기단계에서의 개입 및 효과적인 보호

서비스를 필요로 하는 아동·청소년들이 문제의 시작 단계에서 적절한 서비스를 받을 수 있도록 하는 것이 몹시 중요하며, 어떤 아동·청소년도 사회적 안전망으로부터 벗어나지 않도록 하여야 한다. 영국 정부는 이를 위해 다음과 같은 정책방향을 설정하였다.
- 정보공유의 개선(improving information sharing): 지역 내 각종 기관들이 지역사회 거주 아동·청소년의 명단과 그들이 받은 경험이 있는 서비스, 그리고 그들이 접촉했던 일선 전문가 등에 관한 정보를 공유할 수 있도록 한다. 이를 위해 법적 장치와 기술적 기반(IT 관련)을 갖출 수 있도록 한다.
- 공통사정체계 개발(developing a common assessment framework): 중복적인 사정을 방지하고 정보의 유통을 원활하게 하기 위해서 관련 기관들 간에 공통의 사정방식을 마련한다.
- 사례관리자의 지정(introducing a lead professional): 서비스를 필요로 하는 아동·청소년에게 체계적인 서비스를 제공할 책임을 지닌 사례관리자를 지정한다.
- 통합적 서비스의 전달(developing on the spot service delivery): 학교와 아동센터(Children's Centres) 내 또는 그 주변에 여러 분야의 전문가들로 구성된 팀을 구성해서 운영하도록 독려한다. 이 팀을 통해 일선교사나 아동보호자가 제기하는 사안들에 신속하게 반응할 수 있도록 한다.

3) 지역적·국가적 차원에서의 책임성과 통합

기관 간의 경계로 인해 아동·청소년에게 제공될 서비스들이 분절되는(fragmented) 것을 막을 필요가 있다. 이를 위해 영국 정부는 중앙 및 지방정부 차원에서 아동·청소년

문제의 책임자를 지정하였으며, 여러 서비스가 통합적으로 제공될 수 있도록 하였고, 이를 위해 다음의 조치를 취하였다.

- 아동·청소년서비스국장(Director of Children's Services) 직의 신설: 각 지방 단위에서 교육과 아동·청소년 대상 사회서비스를 책임지도록 한다.
- 아동·청소년담당지방의원(a lead council member for children)의 지정
- 아동·청소년 트러스트(Children's Trusts)의 설치: 장기방안으로서, 아동·청소년서비스국장의 책임과 기타 아동·청소년 보건서비스의 일부, 비행청소년 업무 등을 포괄하는 아동·청소년 트러스트를 설치한다.
- 파트너십의 형성: 지방 공공기관들로 하여금 민간 및 자원조직들과 밀접한 협력관계를 형성하도록 요구한다.
- 지방아동·청소년보호위원회(Local Safeguarding Children Boards)의 설치: 아동·청소년 보호와 관련하여 기존의 지역아동·청소년보호위원회(Area Child Protection Committee)를 대체하는 지방아동·청소년보호위원회를 설치한다.
- 아동·청소년·가족담당 차관(Minister for Children, Young People and Families) 직의 신설: 교육기술부(the Department for Education and Skills: DfES)에 아동·청소년·가족관련 정책을 통합·조정하는 전담차관 직을 신설한다.
- 조사기능의 추가: 교육감독기관(Office for Standards in Education: Ofsted)을 주 책임기관으로 하여 아동·청소년 관련기관 간 업무협조가 잘 진행되는지를 조사한다.
- 아동·청소년책임관(Children's Commissioner) 직의 설치: 아동·청소년들로부터 의견을 수렴하고 아동·청소년의 이익을 대변하는 독립적 기관인 아동·청소년책임관 직의 설치를 추진한다. 아동·청소년책임관은 영국 내 아동·청소년에게 제공되는 서비스의 질적 수준에 관한 총괄적 책임을 지며, 매년 교육기술부장관을 통해 의회에 보고한다.

4) 서비스 제공집단에 대한 개혁

영국 정부는 아동·청소년에게 서비스를 제공하는 다양한 전문가들의 중요성을 지적하면서, 각 분야의 전문가들이 자신들의 전문적 장벽을 허물고 다른 분야의 전문가들과 협

동할 수 있는 방안과 전문가의 양성 및 유지 방안을 찾고자 하였다. 지향하는 목표는 이들 전문직이 매력적이고 사회적 지위가 높은 전문직이 되도록 하며, 보다 높은 전문성과 유연성을 갖춘 전문 서비스 제공집단을 보유하는 것이었다. 이 목표를 달성하기 위해 다음과 같은 방안들을 추진하였다.

- 고용주들과의 파트너십: 아동·청소년 전문가를 고용하고 있는 지역 내 고용주들과의 협력 하에 개혁전략을 모색한다. 서비스 제공의 기술과 효과성 수준을 높이고 유능한 전문가를 지속적으로 보유하려는 취지와 관련하여, 서비스 제공 전문직에 대한 보수와 인센티브 수준을 높일 수 있는 방안을 모색한다.
- 충원 캠페인의 개최: 일선 전문가의 충원에 관한 캠페인을 고위공직자의 참여하에 실시한다.
- 직무분석 실시: 포괄적 직무분석을 실시하여 불필요한 행정업무를 줄이고 직접적인 서비스 업무를 제고할 수 있도록 한다.
- 유연한 훈련경로의 개설: 현장실습의 확장 등 유연한 훈련경로를 개설하여 피교육자들의 흥미를 유발한다.
- 공통직무기준의 개발: 이를 통해 유관 업무담당자들 간의 이전이 용이해질 수 있도록 한다.
- 공동훈련과목의 개설: 서로 다른 분야 전문가들 간에 아동·청소년·가족의 욕구에 대한 공감 수준을 높이고 전문 분야별 역할에 대한 공동의 이해 수준을 높이기 위해서 공동훈련과목을 개설한다.
- 리더십 개발 프로그램 개설: 이를 통해 전문가들의 리더십을 함양한다.

3. 영국 청소년복지 정책형성·전달체계의 변화

2003년의 녹서는 과거의 정책실패, 즉 아동·청소년에 대해 적절한 보호를 제공하지 못했던 원인이 무엇이었는지에 대한 지적으로부터 시작한다. 녹서에 따르면 관련 기관들 간의 조율과 연계의 부족, 정보공유의 부족, 책임의식의 결여, 일선 서비스 제공자의 부족 및 이들에 대한 효과적인 관리와 훈련체계의 결여 등이 정책실패를 야기한 주요 원인들이었다(DfES, 2003a: 5). 이 중에서도 특히 관련 기관들 간의 조율과 연계의 부족이 핵심적인 실패원인으로 분석되었고, 이에 따라 영국 정부는 지역 수준에서 활동하고 있는 다양한 기관들의 거버넌스 체제를 어떻게 구성할지에 대해 많은 노력을 기울였다. 아래에서는 효과적이고 통합적인 서비스를 제공하기 위해 영국 정부가 추진하였던 거버넌스 체제의 혁신을 제2절에서 제시했던 네 차원별로 검토한다(DfES, 2004a).

1) 일선에서의 통합적 서비스 제공

일선에서의 통합적 서비스의 필요성은 보편적인 서비스와 선별적·전문적 서비스 모두를 대상으로 한다. 그리고 이러한 통합적 서비스의 제공은 숙련되고 효과적인 전문가 집단을 그 전제로 한다.

(1) 통합적인 보편적 서비스

주요 보편적 서비스의 예에는 교육을 포함한 학교 내 서비스와 보건서비스 등이 있다. 학교는 아동·청소년의 복지를 위한 포괄적인 서비스를 제공하였고, 각 학교는 학생들의 학습과 관련하여 개별적 접근(personalized approach)을 채택하는 경향을 보였으며 이를 통해 학생들의 잠재력 극대화를 추구하였다. 또한 이 과정에서 학교는 부모 또는 보호자를 참여시키고자 노력하였다. 한편 중앙정부는 학교 등의 교육기관과 지방정부, 그리고 아동·청소년 트러스트 등이 아동·청소년을 대상으로 한 서비스의 제공에 있어 협력적인 관계를 형성할 수 있을 것으로 기대하였다. 또한 정부는 이전보다 많은 청소년들이 19세에 이르기까지 교육과 훈련을 받을 수 있도록 하고자 하였다. 보건서비스에 있어서도 양질의 서비스를 개별적 접근을 통해 제공하려는 노력이 강조되었다. 또한 보건서비스 제공기관들은 보건에 관한 일반적 정보는 물론 보건기관에의 접근수단과 보건기관의 선택에 관한 정보를 제공하였으며, 여타 아동·청소년 유관기관들과 협력하여 건강한 생활방식에 관한 캠페인을 수행하였다.

(2) 선별적·전문적 서비스

장애 아동·청소년, 부모가 정신건강 상의 문제를 가진 아동·청소년, 또는 특별한 보호를 필요로 하는 아동·청소년 등은 보편적인 서비스 외에도 전문적인 서비스를 필요로 한다. 이러한 아동·청소년들을 위해서 영국 정부는 다수의 관련 기관들로 구성된 높은 수준의 사정(assessment), 정상적인 가정과 유사한 수준의 다양하면서도 전문적인 서비스의 제공, 그리고 다수의 관련 기관들로 구성된 팀원 중의 한 전문가에 의한 효과적인 사례관리를 수행하였다. 범법 행위를 한 아동·청소년의 경우에는 일반적인 서비스의 제공과 더불어 아동·청소년 사법체계(youth justice system)가 필요하다. 아동·청소년 사법체계의 목적은 공격적 행위를 야기하는 요인들이 무엇인지에 초점을 맞춰 아동·청소년의 범법 행위를 감소시키는 것이다.

(3) 숙련되고 효과적인 전문가 집단

통합적인 서비스를 제공하기 위해서는 전문가들의 작업방식과 문화를 바꿔야 할 필요가 있다. 이러한 변화가 성공적으로 이루어지기 위해서는 여러 전문분야들 간의 효과적인 의사소통이 쉽게 이루어질 수 있는 공식적 기관이나 제도가 있어야 한다. 이를 위한 방안으로 영국 정부는 여러 분야의 전문가들이 물리적으로 한 공간에 모여 있는 기관(예: 아동센터)을 활성화하거나, 이러한 물리적 통합이 불가능한 경우에는 '가상 센터'(virtual team)를 운영하였다. 어떠한 경우이건 업무 책임성의 소재가 분명해야 함은 물론이다. 기관의 설치와 병행하여 전문가들의 훈련과 능력개발 프로그램을 운용하였다. 훈련과 능력개발 프로그램의 주요 내용 중 하나가 여러 분야 전문가 간의 업무협동이었다. 이와 관련하여 '아동 전문가 능력개발 위원회(the Children's Workforce Development Council)'가 신설되었으며 지역 수준에서의 아동·청소년 전문집단의 개발과 훈련에 중요한 역할을 수행하였다.

2) 통합적 행정과정

통합적 서비스의 제공이 원활하게 이루어지기 위해서는 실질적인 행정과정에서 일선 전문가들의 행정업무 부담이 줄어들어야 한다. 아동·청소년복지 분야에서 이러한 행정업무 부담을 줄이기 위한 주요 방안에는 공통사정체계와 정보공유가 있다.

(1) 공통사정체계

영국 정부는 아동·청소년정책분야 전문가들의 자문을 받아 공통사정체계를 개발하였다. 공통사정체계 개발의 목적은 모든 아동·청소년의 개별적 욕구, 그 아동·청소년 가족의 욕구, 그리고 그들이 속해 있는 지역 공동체의 욕구를 용이하게 사정할 수 있는 도구를 개발하여 이를 일선 실무자들에게 배포하는 것이다. 이 공통사정체계의 사용을 통해 중복사정을 줄일 수 있고, 서로 다른 기관들 간에 아동·청소년의 욕구에 관한 공통의 이해를 높일 수 있으며, 생산·수집된 정보의 공유가 촉진될 것으로 기대되었다.

(2) 정보공유

개정 아동법(2004)은 아동·청소년의 복지를 개선하기 위해 관련 기관들이 협력할 것을 의무화하였으며, 이 협력의무를 구체화하는 주요 방안의 하나가 바로 정보공유체계를 구축하는 것이었다. 특히 각급 지방정부들은 아동·청소년에게 서비스를 제공하는 전문가들이 지역 내 아동·청소년에 관한 기본정보를 손쉽게 알 수 있도록 하는 데이터베이스나 인덱스를 설치하는데 필요한 2차적 입법을 수행하거나 행정지도 방안을 강구할 수 있는 권한을 지녔다(Children Act, 2004: §12). 영국 정부는 일선 전문가들이 아동·청소년의 건강, 교육, 사회보호, 범법행위 등을 포괄하는 정보를 공유할 수 있도록 하는 체계와 그 운영지침을 작성하였다. 또한 아동·청소년에 관한 위의 정보와 그들에게 이미 제공된 서비스 및 서비스 제공자 등에 관한 표준화된 데이터베이스 또는 지표를 개발하고자 하였다. 특히 일선 실천 대상인 아동이나 청소년이 누구인지를 정확하게 확인할 수 있도록 하는 '지역 아동·청소년 인덱스(local child index)'의 네트워크를 설치하고 실무자들 간의 정보공유를 개선하도록 하였다.

3) 통합적 전략

영국 정부의 주요 통합적 전략에는 지방정부에의 리더십 역할부여, 욕구분석 및 기획, 그리고 합동활동 및 예산통합(joint commissioning and budget pooling)이 있다.

(1) 지방정부의 리더십 역할

통합적 서비스 제공과 행정과정을 추진하기 위해서는 구심적인 역할을 수행할 기관이 있어야 한다. 개정 아동법(2004)은 그 역할을 지방정부에게 부여하였다. 즉, 지방정부들은 아동·청소년의 복지를 개선하기 위해 지역 내 기관들 간의 협조를 촉진할 수 있는 제도적 방안을 강구할 의무를 지니며, 주요 관련 기관들은 그 제도적 방안에 참여할 의무를 지녔다. 또한 지방정부들은 그 제도적 방안의 지원을 위한 자원동원 권한을 지녔으며, 아동·청소년에게 서비스를 제공하는 기관들은 아동·청소년의 복지를 보호·증진하기 위한 방안을 강구할 의무를 지녔다(Children Act, 2004: §10, 11). 이러한 맥락에서 개정 아동법(2004)은 모든 지방정부가 '아동·청소년서비스국장'을 임명하고 '아동·청소년담당지방의원'을 지정하도록 하였다. 이들 직책은 지방정부의 리더십 역할 수행에 있어 핵심이 되며, 아동·청소년정책 상의 협력에 관한 조치와 '지방아동·청소년보호위원회'의 설치를 포함한 아동·청소년정책과 관련된 기능을 수행할 책임을 지녔다(Children Act, 2004: §13-19).

(2) 욕구분석 및 기획

지방정부를 포함한 지역사회 내의 다양한 협력기관들은 그들의 제한된 자원과 에너지를 지역 내 아동·청소년의 가장 시급하고 중요한 욕구를 충족하는데 우선적으로 사용하기를 희망한다. 이를 위해서는 지역사회 내 여러 기관들이 참여하는 욕구분석이 있어야 하며, 이러한 분석의 결과는 해당 지역의 '아동·청소년 계획(the Children and Young People's Plan)'에 반영된다. 통합적 서비스는 이 계획의 기본 틀 내에서 제공되게 된다. 이와 관련하여 개정 아동법(2004)은 한 지역 내에서 아동·청소년에게 제공되는 서비스가 전체적으로 적절하게 운영되고 있는지를 조사하기 위한 통합적 조사체계를 구축하도록 하였다. 이 통합조사체계는 여러 유관 조사기관들의 참여 하에 구축되었으며 정기적인 합동평가를 실시하였다(Children Act, 2004: §20-24).

(3) 합동활동 및 예산통합

합동활동은 욕구의 확인, 필요한 서비스의 선정, 해당 서비스의 제공 또는 구매의 결정, 그리고 서비스의 제공 또는 구매 등의 활동을 행함에 있어 관련 기관들 간의 경계를 가로지르며 공동으로 활동하는 것을 말한다. 통합적 서비스의 제공은 실질적으로 이러한 합동활동에 의해 가능해지기 때문에 합동활동이 독려되었다. 한편, 합동활동을 용이하게 하기 위해서 관련 기관들이 가지고 있는 예산의 통합 운영이 시도되었다. 예산의 통합 운영은 관련 기관들 간의 상호신뢰가 있어야만 성공할 수 있으며, 이 상호신뢰는 그들 간의 견고한 행정적 거버넌스의 구축과 밀접한 관련을 지닌다.

4) 기관 간 거버넌스

지역사회 내 아동·청소년에 대한 통합적 서비스 제공과 이를 위한 통합적 행정과정, 그리고 통합적 전략은 궁극적으로 지역사회 내 기관들 간의 거버넌스 구축으로 귀결된다. 기관 간 거버넌스를 구성하는 핵심적 요소들은 다음과 같다.
- 지방정부에 의한 효과적인 리더십 역할 수행
- 지역사회 내 모든 주요 파트너들(관련 기관의 고위직)의 완전한 참여
- 각 기관 책임의 명료화
- 상호신뢰와 공유된 비전, 그리고 개선에의 의지에 근거한 상호관계

기관 간 거버넌스를 보여주는 한 예로서 Sure Start 프로그램을 들 수 있다. Sure Start 프로그램은 저소득가구 밀집지역에 거주하는 빈곤 아동들이 그들의 삶의 초기 단계에서부터 뒤쳐지지 않도록 하기 위해 중앙 및 지방의 교육·보호·보건·가족지원을 담당하고 있는 공공 및 민간의 제 기관이 해당 지역 지방정부의 리더십 하에 네트워크를 구축하고 통합적 서비스의 제공을 모색하도록 하였다. 또한 비행청소년과 관련하여 신설된 청소년범법행위전담팀(Youth Offending Teams)은 기관 간 거버넌스의 구축이 하나의 새로운 기구의 형성으로 발전할 수 있었던 사례로서, 청소년범법행위전담팀에는 아동·청소년 비행과 관련된 다양한 전문분야의 인력들이 참여하였다.

IV. 결론: 영국 청소년복지 정책변화의 시사점

영국은 2000년대 들어 노동당 정부의 주도하에 통합적인 청소년정책형성 및 전달체계를 구축하고자 노력하였다. 특히 영국은 서비스의 제공이 이루어지는 일선기관 수준에서의 개혁에 관심과 노력을 집중했다는 점이 주목할 만하다. 물론 영국도 중앙정부 수준에서의 통합노력을 경시했던 것은 아니나, 주된 개혁 노력은 지역 수준에 집중되어 있었으며 지방정부의 리더십 역할이 강조되었다. 따라서 지역 수준에서 활동하는 공공과 민간기관들 간의 파트너십과 거버넌스의 구축을 큰 틀로 해서, 통합적인 전략(기획과 예산), 통합적인 행정과정(공통욕구사정체계와 정보공유), 그리고 통합적인 서비스 제공(전문적인 수준의 보편적·선별적 서비스)을 추진하였다.

영국이 이러한 정책을 추진할 수 있었던 주된 요인은 정부개혁 방향과 그에 따른 정책아이디어, 그리고 지방분권 중심적인 사고에서 찾을 수 있다. 앞서 살펴본 대로 영국은 노동당 정부가 들어선 후, '연계형(Joined-up) 정부'와 다층 거버넌스 체제의 구축을 일관성 있게 추진하였다. 또한 영국 노동당 정부는 단순한 구호가 아닌 실질적인 수준에서 지방분권을 추진하였으며, 이를 통해 공공서비스의 질적 수준을 제고하려는 노력을 병행하였다. 아래에서는 좀 더 구체적으로 영국 청소년복지 정책체제의 시사점을 정리하도록 한다.

첫째, 영국 사례는 중앙 및 지방정부 수준 모두에서 기관형성과 운영에 있어 통합적인 접근의 채택 가능성을 보여주었다. 청소년복지정책은 그 성격상 여러 부처와 기관들이 관여할 수밖에 없는 특징을 지닌다. 따라서 파편화된 정책입안과 집행이 행해질 수 있다. 영국에 있어서도 이러한 특징으로 인한 정책실패가 발생했으며, 영국 정부는 이 문제의 해소를 통합적 접근과 협력적 거버넌스 체제의 구축에서 찾았다. 우선 중앙정부 수준에서 교육기술부(DfES)를 청소년복지정책의 주무부처로 하고 여기에 아동·청소년·가족관련 정책을 통합·조정하는 전담차관(Minister for Children, Young People and Families) 직을 신설하였다. 또한 아동·청소년들로부터 의견을 수렴하고 아동·청소년의 이익을 대변하는 독립적 기관으로 아동·청소년책임관(Children's Commissioner) 직을 설치하였다.

지방정부 수준에서는 각 지방 단위에서 교육과 아동·청소년의 사회서비스를 책임지는 아동·청소년서비스국장(Director of Children's Services) 직을 신설하고 아동·청소년 담당지방의원(a lead council member for children)을 지정하였다. 또한 아동·청소년 보호를 위해 기존의 지역아동·청소년보호위원회(Area Child Protection Committee)를 대체하는 보다 강화된 기능의 지방아동·청소년보호위원회(Local Safeguarding Children Boards)를 설치하였다. 나아가 중·장기적 과제로서 아동·청소년서비스국장의 책임과 기타 아동·청소년 보건서비스의 일부, 비행청소년업무 등을 포괄하는 아동·청소년 트러스트(Children's Trusts)의 설치를 추진하였다. 그리고 이 모든 기구의 운영에 있어 공공기관들 간의 파트너십은 물론 공공기관들과 민간 및 자원조직들 간에도 파트너십을 형성·활용할 것을 요구하였다.

둘째, 영국 사례는 기관형성과 운영의 통합적 접근의 연장선상에서, 서비스의 실질적인 생산과 전달이 이루어지는 지역사회와 지방정부 수준을 중심으로 한 통합적·협력적 거버넌스 체제의 구축 가능성을 제시하였다. 영국 정부가 추진했던 거버넌스 체제의 혁신은 ① 일선에서의 통합적 서비스 제공(integrated front-line delivery), ② 통합적 행정과정(integrated processes), ③ 통합적 전략(integrated strategy), ④ 기관 간 거버넌스(inter-agency governance)의 네 차원에서 이루어졌다. 이를 위해 비전의 공유와 상호신뢰, 주요 집단의 적극적인 참여, 공통사정체계, 정보공유, 지방정부의 리더십 역할, 합동활동 및 예산통합, 일선 전문가 집단의 양성 등이 추진되었다.

셋째, 영국의 경험은 선별주의적 제도와 전통을 지니고 있던 사회에서 보편주의적 제도를 도입하려는 노력이 어떻게 이루어질 수 있는지를 보여준다. 청소년복지정책에 있어 전통적으로 선별주의적 접근을 취하던 영국은 2003년의 녹서와 2004년의 개정 아동법 이후 보편주의적 접근으로 선회하였다. 즉, 2003년 녹서와 2004년 개정 아동법의 기본 정신은 요보호아동·청소년을 포함한 모든 아동과 청소년의 기회를 극대화하고 위험을 극소화하는데 있었다. 다시 말해서, 영국 '신노동당' 정부가 지향했던 청소년복지정책의 방향은 모든 아동·청소년이 자신의 잠재력을 충분히 개발하고 부정적인 사회적 효과를 산출하지 않도록 하기 위해 필요로 되는 보편적인 서비스의 틀 내에서, 위험에 처해 있는 아동·청소년들을 적절히 보호하려는 것이라고 할 수 있다. 따라서 요보호아동에 대한 특정화된 서비스를 넘어서는 다섯 개의 비전(또는 효과: 건강한 삶, 안전의 유지, 즐겁고 발전적인 삶, 사회에의 기여, 경제적인 안녕)을 제시하였으며, 이 비전을 달성하기 위해 노력하는 가운데서 자연스럽게 낮은 교육성취도, 좋지 않은 건강상태, 부적절한 약물의 사용, 10대 소녀의 임신, 아동·청소년 학대, 그리고 아동·청소년의 비행과 범죄행위 등 바람직하지 않은 현상의 수준을 낮출 수 있을 것으로 기대하였다고 하겠다. 한편, 위의 다섯 효과를 달성하기 위해서 노동당 정부는 ① 아동·청소년의 부모와 보호자에 대한 지원, ② 초기 단계에서의 개입 및 효과적인 보호, ③ 지역적·국가적 차원에서의 책임성과 통합, ④ 서비스 제공집단에 대한 개혁이라는 네 가지 영역에 초점을 맞추었다.

또한 영국의 제도변화는 보편주의적 접근과 선별주의적 접근이 어떻게 공존할 수 있는지를 보여준다. 즉, 보편주의적 접근을 채택한다고 해서 추가적으로 특별한 서비스를 필요로 하는 요보호아동·청소년에 대한 관심을 줄이는 것은 아니다. 영국 정부는 장애 아동·청소년, 부모가 정신건강 상의 문제를 가진 아동·청소년, 또는 특별한 보호를 필요로 하는 아동·청소년 등은 보편적인 서비스 외에 전문적인 서비스를 제공하였다. 즉, 이러한 아동·청소년을 위해서 다수 관련 기관들에 의한 욕구의 사정(multi-agency assessment), 전문적인 서비스의 제공, 그리고 전문가에 의한 효과적인 사례관리를 수행하고자 하였다. 법률위반 행위를 한 아동·청소년의 경우에는 일반적인 서비스의 제공과 더불어 청소년 사법체계(youth justice system)를 통해서 추가적인 서비스와 관리를 수행하였다.

넷째, 영국 노동당 정부는 청소년 전문가를 육성하기 위한 노력이 어떻게 통합적으로 전개될 수 있는지를 보여주었다. 노동당 정부가 지향했던 바는 전문가의 양성·유지는 물론 각 분야의 전문가가 자신의 전문적 장벽을 허물고 다른 분야의 전문가들과 협동할 수 있는 방안을 찾는 것이었다. 다시 말해서, 전문가 육성에 관한 노동당 정부의 목표는 청소년 관련 전문직이 매력적이고 사회적 지위가 높은 전문직이 되도록 하며, 높은 전문성과 유연성을 갖춘 전문 서비스 제공집단을 보유하는 것이었다. 이 목표를 달성하기 위해 ① 보수 및 인센티브 수준 향상을 위한 전문가 고용주들과의 파트너십 모색, ② 전문가 충원에 관한 캠페인 개최, ③ red-tape을 줄이고 직접적인 서비스를 늘리기 위한 직무분석 실시, ④ 피교육자 흥미유발을 위한 유연한 훈련경로 개설, ⑤ 유관 업무담당자들 간의 이전을 용이하게 할 수 있는 공통직무기준 개발, ⑥ 전문분야 간 공동의 이해 수준을 높이기 위한 공동훈련과목 개설, ⑦ 리더십 개발 프로그램 개설 등의 방안이 추진되었다.

다섯째, 노동당 정부는 청소년복지정책의 방향수립과 정책 아이디어 모색에 있어 정책 수요자인 아동·청소년들의 의견을 청취하는 접근의 가능성을 제시하였다. 2003년의 녹서를 준비하는 단계에, 그리고 녹서 발간 후 이어지는 후속 보고서들의 작성과정에 아동·청소년들의 의견이 수렴되었으며, 그 성과 중의 하나가 바로 다섯 개의 정책비전(또는 효과)이었다. 아동·청소년 의견수렴의 중요성을 확인한 영국 정부는 이들의 의견 청취를 제도화하는 방안의 하나로서 아동·청소년책임관(Children's Commissioner) 직을 설치하게 되었다.

우리나라도 이제 지방정부와 지역사회 수준에서의 통합성 제고에 더욱 관심을 기울여야 한다. 특히 지방청들과 지방자치단체 간의 협력체계 구축, 공공기관과 민간기관간의 협력체계와 네트워크 구축, 지방자치단체 내에서의 청소년업무 담당기구 정비와 확충, 공·사부문의 일선 서비스 제공인력에 대한 전문성 제고, 요보호청소년에 대한 서비스의 개선은 물론 일반청소년에 대한 보편적 서비스의 확충 등이 앞으로 우리가 관심을 가져야 할 사안들이다.

영국의 개혁노력이 의도했던 바를 모두 성취한 것은 아니다. 그러나 우리나라 정책체제 일반, 특히 청소년복지 정책체제가 지니고 있는 문제점들에 비춰볼 때, 통합적 정책형성 및 전달체계를 구축하려 했던 영국의 노력은 우리에게 시사하는 바가 크다고 하겠다.

김윤태. (1999). 복지국가와 사회정책: 영국 노동당의 개혁과 토니 블레어의 정치이념. 「동향과 전망」. 40: 220-254.
김정렬. (2001). 영국 블레어정부의 거버넌스. 「한국행정학보」. 35(3): 85-102.
서필언. (2005). 「영국행정개혁론」. 서울: 대영문화사.
이영찬. (2000). 「영국의 복지정책: 구빈법 개혁부터 제3의 길까지」. 서울: 나남.
이용복. (2002). 우리나라 청소년정책 행정기구의 문제점 및 발전방향에 관한 연구. 「청소년복지연구」. 4(1): 125-142.
조영승. (2000). 청소년정책을 담당할 정부조직의 바람직한 구조에 관한 연구. 「한국청소년연구」. 11(1): 5-39.
주재현. (2006). 통합적 정책형성·전달체계의 모색: 영국 청소년복지 정책변화의 시사점. 「한국비교정부학회보」. 10(1): 1-24.
청소년보호위원회. (1998). 「외국의 청소년보호 프로그램 I, II」.
_____. (2002). 「미국 가출청소년 프로그램의 이해」.
표갑수. (2002). 「아동청소년복지론」, 개정판. 서울: 나남.
한국청소년개발원. (1993). 「외국의 청소년 복지정책연구: 미국과 일본을 중심으로」. 서울: 한국청소년개발원.
한인섭·김정렬. (2004). 영국 행정의 본질과 혁신. 「정부학연구」. 10(2): 151-184.
황순길. (1998). 「정부 부처간 청소년복지사업의 조정에 관한 연구」. 박사학위 논문, 숭실대학교.

Children Act. (2004).
DfES(Department for Education and Skills). (2003a). *Every Child Matters: Summary*. Nottingham, UK: DfES Publications.
_____. (2003b). *Every Child Matters: What Do You Think*. Nottingham, UK: DfES Publications.
_____. (2004a). *Every Child Matters: Change for Children*. Nottingham, UK: DfES Publications.
_____. (2004b). *Every Child Matters ... and Every Young Person: What You Said ... and What We're Going To Do*. Nottingham, UK: DfES Publications.

_____. (2005). *Common Core of Skills and Knowledge for the Children's Workforce*. Nottingham, UK: DfES Publications.

DH(Department of Health) & DfES. (2004a). *National Service Framework for Children, Young People and Maternity Services: Executive Summary*. London: DH Publications.

_____. (2004b). *National Service Framework for Children, Young People and Maternity Services: Supporting Local Delivery*. London: DH Publications.

Gilbert, N. & Terrell, P. (2002). *Dimensions of Social Welfare Policy*. 5th ed. Boston, Mass.: Allyn and Bacon.

Glennerster, H. (1995). *Birtish Social Policy Since 1945*. Oxford, UK: Blackwell.

Home Office. (2004). *Every Child Matters: Change for Children in the Criminal Justice System.*. Nottingham, UK: DfES Publications.

Kooiman, J. (ed.) (1993). *Modern Governance: New Government-Society Interactions*. London: Sage.

Rhodes, R.A.W. (1996). The New Governance: Governing without Government. *Political Studies*. 44(4): 652-667.

U.K. Prime Minister. (1999). *Modernising Government*. London: HMSO.

Young, P. (2000). *Mastering Social Welfare*, 4th ed. London: Macmillan.

Blair/Brown 정부(1997-2010년)의 정책체제 개혁: 중소기업지원정책*

I. 서론

영국에는 2002년 9월 시점에서 약 3백 70만 개의 업체가 존재하고 있었다. 그 중 중소기업에 해당하는 업체의 수가 99%를 구성하였다. 이 중소기업들이 영국 총 매상고(turnover)의 50%를 차지하고 있었으며, 민간부분 고용의 55%를 담당하였다. 영국 정부는 생산성 향상과 혁신 및 국제경쟁력 제고와 관련하여 중소기업에 큰 기대를 걸었다. 특히 영국의 생산성은 평균적으로 볼 때 미국에 45%, 프랑스에 19%, 그리고 독일에 7% 정도 뒤쳐져 있는 것으로 나타났다. 그런데, 이러한 격차는 주로 대기업 부문에서 기인하는 반면, 중소기업 부문은 지속적으로 생산성을 향상하고 있는 것으로 조사되었다. 또한 중소기업은 특유의 유연성과 창의적인 아이디어를 배경으로 기업혁신을 이끌어가고 있는 것으로 조사되었다(U.K. Small Business Service, 2002a: 12-15). 이 조사 결과는 영국이 다

---

*주재현(2004)을 수정한 원고임.

른 국가들과의 생산성 격차를 줄이기 위해서는 대기업 부문의 분발을 촉진해야 하는 것과 더불어 중소기업이 지속적으로 생산성을 향상하고 국내외 시장에서 경쟁력을 유지할 수 있도록 지원해야 함을 의미하는 것으로 해석되었다. 영국 노동당 정부가 1990년대 후반부터 중소기업의 중요성을 강조하고 이를 위한 지원체제를 정비하게 된 배경에는 이와 같은 인식 전환이 있었다고 하겠다.

영국 정부의 중소기업에 대한 지원은 후술할 지원체제의 정비 등 여러 측면에서 나타났지만 이러한 변화의 근저에는 수상을 필두로 하는 정부의 강력한 의지가 자리잡고 있었다. 특히 Tony Blair 영국 수상은 중소기업에 대한 지원문제를 관련 장관에게만 맡겨두지 않고 직접 관심을 표명하여 여타 부처 장관들의 인식 전환을 이끌었다. 수상의 지원 하에 중소기업 지원을 담당하는 부처의 장·차관들과 공무원들은 여러 차례 정책제안서를 작성하고 이에 대한 수상의 동의를 얻어내어 추진하는 노력을 경주함으로써 빠른 속도로 새로운 중소기업지원 정책체제를 정착시켜 나가고자 하였다.

이 장은 영국 노동당 정부가 2000년대 초반에 추진했던 중소기업지원 정책체제의 변화 노력을 서술하고, 영국의 사례가 우리에게 주는 정책적 함의를 검토하는데 그 목적이 있다. 이하에서는 당시 영국 중소기업지원 정책체제의 상황, 지원체제의 성립 근거 및 개선방향, 그리고 영국의 중소기업지원 정책체제로부터 얻을 수 있는 교훈 순으로 논의를 전개한다.

II. 노동당 정부의 중소기업지원 정책체제

1960년대 이후 심각한 경제정체에 빠지게 된 영국은 경제 및 산업정책을 재검토하지 않을 수 없게 되었으며, 중소기업정책 또한 이러한 배경 하에서 처음으로 시행되게 되었다. 1969년 당시의 노동당 정부가 중소기업 문제에 대한 정책적 대응방안을 제시하기 위해서 구성한 볼튼위원회(Committee of Inquiry on Small Business)는 다음과 같은 중소기업 정책방향을 제시하였다. 첫째, 정부기구 등에 중소기업 전담기구를 창설하고 전담 장관을 둔다. 둘째, 경영기술 및 지도에 있어서 자력지원에 의한 경쟁원리를 원칙으로 하되, 중소기업에 대한 정보제공 기능을 담당할 수 있는 기관을 모든 주요 지방 상공업 중심지와 중앙에 설치한다. 셋째, 금융 면에서 중소기업이 대기업에 비해 금융상의 어려움을 겪고 있으나 이것은 금융제도 상의 문제에서 오는 것은 아니며 따라서 특별한 정부금융기관의 설치나 보조금 및 장기저리융자의 필요성은 없다. 그러나 자금조달방법에 대한 정보제공은 필요하다. 넷째, 조세 면에는 중소기업의 법인세율 경감, 상속세의 경감, 인플레이션을 고려한 회계처리방법의 적용이 필요하다. 다섯째, 독점금지정책이 강화되어야 한다. 이상 정리된 바와 같이 1960년대 말 영국의 중소기업 정책방향은 중소기업이 지니고 있는 불이익을 시정하는 수준의 내용으로서 경제적 합리성을 지향하는 성격의 정책으로 해석될 수 있다. 그러나 볼튼위원회의 정책건의는 중소기업정책 기구 면에서, 통상산업부(Department of Trade and Industry: DTI) 내의 중소기업국(Small Firms Division) 형성과 중소기업국이 관할하는 10개의 중소기업정보센터(Small Firm Information Centre) 설치라는 성과를 산출하였다(이상수 외, 2002: 102-104). 1970년대에 형성된 이 기본 체제는 1990년대 중반 이후 큰 변화를 겪게 되었다.

1. 노동당 정부의 정책형성 및 조정체제

노동당 Blair 정부에서 중소기업지원정책 기능을 수행했던 기관은 중소기업지원청(Small Business Service: SBS)이었다. SBS는 2000년 4월 통상산업부(Department of Trade and Industry: DTI)의 책임운영기관(executive agency)으로 출범하였다. SBS는 England 지역의 중소기업 지원을 담당했으며 Wales, Scotland, Northern Ireland 지역의 경우에는 그 지역의 정부와 협력하여 서비스를 제공하고 있었다.

SBS가 중소기업의 발전과 관련하여 제시한 비전은 "2005년까지 영국이 전 세계에서 기업의 창업과 성장에 있어 최선의 국가가 될 수 있도록" 하는 것이었다. 이 비전은 구체적으로 다음과 같은 세 개의 요소로 구성되어 있었다. ① 창업의 의욕과 기술, 그리고 적절한 기회를 지니고 있는 이들은 누구나 다 성공적인 사업을 시작할 수 있도록 한다. ② 사업을 발전시키려는 야심을 지니고 있는 이들은 누구나 다 도움을 받을 수 있도록 한다.

③ 모든 중소기업들이 정부의 요구에 쉽게 반응하고 정부의 서비스에 쉽게 접근할 수 있는 사업환경을 조성한다(U.K. Small Business Service, 2003a: 4). 이러한 비전을 달성하기 위해 SBS는 다음의 일곱 부문을 전략적 과제의 대상으로 하였다. ① 기업문화의 조성, ② 역동적인 창업시장의 조성, ③ 중소기업 성장능력의 확충, ④ 중소기업의 금융지원 접근도 개선, ⑤ 소외된 지역사회와 소수집단에 대한 기업활동 장려, ⑥ 정부 서비스에 대한 중소기업의 긍정적 인식 제고, ⑦ 규제와 정책의 개선(U.K. Small Business Service, 2002b: 3-6).

위의 비전과 전략과제를 추진함에 있어 SBS는 중앙정부 내에서 중소기업과 관련된 정책자문과 조정을 담당하는 역할을 수행하였다. 영국 정부의 부처들은 주요 정책을 입안함에 있어 해당 정책이 중소기업에 미칠 영향에 대해 먼저 고려해보도록 요청되었다('Think Small First'). 특히 규제정책에 관한 쟁점들에 있어 부처들은 정책입안의 초기단계에서 SBS에 자문을 구할 것을 요구받았다. 이러한 자문역할을 수행하기 위해서 SBS는 정부 내에서 중소기업 관련 쟁점에 관해 가장 높은 전문성을 지녀야했음은 물론이다(U.K. Small Business Service, 2001: 7, 9). 영국 정부는 중앙정부 내 중소기업에 대한 모든 지원시책의 방향설정을 하나의 '우산' 밑으로 모으려는 의도로 SBS를 신설하였으며, 이러한 의도는 SBS의 정책자문 및 조정 역할을 통해서 추진되었다.

중앙정부 수준에서 행해졌던 SBS의 정책조정 노력은 정부에 의한 중복된 중소기업 규제와 지원을 줄여나가는데 집중되었다. 중복된 규제는 중소기업에 과도한 부담을 준다. 그리고 중복된 지원시책과 지원창구 역시 정책수혜자인 중소기업에게 혼란을 일으킨다. 따라서 SBS는 일관된 규제와 지원을 위해서 여타 정부 부처들과 긴밀한 공조를 취하고자 하였으며, 단일의 웹 포탈 사이트를 개발하여 중소기업의 혼란을 줄이는 노력을 하였다. 또한, SBS는 조사활동에 상당한 비중을 두었다. 즉, 중앙정부 내에서 정책조정 및 자문역할을 수행함에 있어 여타 부처와 기관들을 설득하는데 필요한 자료를 확보하기 위해서, 그리고 결정된 정책을 중소기업들에게 효과적으로 전달하기 위해서 SBS는 기존의 정책들로부터 나오는 교훈을 체계적으로 수집하고자 하였다(U.K. Small Business Service, 2001; 2002b). 이는 조사 및 연구활동의 활성화로 나타났으며, 고객만족도 조사를 포함한 조사·연구활동의 결과물들은 정책결정과 집행의 수준을 높이고 SBS가 변화와 혁신을 주도하는데 기여하였다(그림 6-1 참조).

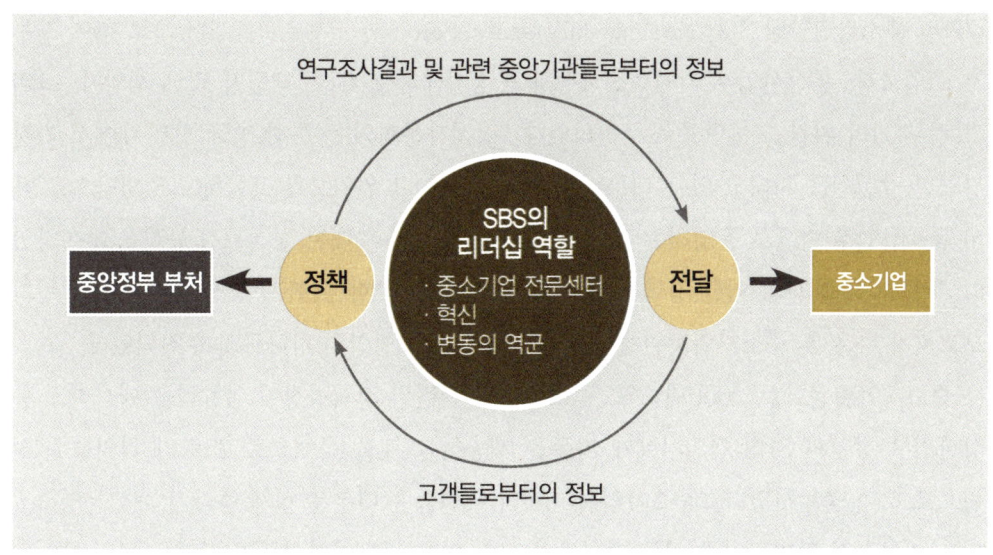

출처: U.K. Small Business Service(2002b: 7).

[그림 6-1] 정책형성 · 집행 상의 SBS 역할 및 정책과정에 대한 조사 · 연구의 기여

　위에서 언급한 바와 같이 SBS는 DTI의 책임운영기관이었다. 따라서 그 기관장은 기관 운영상의 상당한 자율권을 지니고 있었다. 그러나 책임운영기관이라는 기구 특성과 내각책임제로 운영되는 영국 정치 · 행정체제의 특성상 SBS의 장이 직접 정책조정을 주도하거나 수상을 중심으로 하는 내각의 정책협의 과정에 참여할 수는 없었다. 이러한 문제점은 DTI의 장관(Secretary of State)이 SBS의 입장을 대변하는 역할을 하였다는 점과, DTI 내에 SBS의 운영에 관여하고 있는 차관(minister)이 있었다는 점에 의해 부분적으로 보완되었다. 또한 이 문제점을 보완하기 위해 SBS는 '중소기업지원청 정책자문회의(SBS Strategy Board)'와 '중소기업위원회(The Small Business Council)'라는 기관의 지원을 받았다.

　먼저 '중소기업지원청 정책자문회의'는 DTI 내의 장 · 차관들과 SBS의 지도부에 대한 자문역할을 수행하였다. 이 기관은 종전의 '중소기업지원청 운영회의(Steering Board)'를 대체한 것으로서 SBS의 전략과 목적 승인, 성과평가, 사업계획 및 사업보고서 승인 등 '운영회의'보다 적극적으로 SBS 활동에 개입하였다. '중소기업지원청 정책자문회의'는

DTI의 중소기업담당 차관(Parliamentary Under-Secretary of State)을 의장으로 하여 재무부 기업국장, 통상산업부 기업혁신국장과 공정거래국장, SBS 책임자 및 부책임자, 그리고 정부 외의 위원 5~6인으로 구성되었다. '정책자문회의'는 특히 영국 정부 내에서 가장 강력한 발언권을 지니고 있는 재무부의 고위관료를 그 위원으로 포함하고 있었음으로 해서 통상산업부 만으로 운영되는 것에 비해 SBS에 보다 확대된 정책조정 능력을 부여하였다. '정책자문회의'의 역할 강화는 2001년 중소기업정책에 대한 통상산업부 주관의 평가보고서가 나온 후 중소기업지원체제를 보완하기 위한 방안의 하나로서 추진되었다.

'중소기업위원회'는 2000년 5월, 중소기업과 관련된 정책결정에 영향력을 행사하고 통상산업부 장관과 SBS 책임자에게 자문을 제공하는 것을 목적으로 23명의 위원을 구성원으로 하여 출범하였다. '중소기업위원회'의 위원들은 대부분 실제 중소기업을 운영하고 있는 이들로서 정기적인 회의를 개최하였으며, 일반 중소기업인들의 의견을 청취하기 위해 공청회를 열기도 하였다. 이 위원회는 ① 중소기업의 요구사항을 통상산업부 장관에게 직접 보고하며, ② SBS를 포함한 정부 부처들의 활동과 계획이 중소기업에게 미칠 효과를 SBS 책임자와 통상산업부 장관에게 조언하며, ③ 필요시 위원장이 수상을 면담하

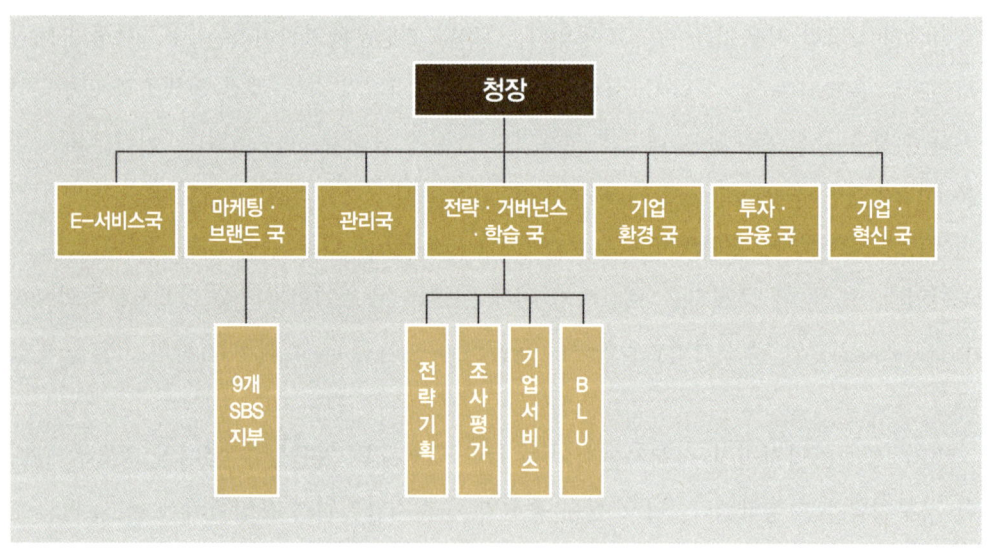

출처: http://www.sbs.gov.uk, 2004.

[그림 6-2] 영국 SBS의 조직도

여 중소기업에 관한 문제를 토의할 수 있는 권한을 부여받았다. 이 위원회의 역할강화도 2001년 통상산업부 주관의 중소기업정책에 대한 평가보고서가 나온 후 정부 내 '중소기업을 위한 독립된 대변기구'의 필요성이 제기됨에 따라 행해지게 되었다.

SBS는 '전략 · 거버넌스 · 학습', '관리', '마케팅 · 브랜드', '기업환경', '투자 · 금융', '기업 · 혁신', 'e-서비스'의 7개국과 9개의 지부(SBS Regional Teams)로 구성되어 있었다(그림 6-2 참조). 2003년 5월 당시 SBS는 중앙본부와 지부를 합쳐 총 507명(지부 149명)의 직원을 보유하고 있었으며, 중앙본부는 런던과 쉐필드의 두 곳에 분산하여 위치하고 있었다. SBS 직원의 대다수는 직업 공무원 출신이었으나, 이들은 통상산업부 뿐 아니라 정부의 여타 부처로부터 충원되었다. 한편, 직원의 일부는 민간기업 출신들로서 이들은 SBS의 민간부문에 대한 이해를 높이는데 기여하였다(U.K. Small Business Service, 2003b: 18).

2. 지방 수준의 정책집행체제

SBS는 정책조정 역할 뿐 아니라 중소기업들을 대상으로 서비스를 제공하기도 하였다. SBS가 직접 관장하고 있었던 서비스들은 다음과 같다. 우선, SBS는 기업의 창업과 운영에 필요한 사항들— 사업계획, 수출, 고용, 교육 · 훈련, 혁신, 규제, 전자상거래 등 —에 관한 일반적인 정보를 제공하였고 조언과 상담을 수행하였으며, 사업자금 · 혁신 · 정보기술 등에 관한 전문적인 조언을 제공하기도 하였다. 이 외에도 SBS는 Smart 프로그램, 중소기업대출보증제도(Small Firms Loan Guarantee Scheme), Enterprise Grants, Phoenix Fund, UK High Technology Fund, Regional Venture Capital Funds 등 중소기업을 위한 자금대출과 관련된 프로그램을 관리하였다(U.K. Department of Trade and Industry, 1999: 26-27).

그런데 여기서 주목하여야 할 사항은 SBS가 Business Link Operators(BLOs)를 통해 위의 사업들을 수행하였다는 점이다. Business Link 제도는 1990년대 중반에 처음으로 도입되었으며, 그 취지는 중소기업에 대한 지원과 조언을 위한 one-stop shop을 설치하는 것이었다. 처음에는 전국적으로 80개의 Business Link Operators가 있었으나 SBS가 들어선 후 45개로 정비되었다. BLO들은 민간부문에 속해 있던 기관들로서 각 BLO는 공개적인 경쟁과정을 통과한 후 SBS와 3년 단위 계약을 체결하여 위의 사업들을 수행하였다. BLO가 수행하고 있던 SBS의 주요 사업들은 다음과 같다. ① 기업의 창업과 운영을 돕기 위한 각종 정보와 조언의 제공, ② SBS 관리하의 재정지원 프로그램 운영, ③ 중소기업의 문제점에 대한 진단과 처방, ④ 회계기법 등 전문적 기술관련 지도, ⑤ 정보기술과 전자상거래에 대한 정보제공, ⑥ 필요한 경우 여타 민간의 중소기업지원서비스에 대한 소개 등. 한편, BLO의 사업에는 SBS와의 계약내용에 들어 있지 않은 것도 포함되어 있었다. 예를 들어, BLO들은 중소기업의 인력개발과 포괄적인 국제상거래 관련 역량 증진을 위한 프로그램이나 활동 지역 내 조직들과의 협력 하에 고유의 프로그램을 운영하기도 하였다. 이상의 SBS와 관련된 서비스 및 SBS와 관련되지 않은 서비스를 제공함에 있어 BLO들은 해당 분야 전문가들을 고용하여 운영하였으며, 전문적인 서비스를 제공하는 일부 경우에 있어 중소기업들로부터 서비스 이용료를 받았다. 그러나 BLO 운영에 들어가는 비용의 상당 부분은 SBS로부터 제공되었다(U.K. Department of Trade and Industry, 2001; Chamber Business Enterprises, 2000; Business Link, 2003).

그러나 중소기업지원을 위한 지역단위 조직에는 BLOs 외에도 SBS 지부(SBS Regional Teams)와 지역개발기구(Regional Development Agencies: RDAs) 및 자치단체들이 존재하고 있었다. 앞에서 언급된 바와 같이 SBS는 영국 전역에 9개의 지부를 두고 있었다. 이 지부들은 관할 지역 내에 있는 BLO들을 관리하는 것을 주된 임무로 하고 있었으며, Smart와 Enterprise Grant 등의 재정지원 프로그램 운영을 관장하였다(U.K. Small Business Service, 2003b: 18). SBS의 BLOs 관리는 계약체결 과정에서부터 시작하였다. SBS 본부는 후술할 RDAs 및 기타 기관들과의 합의하에 BLO 활동을 위한 업무지침을 작성하였으며, Business Link Operator에 응모한 민간조직들은 사업계획서를 작성하여 SBS 지부에 제출하여 심사를 받았다. SBS 지부는 SBS 본부에서 작성한 업무지침과 해당 지역의 특성을 종합적으로 고려하여 가장 적절하다고 판단되는 조직을 SBS 본부에 추천하였다. SBS 본부는 이 심사결과를 토대로 하여 최종 결정을 내렸다. Business Link Operator로 선정된 기관들은 Business Link라는 브랜드를 사용할 수 있는 권한을 부여받아 3년 동안 해당 지역의 전담 서비스제공기관으로 활동하되 SBS 지부의 직접적인 관리를 받았다(U.K. Department of Trade and Industry, 2001: 166-167).

당시 영국에는 9개의 지역개발기구(RDAs)가 설치되어 있었다. RDA의 설립목적은 해당 지역의 경제개발과 쇄신을 추진하고, 기업활동의 효율성과 경쟁력 및 투자확대를 촉진하는데 있었다. 이 RDA들은 1999년에서 2000년에 걸쳐 통상산업부, 환경교통부, 교육기술부 등 세 중앙부처로부터 재정지원을 받아 출범하였다. RDA들은 광역자치단체들과의 파트너십 하에 지역경제 활성화 전략을 수립·추진하였으며, 기초자치단체들을 광역적 차원의 전략을 추진하기 위한 서비스전달자 또는 대리인으로 활용하고 있었다. 이처럼 RDA들이 해당 지역 자치단체들과의 협력 하에 지역개발의 중추를 형성하고 있었으므로, SBS 본부는 각 지역 내 사업의 우선순위 설정이나 지역 BLO의 업무지침을 작성함에 있어 RDA와의 합의를 모색하여야 했으며, 지역 BLO의 사업계획이 RDA의 경제개발계획과 일관성을 유지할 수 있게 하여야 했다. 그러나 BLO와 SBS 지부 뿐 아니라 RDA와 각급 지방자치단체들이 중소기업지원에 관여되어 있음으로 해서 서비스의 중복과 혼란이 야기되었다. 특히 자치단체들이 중앙정부 수준에서 마련된 중소기업지원시책과 유사한 제도를 중복적으로 도입하고 있는 경우가 다수 발견되었다(U.K. Department of Trade and Industry, 2001: 149-154).

III. 중소기업지원체제의 성립근거 및 보완 노력

중앙정부 수준에서 SBS를 출범시켰던 근본 이유는 영국 경제의 활성화에 있어 중소기업이 갖는 중요성을 영국 정부가 인식하였다는 점이다. 그런데 통상산업부에서 중소기업지원정책을 관장하는 경우, 중소기업정책을 기관의 최상위 과제로 다루는데 한계가 있었고, 그 결과의 하나로서 여타 부처에서 마련되는 중소기업지원정책을 체계적으로 조정하는 것이 어려웠으며 정책의 수혜자인 중소기업들은 자신들의 이익을 정부 정책결정에 반영하기 힘들었다. 따라서 노동당 Blair 정부는 중소기업 전체를 정책의 대상으로 하여 (comprehensiveness), 단일 기관을 통해 정부지원에의 접근이 가능하게 하고(simplicity), 중소기업들이 자신의 의견을 정부에 투입하는 명백한 창구를 마련하려는(communication) 의도 하에 SBS를 출범시키게 되었다(U.K. Department of Trade and Industry, 1999: 9).

그런데 SBS를 통상산업부의 책임운영기관(agency) 형태로 한 이유는 이 형태가 통상산업부에 대한 SBS의 독립성을 적절한 수준에서 유지할 수 있다고 보았기 때문이었다. 만약 책임운영기관 형태가 아니라 통상산업부 내의 국 형태에 머무르게 되면 중소기업을 대변한다는 SBS의 역할이 크게 두드러지지 못할 것이었다. 또한 만약 SBS를 통상산업부가 아닌 다른 부처의 책임운영기관으로 하게 되면, SBS는 통상산업부로부터 충분한 지원을 얻기 힘들 것으로 예상되었다. 이러한 이유로 해서 SBS는 통상산업부의 책임운영기관으로 출범하게 되었다(U.K. Department of Trade and Industry, 2001: 9). 그러나 책임운영기관으로서의 SBS는 중앙정부 내 여타 부처와 기관들에 접근하고 영향력을 행사하는데 있어서는 한계를 지닐 수밖에 없었다. 이러한 한계를 보완하기 위해 정책자문회의와 중소기업위원회의 권한을 강화하였음은 앞에서 살펴본 바와 같다. 또한 수상의 지원 하에 중소기업의 사전정책협의 역할을 강조하였다.

한편, 지방수준에서는 당시의 체제를 설명하는데 있어 SBS의 설립과 같은 체계적인 논리적 기반을 찾기가 어렵다. 앞에서 지적한대로 지방수준에서 실질적으로 중소기업지원 행정에 관여하고 있던 기관들은 BLOs, SBS 지부, RDAs, 지방자치단체 등 여럿이었으며 그 부수효과로서 서비스의 중복과 혼란이 야기되었다. 그런데 이러한 중복과 혼란은 일시에 형성된 것이 아니라 장기간에 걸쳐 서서히 형성된 특징을 지닌다. 즉, 각 기관이나 그 기관이 제공하는 서비스는 특정한 시기에 제기된 특정한 필요에 응답하기 위해 형성된 것인데 그것들이 누적되는 과정에서 서비스의 중복이라는 효과를 내게 되었던 것이다. 또한 중앙과 지방간의 충돌과정에서 이러한 혼란과 중복현상이 나타나게 된 측면도 있었다. 일반적으로 중앙정부는 새로운 기관의 형성이나 서비스의 도입을 결정하고 이를 지방의 기존 체제에 부과하는 형식을 취하였고, 그 과정에서 보편성 있는 서비스를 제공하려는 중앙의 의지와 지역에 맞는 재원배분 방식을 강조하는 지방간에 의견의 상충이 나타나게 되었으며, 이를 해소하는 과정에서 지방정부들에 의해 유사한 서비스들이 도입되게 된 것이었다. 사실상 SBS의 출범과 그에 따른 SBS 지부 설립의 경우도 중앙에서 도입이 결정된 제도를 지방에 부과한 기존의 형식을 답습하고 있는 것이라고 볼 수 있다(U.K. Department of Trade and Industry, 2001: 149).

이러한 정책체제는 중앙과 지방 수준에서 정책실패의 가능성을 지니고 있었다. 중앙정부 수준의 경우, SBS가 중소기업 관련 정책조정과 정책리더십 역할을 수행하지 못할 수 있는 가능성이 상존하고 있었다. 여타 부처들이 공식적으로 SBS나 SBC(중소기업위원회)에 정책의 사전 영향평가를 받아야 한다는 원칙이 법적인 지위를 부여받은 것은 아니었다. 따라서 정부의 'Think Small First' 지향이 여타 부처의 정책결정에 충분히 반영되지 못하는 경우, SBS는 그 설립취지를 충분히 살리지 못한 채 유명무실한 기관으로 전락할 가능성이 있었다. 한편, 지방수준에서는 서비스의 중복을 해소하고 혼란을 줄이는데 실패하고, 오히려 SBS 지부와 RDA(및 지방정부)가 BLO의 운영과 관련하여 불협화음을 일으킬 가능성이 존재하였다. BLO들은 공식적으로는 SBS 지부의 관리를 받아야 하지만 실질적인 운영에 있어서는 RDA와의 업무 협조가 몹시 긴요하였으며 이 과정에서 SBS 지부와 RDA 간의 긴장관계가 야기될 수 있었다.

노동당 정부와 SBS, 그리고 RDA들과 지방정부들도 이러한 부정적 효과가 발생할 가능성을 잘 알고 있었으며, 이에 대처하기 위한 여러 방안을 모색하였다. 먼저 중앙정부 수준에서는 위의 정책자문회의와 중소기업위원회에 더하여 이른바 'Whitehall Group'을 형성하여 이 기구를 중심으로 정책조정의 실무를 담당하고자 하는 노력이 추가되었다. 'Whitehall Group'은 2001년 중소기업정책에 대한 통상산업부 주관의 평가보고서를 작성하는 작업에 참여했던 중앙정부 내 여러 기관(통상산업부, 재무부, 교육기술부, 근로연금부, 환경식품지역부 등)의 고위급 실무자들이 평가보고서 작성이 완료된 후에도 해산하지 않고 지속되어 정기적으로 정책방향을 토론하고 정책을 조정하는 공론의 장으로 발전된 것이었다(U.K. Department of Trade and Industry, 2001: 171). 뿐만 아니라, 관련 부처의 중소기업정책에 관한 수상 주관의 정기적인 실적평가 회의도 기획되었다. 또한 BLO들은 주로 SBS의 사업을 수행하는 수단으로 활용되었으나, 동시에 중앙정부 내 여타 부처들도 BLO를 활용하여 중소기업지원시책을 전달하는 노력을 증진하도록 여타 부처들의 인식을 제고하는 노력을 경주하였다(U.K. Small Business Service, 2001: 9).

지방 수준에서는 BLO의 관리 책임을 RDA로 이전하는 방안이 검토되었다. RDAs에 BLOs의 관리책임을 맡길 것을 검토하게 된 배경에는 RDAs가 지방수준에서 형성·운영하고 있는 파트너십(sub regional partnership)의 존재와 그 가치가 고려되었다. 당시 대부분의 RDA들은 해당 지역의 BLO와 지방정부는 물론 은행, 회계기관, 기업조직을 포함하는 여타의 민간 및 자원조직들(voluntary organizations)을 포괄하는 협의체를 형성·운영하고 있었다. 2001년 'Whitehall Group'의 정책평가보고서는 이 협의체가 여러 기관들 간에 정보를 교환하는 포럼의 역할을 수행할 수 있음은 물론, 서비스의 중복을 제거하고 중소기업과 공공기관 간의 의견교환을 가능하게 할 잠재력을 지닌 것으로 파악하고 이 파트너십을 발전시킬 것을 제안하였다(U.K. Department of Trade and Industry, 2001: 10-11, 15). BLOs의 관리책임 이전 가능성이 검토되었던 것과 병행하여 SBS 본부에 대해서는 서비스 프로그램의 직접적 전달 역할로부터 정책조정과 정책영향력 행사 역할로의 이전이 모색되었으며(U.K. Small Business Council, 2003: 11), 이러한 맥락에서 SBS의 정책역할을 중시하는 새로운 정책지침서(Small Business and Government: The Way Forward)가 발간되었다.

IV. 결론: 영국 중소기업 지원체제 개혁의 시사점

영국 노동당 정부의 중소기업 지원체제 개혁으로부터 얻을 수 있는 시사점들은 다음과 같다. 먼저 중앙정부 수준에서 거론할 수 있는 사항들은 첫째, 최고 정책결정자의 중소기업지원에 대한 강력한 의지의 표명이 중요하다는 점이다. 영국은 정부의 수장인 수상이 앞장서서 영국의 경제·사회적 발전에 있어 중소기업이 중요한 역할을 담당하고 있다는 점을 강조하고 관련 부처들을 독려함으로써 통상산업부(DTI)와 중소기업지원청(SBS) 뿐 아니라 여타 중앙정부 부처들의 중소기업정책에 대한 관심 또한 증대되었던 것으로 보인다. 둘째, 중앙정부 내에서 중소기업관련 정책들을 조정하고 여타 부처들에 대해 자문을 수행하는 기관을 SBS 하나로 단일화하고 이 기관에 대한 공식적·비공식적 지원이 잘 이루어졌다는 점이다. 즉 영국 정부는 SBS를 중앙정부 내에서 중소기업지원 정책기능을 전담하는 유일의 창구로 지정하였으며, 책임운영기관 형태로 운영되는 SBS의 정책기능상의 약점을 보완하기 위해 '중소기업위원회'와 '정책자문회의'를 두었을 뿐 아니라 여러 관련 부처의 고위 실무담당 공무원들로 구성된 'Whitehall Group'이라는 정책조정기구를 운영하였다. '중소기업위원회'가 실질적으로 SBS의 활동에 도움이 될 수 있도록 권한을 강화한 점과 'Whitehall Group'이 정부 내 발언권이 큰 부처들의 고위간부들로 구성되었다는 점이 이러한 보완기구들의 실효성을 담보하였다. 또한 수상을 비롯한 고위 정책결정자들이 여타 부처들로 하여금 해당 부처의 정책이 중소기업에 미칠 수 있는 정책효과에 대해 SBS에 사전협의를 수행하도록 하는 분위기를 조성하였다. 셋째, 위의 두 사항들과 연결된 것으로서, 중소기업정책과 관련된 정치인(예: 장·차관)이나 민간인 대표(예: '중소기업위원회'의 의장)가 필요한 경우 수상에게 직접 의견을 개진할 수 있는 기회를 제도적으로 보장받았다.

한편, 서비스의 전달이 이루어지는 지역 수준에서 거론할 수 있는 사항들은 첫째, 중소기업지원창구를 단일화하려는 노력을 경주하였다는 점이다. Business Link Operators는 SBS와의 계약에 의해 자신이 담당하게 된 지역에서 중소기업과 관련된 주요 서비스를 직접 제공하거나 또는 다른 지원기관에 관한 정보를 제공하는 등 One Stop Service 창구로서의 역할을 수행하였다. 둘째, 지역 수준에서 서비스 전달에 관여하고 있던 여러 기관들(RDA, 자치단체, BLOs, SBS 지부, 중소기업조직 등) 간에 파트너십을 조장할 수 있는 조정기구를 제도화 하였다. 서비스 수혜자인 중소기업의 의견을 반영하여 지역의 특성에 맞는 서비스를 제공하기 위해서는 해당 지역 내에서 서비스 제공자와 수혜기관들이 한 자리에 모여서 서로의 의견을 듣고 이를 조정하려는 노력이 긴요한 조건이 된다.

마지막으로, 중앙과 지방 수준에 공통된 것으로서, 영국 정부와 관련 기관들은 이념이나 주먹구구가 아니라 증거(evidence)에 근거하여 정책입안과 제도운영을 하려는 노력을 경주하였다는 점이다. 이는 SBS가 조사와 연구활동 결과에 근거해서 정책리더십을 발휘하고 서비스전달 방식을 개선하려고 했던 것이나, RDA를 비롯한 지역 수준의 기관들이 이러한 조사결과에 토대를 둔 새로운 체제에 적응하려는 노력을 기울였던 것 등을 통해서 발견되고 있다.

참고 문헌

이상수 · 차준섭 · 허정수. (2002). 「산업자원부, 중소기업청, 중소기업특위, 중소기업진흥공단, KOTRA의 조직연계방안」. 광주: 호남대학교.

주재현. (2004). 영국 중소기업지원정책체제에 관한 고찰. 「정부학연구」. 10(1): 347-369.

Business Link. (2003). *Business Link: Give Your Business the Edge*. London: Business Link.

Chamber Business Enterprises. (2000). *Small Business Service Franchise Proposal*.

U.K. Department of Trade and Industry. (1999). *The Small Business Service: A Public Consultation*. London: HMSO.

_____. (2001). *Cross Cutting Review of Government Services for Small Business*. London: HMSO.

U.K. Small Business Council. (2003). *Small Business Council Report 2003*. London: SBC.

U.K. Small Business Service. (2001). *Think Small First*. London: HMSO.

_____. (2002a). *Small Firms, Big Business: A Review of Small and Medium-Sized Enterprises in the UK*. London: HMSO.

_____. (2002b). *Small Business and Government: The Way Forward*. London: HMSO.

_____. (2003a). *Business Plan 2003: Making the UK the Best Place in the World to Start and Grow a Business*. London: HMSO.

_____. (2003b.) *The Small Business Service: Annual Report and Accounts 2002-03*. London: TSO.

http://www.sbs.gov.uk, 2004.

제7장

Cameron 정부(2010-2016년)의 거버넌스 체제 변동

이 책의 도입부(제1부 제1장)에서 영국 복지국가와 거버넌스 체제의 변동을 야기했던 핵심적 원인은 '외적 정책 환경의 변화'와 '정책 아이디어의 힘'이었음이 주장되었다. 이러한 일반화는 Cameron 정부[1]의 거버넌스 체제 변동에도 적용될 수 있다. 2005년 총선에서 패배한 보수당의 새로운 당수로 선출된 Cameron은 '큰 사회론(Big Society)'[2]이라는 '새로운' 이념과 정책 아이디어를 제시하면서 보수당을 재편하고 수권 정당으로서의 면모를 갖추는 데 어느 정도 성공했다. 그러나 2008년에 발생한 세계 경제위기(the Great Recession)에 따른 정부 부채와 재정적자의 급증이라는 정책 환경의 변화 상황 하에서 2010년에 출범한 Cameron 정부는 당초의 이념과 정책 아이디어를 상황에 부합하는 방

---

1) 보수당은 2010년 총선에서 과반수 의석을 획득하지 못해 자유민주당과 연립정부를 형성했지만, 보수당이 연립정부의 주축을 구성했으며 보수당 당수였던 Cameron이 연립정부의 수상직을 수행했다는 점, 그리고 Cameron이 주창했던 '큰 사회(Big Society)' 이념이 연립정부 정책의 근간을 구성했다는 점 등을 고려해서 여기서는 이 연립정부를 Cameron 정부로 호칭하고자 한다. 다만, 반복서술을 줄이기 위해 간혹 '연립정부'와 병용한다.

2) 'Big Society'를 맥락에 따라 '큰 사회' 또는 '큰 사회론'으로 번역한다. 즉, Cameron이 제시하는 이념의 지향점에 강조를 둘 때는 '큰 사회'로, 이념의 내용에 초점을 둘 때는 '큰 사회론'으로 사용한다(또한 '큰 사회론'은 '큰 사회' 이념과 같은 의미로 사용한다).

향으로 해석하는 모습을 보였다. 이러한 현상은 전후 노동당 정부나 1970년대 경제위기 이후의 보수당 정부가 보여줬던 거버넌스 체제 변동의 원인에 대한 설명과 같은 맥락에서 이해될 수 있다.

아래에서는 먼저 Cameron과 그의 '큰 사회(Big Society)' 이념의 등장 배경과 '큰 사회' 이념의 내용 및 그 정치적 효과에 대해 살펴본다. 이어서 2008년의 세계 경제위기 이후에 집권한 Cameron 정부에서 '큰 사회론'의 정책화 방향성은 어떠했는지를 정리한 후, 원래의 이념이 어떻게 해석되고 정책적 변용을 겪게 되는지를 살펴본다.

I. 영국 정치의 변동과 '큰 사회론'의 등장

1997년 총선에서 보수당 18년의 장기 집권을 종식시키면서 등장한 Blair의 '신노동당(New Labour)' 정부는 '제3의 길(the third way)'이라는 이념적·정책적 좌표를 제시하면서 2001년과 2005년의 총선에서 연이어 보수당을 누르고 정권을 유지하였다. '제3의 길'은 과거 노동당이 고수했던 전통적인 사회주의와 Thatcherism으로 대변되는 보수당 신우파 이념 간의 중도노선을 의미하는 것으로서, Thatcher와 Major 정부의 신우파 이념과 정책으로 인해 야기된 사회경제적 불평등의 심화 현상과 사회적 소수자(minorities)의 '배제(exclusion)' 현상을 되돌릴 국가개입의 필요성을 강조하되 종래 노동당 좌파의 입장과는 달리 사회구성원 개인들의 책임을 내세우고 이를 뒷받침할 정부의 교육 훈련에 대한 지원을 강조하였다(Giddens, 1998; Blair, 1998). Blair 및 Brown 정부에서 구현된 이러한 노동당의 변화는 영국의 중도 성향 유권자들이 노동당의 국정 운영능력을 신뢰하고 세 번 연속으로 총선에서 노동당이 승리할 수 있게 하는 동력이 되었다.

한편, 보수당은 1997년의 총선 패배에도 불구하고 Major 정부 당시 극심했던 당내 분열, 특히 유럽에 대한 태도를 둘러싼 분열 및 정부의 사회정책적 개입 정도에 대한 입장 차이를 극복하지 못한 채 유권자들에게 새로운 비전을 보여주지 못하고 있었고, 이는 보수당의 연속적인 총선 패배로 귀결되었다. 이미 중도 성향 유권자의 다수가 '신노동당'을 지지하고 있는 상황 하에서 유권자들의 마음을 돌이킬만한 매력적인 이념이나 정치지도자를 내세우지 못한 채 보수당은 사회정책적인 측면에서도 혼란을 보이고 있었다. 즉, 1997년의 총선 패배 이후 보수당 당수가 되었던 Hague(1997-2001), Duncan Smith(2001-2003), 그리고 Howard(2003-2005)는 임기 초반에는 사회적 하층이나 소수자에 대해 좀 더 온정적인 입장을 택했으나 당에 대한 지지가 크게 개선되지 않자 다시 Thatcherism에 기우는 태도를 보였다.

이러한 시대적 배경 하에 2005년에 새로 보수당 당수로 선출된 Cameron은 당내 이념적 갈등을 잠재우고 '신노동당'에 경도되어 있던 중도층 유권자들의 지지를 되찾기 위한 수단으로 '큰 사회론(Big Society)'을 내세웠다(Cameron, 2009). '큰 사회론' 이전 영국 보수당의 주류 이념이었던 Thatcherism은 일반적으로 신우파(the New Right)라고 불리운다. 신우파는 자유주의(liberalism)와 보수주의(conservatism)의 두 조류가 결합된 이념으로서 전자는 자유시장경제(free economy)를 강조하고 후자는 강한 국가(strong state)와 국가권위(state authority)를 강조한다. 이 두 조류는 갈등과 긴장을 야기할 수 있는 요소를 지니고 있었지만, Thatcher를 중심으로 한 보수당 정치인과 사상가들은 두 요소의 공통점, 즉 유럽 대륙과 북구권 국가들에서 주류 정치세력이었던 사회민주주의 및 미국의 뉴딜(New Deal)과 '위대한 사회(Great Society)' 프로그램을 배격한다는 점을 내세웠고, 자유시장경제 체제를 유지하기 위해서는 사회주의 이념에 의해서 훼손된 국가의 권위를 바로 세워야 한다고 주장하면서 양 요소의 조화를 모색하였다(Gamble, 1988: 27-36).

Cameron의 '큰 사회론'은 자유시장경제 체제를 강조한다는 점에서 신우파 이념을 계승한 측면이 있다. 즉 '큰 사회론' 역시 시장경제체제의 작동에 정부가 과도하게 개입하는 것을 비판하는 입장을 지니고 있다는 점에서 자유주의 이념의 한 형태라는 점을 부정하기 어렵다. 그러나 '큰 사회론'은 신우파 이념이 보수당의 주류 이념이 되기 이전의 보수당 지도 이념이었던 일국 보수주의(One Nation Conservatism)로부터도 상당한 영향을 받았다(Page, 2014; 홍석민, 2014). 일국 보수주의는 영국이 과도한 빈부격차에 의해서 분열된 국가가 되어서는 안 되며, 보수당이 빈자와 사회적 하층을 위한 정책적 노력을 기울이는데 관심을 가져야함을 강조하는 입장이다. 이러한 일국 보수주의는 제2차 세계대전 후 영국의 노동당이 내디뎠던 복지국가로의 노정에 보수당이 동참할 수 있게 했던 이념적 조류였다.

Cameron의 '큰 사회론'은 신우파 정책에 의해 심화된 영국의 빈부격차가 '신노동당'이 집권할 수 있었던 배경이 되었다고 판단하고, 일국 보수주의 이념에서 사회통합 문제에 대한 관심을 받아들였다. 그러나 '큰 사회론'이 일국 보수주의 이념과 차별화되는 점은 '큰 정부'를 통해서 사회통합 문제의 해결을 추구하는 것이 아니라 사회적 행위자들(지역사회 내 주민, 가족, 기업, 자원조직 등)의 역량제고를 통한 문제해결을 모색한다는 것이고, 이 과정에서 중앙 및 지방정부는 사회적 행위자들의 활동을 지원하는 역할에 한정되어야 함을 주장한다는 점이다. 특히 신/구 노동당 정부의 주도 하에 진행된 복지국가로 인해 중앙정부의 힘과 영향력이 과도하게 커졌으며, 이로 인해 영국은 '망가진 사회(broken society)' 상황에 놓이게 되었고, 이제 영국은 다시 지역사회와 공동체주의를 통해 사회의 부활을 모색해야 함을 강조하였다(Page, 2014; 홍석민, 2014; 허용창, 2016).

거버넌스 체제 측면에서 Cameron의 '큰 사회론'은 계층제 기제의 비중을 낮추는 대신 신우파 이념으로부터 시장 기제 요소를 흡수하고, 일국 보수주의와 '제3의 길' 이념으로부터 공동체 의식과 협력의 네트워크 요소를 받아들인 혼합 체제로 볼 수 있다. '큰 사회론'은 Thatcher와 Major 정부 하에서 이념적 스펙트럼 상 극우파의 입장에 놓여 있던 보수당을 다시 중도 우파 입장으로 이동시킴으로써 중도 성향 유권자들의 지지를 획득하려는 의도를 지녔다(홍석민, 2014: 263). 이전 당수들과 달리 Cameron은 '큰 사회론'이라는 '새로운' 이념적 또는 정책적 플랫폼을 체계화하려 노력했다는 점에서 차별화되었고, 연이은 선거패배로 위기감을 느끼고 있었던 보수당 내 파벌들도 '큰 사회론'이라는 캐치프레이즈를 수용하는 움직임을 보였다. 보수당의 안정감 회복과 노동당 정부에 대한 피로감 누적 및 2008년의 세계 경제위기 대두는 다수 유권자들로 하여금 다시 보수당 정부에 대한 기대감을 갖게 만들었고, 2010년의 총선에서 보수당은 의회 제1당의 위치를 회복하게 되었다.

II. '큰 사회론' 정책화의 방향성

'큰 사회'란 '개인과 기업, 전문가와 시민의 책임이 높아지고 사람들이 함께 문제를 해결하며 자신의 삶과 커뮤니티를 개선하고 변화의 주된 힘이 정부통제가 아닌 사회적 책임이 되는 사회'를 말한다(Conservative Party, 2010: 1; 공선희, 2015: 32). 아래에서는 '큰 사회론' 정책화의 방향성을 크게 지역사회 역량강화와 사회적 행동증진, 그리고 공공서비스 개방이라는 두 측면에서 정리한다.[3] 전자는 네트워크 요소를, 후자는 시장 요소를 대변한다.

먼저 '큰 사회'는 지역사회 역량강화(community empowerment)라는 방향성을 지녔다. Cameron을 비롯한 '큰 사회'의 주창자들은 Thatcher임과 신우파 사상가들에 의해서 그 의의와 중요성을 인정받지 못했으나 19세기 이래 실제적으로 일자리 창출과 사회복지서비스의 제공 측면에서 핵심적인 역할을 수행해 온 지역사회(community)의 의미를 다시 부각시키고 그 역량을 강화해야 한다고 주장하였다. 전통적으로 영국은 시민계급의 성장과 더불어 체계화된 자유주의 사상의 출발지였고, 영국 자유주의 사상은 개인의 책임의식과 자조(self-help) 정신을 주요한 가치로 내세웠다. 그리고 이러한 자조 개념이 개인의 수준을 넘어서는 문제의 해결에 적용될 때 공동체로서의 지역사회 수준의 자조로 확장되었다. 제2차 세계대전 후 복지국가의 성장과 더불어 공동체의 수준이 국가로까지 확장되는 역사적 경험을 가졌지만, 자유주의 사상의 출발지였던 영국에서 지역사회의 의미는 사실상 훼손되지 않았고, 이는 개인 수준의 책임과 자조를 강조했던 보수당의 신우파 정부를 거쳐 Cameron 정부에서 다시 각광을 받게 된 것으로 해석될 수 있다.[4]

이러한 맥락에서 '큰 사회' 주창자들은 중앙으로부터 지방으로, 정부로부터 지역사회로의 권한 이양을 주장하였다. 그들은 또한 지역사회 시설과 서비스(공원, 도서관, 우체국, 운송, 펍과 숍 등)의 운영을 지역사회 내 각종 단체에게 맡길 수 있는 가능성을 수용하는 등 지역사회 내의 주민, 가족, 단체들이 지방정부와 협력해서 자신들의 문제에 스스로 대처해나갈 것을 강조하였다(Deas, 2012).

'큰 사회' 주창자들은 지역사회의 자조역량을 강화하는 수단의 하나로서 지역사회 주민들의 사회적 행동 증진(promoting social action)을 촉진하고자 하였다. 이에 그들은 지역사회 활동가들(community organisers)을 선발·양성·지원하고자 하였고, 특히 지역사회의 문제에 무관심한 10대 청소년들과 낙후된 지역사회에 우선순위를 두고 근린집단

---

3) 이 절의 내용은 공선희(2015: 32-35)를 토대로 함.
4) 특히 '큰 사회론'은 광역(region)보다 기초(local) 수준의 지역사회를 강조하였다.

(neighbourhood groups)을 창출하고자 하였다.

다음으로 '큰 사회'는 공공서비스의 개방(opening up public services)을 지향하였다. 정부를 포함한 공공부문의 개혁에 대한 관심은 Thatcher의 신우파 정부 이래로 계속되어 왔는데 Cameron 등 '큰 사회'의 주창자들은 이를 다시 사회 부문 행위자들의 공공서비스 참여 강화의 측면에서 재해석하고, 몇몇 새로운 요소를 포함시켰다.

〈표 7-1〉 지방주의법에서 구체화된 지방분권정책 실행방안

실행방안	내용
지방정부의 책임과 의무 강화	- 중앙정부가 지역발전의 목표를 하향식으로 마련하거나 각종 지방행정의 기준을 제시하기보다는 각 지방정부가 스스로 책임과 의무를 가지고 자체 규율하는 시스템을 갖추도록 하여 지역주민들이 선출직 공무원을 직접 통제하도록 함. 이를 위해 지방의회 의원(councillor)들이 지역발전 문제를 책임지도록 함.
지방정부와 지역사회에의 권한 이양	- 지방정부에 대하여 법률이 특정하여 금지하지 않는 한 지역과 관련된 어떠한 일도 할 수 있도록 권한과 책임을 확대함. 법률에 의하여 한정된 권한만 행사해 왔던 지방정부에 대하여 지역사회 문제 전반을 다룰 수 있는 법적 권한(general power of competence)을 포괄적으로 부여함. - 근린구역계획(neighborhood plans)과 관련하여 지역주민들이 지역사회의 발전을 설계할 수 있도록 도시지역계획시스템을 개혁함.
지방재정에 대한 주민통제 강화	- 중앙정부에서 지방세(council tax)의 상한선을 설정하는 제도를 폐지하고, 대신에 지역주민들이 일정한 범위를 초과하는 지방세 세율 인상에 대하여 거부권을 행사하도록 함. - 지방정부가 사업용 부동산의 재산세에 대한 감면 권한을 갖도록 하여 개별 지방정부의 지역경제 실정에 따라 이를 활용할 수 있도록 함. - 특히 지역사회 기반시설 부담금의 일정 부분을 해당 지역에 투자하도록 함.
공공서비스 공급의 다양화	- 지역사회의 각종 단체들에게 지역의 공공서비스를 제공하는 주체가 되기 위한 도전 권한(community right to challenge)을 부여함. - 단체들에게 지역 내 자산을 취득할 권한(community right to buy)을 부여하고 그 자산을 기초로 다양한 서비스를 제공하도록 함.
지방재정 정보의 공개 확대	- 지방정부는 매년 주요 재정 관련 정보를 공개하도록 함. - 중앙정부는 통합정보시스템(combined online information system)을 통해 재정지출 관련 세부사항을 공표하고 있으며, 각 중앙 부처가 25,000파운드 이상의 지출항목에 대한 자료를 공표하도록 의무화함. - 지방정부도 500파운드 이상의 모든 지출 항목에 대하여 이를 공표하도록 하며, 재정지출 관련 정보 외에 공공분야의 계약, 보수, 인력충원 등에 대한 정보도 함께 공개하도록 함.
지역주민에 대한 책임성 강화	- 지역 내 이슈와 관련하여 지역주민들에게 주민투표(local referendum)를 발의할 수 있는 권리를 부여함. - 대도시 중심 지역에서 직선제 시장을 선출할 수 있도록 함.

출처: 김렬(2012: 607); 황기식(2015: 297-298).

일단 '큰 사회' 주창자들은 공공서비스가 여전히 비효율적이고 불공평하게 제공되고 있다고 주장하면서, 사회 부문의 행위자들(자원조직, 사회적 기업, 조합, 민간 기업 등)이 서비스 생산에 참여할 수 있는 제도적 장치를 확대하고자 하였다. 다양한 행위자들이 경쟁적 입찰과정에 참여함은 물론 실적 공개를 통해 서비스에 대한 합리적 가격을 책정하고, 이용자들의 선택권을 더욱 늘려나가고자 하였다.

또한 공공부문 근로자들이 협동조합(employee-owned cooperatives)을 설립해서 공공서비스 제공에 참여할 수 있는 가능성을 열었으며, 사회적 기업의 공공서비스 참여를 독려하고자 하였다. 즉, 창업자금 제공, 정부와의 계약체결에 필요한 지원과 인센티브 제공, 사회적 시장(social market) 형성을 지원할 대규모 펀드의 조성 및 이를 위한 은행과 캐피탈사의 설립을 통해 사회적 기업을 포함한 다양한 지역사회의 단체들이 공공서비스 제공과 사회적 활동에 참여할 수 있는 기회를 확대하고자 하였다(공선희, 2015: 34-35).

이상 정리한 '큰 사회' 이념 정책화의 방향성은 Cameron 정부 하에서 2011년 11월에 의결된 지방주의법(Localism Act)에 반영되었다. 지방주의법은 총 6개 영역— 지방정부의 책임과 의무 강화, 지방정부와 지역사회에의 권한 이양, 지방재정에 대한 주민통제 강화, 공공서비스 공급의 다양화, 지방재정 정보의 공개 확대, 지역주민에 대한 책임성 강화 —에서 지방정부 및 지역사회 공동체의 권한강화 방안을 표명하고 있다(표 7-1).

III. '큰 사회론' 정책화의 주요 내용과 실제

Cameron 정부에서 정책화된 '큰 사회' 프로그램은 당초의 이념적 입장을 구현한 측면과 더불어 정부 부채와 재정적자의 급증이라는 정책 환경에 의해 굴절됨으로 인해 1980~90년대 신우파 정부의 프로그램과 매우 유사해진 측면을 지닌다. 즉, 공동체 의식과 파트너십에서 발견되는 네트워크 요소의 비중은 기대만큼 확장되지 않은 반면, 신우파 이념에 토대를 둔 시장 기제가 크게 부각되는 현상이 나타났다. 아래에서는 이에 대해 지역개발정책과 사회서비스정책의 두 부분으로 나누어 살펴본다.

1. 지역개발정책

Blair의 노동당 정부는 계층제와 시장이라는 전통적인 거버넌스 체제 뿐 아니라 상대적으로 새로운 네트워크 형태의 거버넌스 체제 구축에 상당한 관심을 기울였으며, 이러한 네트워크 접근 방식을 지역개발의 영역에도 활용하고자 하였다. 영국은 전통적으로 중앙정부의 역할과 영향력이 중심이 되는 체제를 운영해 왔으며, 지방정부의 역할은 중앙정부를 지원하는 데 한정되었다. 노동당 정부도 중앙정부의 영향력은 유지하되 1980년대 이후 높아지고 있던 분권에 대한 요구를 수용하여 지방분권의 형식을 강화하는 전략을 모색하였다. 즉, 잉글랜드의 광역 수준에서 분권적 성격을 지닌 경제개발기구인 지역개발기구(RDAs: Regional Development Agencies)를 설치하였다.[5] 이 기구들의 주된 임무는 해당 지역의 투자확대와 고용기회 창출 등과 같은 지역경제 활성화였다. RDA는 기존에 중앙정부의 지역 단위 사업을 중개하던 지역청(Government Offices for the Region)의 관할 구역을 토대로 설치되었으며, 지방정부와 기존의 다양한 지방 Quangos(Quasi-autonomous non-government organizations) 및 중앙정부의 지역청 등의 업무를 파트너십의 형태로 통괄하는 법적 기구로서 지역 차원의 재정적 재량권과 계획권 및 집행권을 부여받았다.

Cameron 정부는 지역사회 자원부문의 역할을 강조했다는 점에서 '신노동당'의 관심사를 계승했다고 볼 수 있다. 그러나 Cameron 정부는 노동당 정부에서 채택되었던 핵심적 지역개발정책들을 폐지하였다. 무엇보다도 연립정부는 RDA를 폐지하고 그 기능의 일부를 지방산업협의회(LEP: Local Enterprise Partnership)에 이관하였으며(김재홍, 2011: 187), 중앙정부 지역청도 폐지하였다(Cabinet Office, 2010: 12). 또한 Cameron 정부는 광역정부의 기초지역 통제를 비판하고, 지역개발정책의 공간단위도 광역(region) 대신 기초(local)를 중심으로 재편하였으며, 중앙정부가 행사하던 지역개발 권한과 재원의 지방이양을 통해서 지역의 자율성을 강화하였다. 즉, 연립정부는 지방정부와 지역사회 단체들에게 재정적 자율권을 중심으로 한 권한이양을 추진하였고, 지방의회(local councils)에게 주택과 기획에 관한 의결권을 되돌렸으며, 주요 대도시 시민에게 시장 직접 선출권 부여방안을 추

---

5) 스코틀랜드와 웨일즈에는 이미 스코틀랜드개발청(Scotland Enterprise) 및 웨일즈개발청(Wales Development Agency)과 같은 지역개발기구가 설치되어 있었으며, 이의 기능강화가 추진되었다.

진하였다(황기식, 2015: 287-288; Cabinet Office, 2010: 11-12).

지역개발을 위한 재원과 관련해서 Cameron 정부는 '빅소사이어티 캐피탈'과 '빅소사이어티 은행'을 설립하였다. 빅소사이어티 은행은 주로 사회적 기업과 자원조직을 포함하는 자원부문에서 전체 자금의 흐름을 증가시키기 위해 설립되었으며, 빅소사이어티 캐피탈은 사회적 경제의 발전을 지원하기 위해 설치되었다. 특히 후자는 2012년 4월에 6억 파운드(한화 약 1조 원)의 기금이 조성되어 출범한 사회투자기금으로서 휴면예금, 영국 4대 은행, 빅소사이어티 재단 등을 통한 기부금으로 운영되는데, 사회적 기업과 협동조합 등 개발기관에 직접 자금을 지원하는 방식이 아니라 사회투자전문기관을 통해 지원하는 방식으로 운영되도록 설계되었다. 기금의 조성은 정부 주도에 의했으나, 운영은 민간에 의해 전문적이고 공정하게 관리될 것으로 기대되었다(황기식, 2015: 297-300).

그러나 이와 같은 Cameron 정부의 지역개발정책은 연립정부가 직면했던 재정적자 문제에 의해 그 취지의 실현에 상당한 제약을 받게 되었다. 노동당의 Brown 정부는 2008년에 발생한 세계 경제위기(the Great Recession)에 대처하기 위해 재정지출을 확대하였고 이에 따라 재정적자와 정부 부채가 늘어나는 상황에 처하였다. 2000~2007년간 -1.85%에서 3.3% 수준에 머물던 GDP 대비 정부 재정적자 비중이 2008년부터는 6%를 넘기 시작해서 2010년에는 10.2%에 이르렀고, GDP 대비 정부 부채의 비중도 2000년대 초반의 30% 정도에서 2010년에는 61.7%까지 늘어났고, 2011년에는 80%를 넘어섰다(권혁주, 2010: 32-33; 최영준·이승준, 2017: 14).

이러한 상황에서 집권했던 연립정부는 자신들의 정책비전과 프로그램을 보고하는 문건(The Coalition: Our Programme for Government)에서도 정부 부채의 삭감과 이와 병행하는 경제회복을 가장 시급한 쟁점으로 보았고, 부채 삭감은 세금증액보다 지출감소를 통해서 추진할 것임을 천명하였다. 또한 정부지출에 대한 전반적인 재검토를 실시하고 정부의 모든 수준에서 강력한 재정적 규율을 적용하고자 하였다(Cabinet Office, 2010: 15-20). 이에 따라 연립정부는 총 공공예산 중 800억 파운드, 사회복지 재원 중 180억 파운드의 지출을 삭감하였는데 이는 전체 예산의 27%에 해당하는 것으로서 공공부문에서 50만 여 일자리가 사라지는 효과를 낳을 것으로 관측되었다.[6] 결국 이러한 상황의 전개는 '큰 사회

---

6) Cameron 정부 긴축재정에 대한 좀 더 자세한 내용은 아래의 사회서비스정책 부분에서 제공될 것임.

론'이 경제위기 회복의 책임을 민간에 떠넘기기 위한 수단에 불과하다는 비판으로 귀결되었다(황기식, 2015: 292, 296).

실제로 '큰 사회' 프로그램의 핵심인 권한 이양은 추가 재원의 지원이 아니라 공공지출(국가 수준 정책 프로그램 운영재원, 중앙으로부터 지방기관으로의 재정지원 등)의 삭감이 주요 정책수단이었고, 이로 인해 도시 지역사회의 재생 프로그램 운영이 상당히 불안정해졌다. 이러한 상황에 대해 연립정부는 노동당 정부에서 국가 관료제 중심으로 추진되던 지역개발 사업이 비효율적이었기 때문에 지방정부와 기관들이 주도적으로 사업을 추진하게 되면 이 문제를 어느 정도 해소할 수 있다고 보았고, 정부 역할이 축소되는 부분은 지역사회 행위자들이 자발적이고 상향적으로 개발하는 재생 프로그램들이 상당 부분 감당할 수 있다는 논리를 제시하였다. 연립정부는 2011년에 '큰 사회 선도 사업(a Big Society Vanguard initiative)'을 추진했는데, 이 사업은 네 개의 시범지역을 대상으로 각각 10만 파운드 상당의 종자형 기금을 제공하고 새로운 지역사회 주도의 재생 사업을 개발하도록 유도하는 것이었다. 그러나 기본적으로 정부의 지출 삭감이 너무 큰 상태에서 사업의 추진을 감당하기 힘들어진 한 지역이 선도 사업에서 탈퇴하는 사건이 발생하였고, 이 사건은 '큰 사회' 지역개발의 실행이 쉽지 않은 작업이었음을 보여주는 사례가 되었다(Deas, 2012: 5-6).

지역사회의 부활을 통해 영국 사회가 직면해있던 양극화와 사회분열 등의 다양한 문제들을 해소·완화하고자 했던 Cameron과 '큰 사회' 주창자들은 신우파 사상가들과 차별화된 나름의 정책 플랫폼을 구축하고 다수 영국 유권자들의 지지를 획득해 냈다는 점에서 일정 부분 독창적인 이념적·정책적 영역을 개척했다는 점을 인정받을 수 있다. 그러나 정부 재정 위기라는 정책 환경의 압도적인 영향 하에서 연립정부가 가장 우선적으로 실행에 옮겨야 했던 정책은 대대적인 정부지출의 삭감이었으며, 이는 결과적으로 Thatcher 정부가 추진했던 신우파 정책의 주요 내용과 구별하기 어려운 것이었다. 그리고 이러한 상황은 지역개발정책 뿐 아니라 사회서비스정책 영역에서 잘 드러났다.

2. 사회서비스정책

1) Cameron 정부 사회서비스정책의 주요 내용

Cameron 정부가 중도 성향 유권자의 표심을 얻기 위해 사회정책에 대한 관심을 높였음은 앞에서 언급했던 바와 같다. Cameron 정부는 이러한 관심사를 자유주의 이념의 언어로 표현하였다. 즉, 연립정부는 '누구나 출신 배경에 구애받지 않고 재능과 열망에 따라 일어설 수 있는, 사회적 이동에 제한이 없는 영국'을 비전으로 제시하고 이를 위한 전면적인 복지·조세·교육 개혁을 천명하였다(Cabinet Office, 2010: 7; 최영준·이승준, 2017: 15).

이를 위해 먼저 노동·복지 부문에서는 공정(fairness)과 책임(responsibility)을 강조하였다. 즉, 구직자들에 대해서는 취업의 기회만을 보장하는 것을 넘어서 교육·훈련 기회와 일자리를 제공함으로써 취업의 가능성을 높여야 함을 인정했고, 이를 위한 서비스 아카데미(Service Academies)의 설립을 추진했으며, 이와 병행해서 실업자들이 기술, 기회, 접촉과 상호지지의 경험을 얻을 수 있는 지역근로자클럽의 개발도 추진하였다. 또한 창업을 희망하는 이들에게는 멘토와 창업자금 대부를 통해 그 가능성을 높이고자 하였다. 그러나 이와 같은 '공정'을 위한 조치와 더불어 구직자들의 '책임'을 요구하는 조치도 내세웠는데, 적절한 근로와 훈련의 기회를 수용하지 않은 이들에게는 제재를 가하도록 한 것이 대표적이다(Cabinet Office, 2010: 23-24).

공정과 책임을 토대로 한 이상의 조치들은 상당 부분 '신노동당' 정부에서 추진했던 사회정책 프로그램들과 유사하다는 평가를 받을 수 있다. 따라서 연립정부는 '신노동당'과 차별화되기 위한 노력을 기울였다. 즉, 연립정부는 노동당 정부에서 시행되었던 다양한 근로연계복지(welfare to work) 프로그램들을 모두 폐기하고 새로운 단일의 근로연계복지 프로그램을 개발·적용하였으며, 구직수당(Jobseeker's Allowance) 요청자들이 봉착해 있는 취업 장애요인에 대한 조사결과를 '신' 근로연계복지 프로그램에 반영하고자 하였다. 또한 근로연계복지 서비스 제공기관들(정부와 계약한 기관들)의 실제 취업성과에 따라 계약을 재조정하고자 하였다(Cabinet Office, 2010: 23).

의료·보건 부문에서 Cameron 정부는 '신노동당' 정부에서 폐지되었던 신우파 정부정책을 일부 복원하고 새로운 요소를 추가하였다. 즉, 의료서비스 이용자인 환자에게 자신의 주치의인 일반의(General Practitioners) 선택권을 부여하였는데, 이때 선택 기준에 주거지역의 제한을 두지 않음으로써 환자의 선택권을 확장하였으며, 긴급 환자들이 IT 기술의 지원이나 업무 시간 외의 의료지원을 통해서 의료서비스를 받을 수 있도록 하였다. 나아가 환자에게 의료보호 제공기관을 선택할 권한도 부여하였는데, 이 의료보호 제공기관의 범주에 독립적·자원적인 지역사회 기반 제공기관이 포함되도록 함으로써 국가보건의료서비스(National Health Service: NHS)의 외연을 넓히려는 의도를 보였다.[7] 또한 환자들에게 병원과 의사로부터 제공받은 서비스의 질적 수준을 평가할 수 있는 권한을 부여함으로써 의료서비스의 수준을 제고하고자 하였고, 온라인상에 의료 관련 정보의 공개를 추진하였으며 이를 위해 주요 지표(예컨대, 주요 질병 생존율 등)의 측정을 시도하였다. 한편, 제한된 재원 사용의 효율성을 높이려는 취지로 NHS의 관리에 소요되는 비용을 획기적으로 줄이고(기존 비용의 1/3 감축), 절감된 비용을 일선 전문 인력(의사, 간호사)에게 제공하도록 하였으며, 이를 통해 전문 인력의 작업 환경 통제력과 자율성을 높이도록 유도하였다(Cabinet Office, 2010: 24-26).

의료·보건 부문 관리체제 측면에서는 독립된 NHS 위원회(NHS board)를 설립해서 의료 자원의 배분이나 가이드라인의 제공을 담당하도록 하였고, 의료·보호 질적 수준 관리위원회(the Care Quality Commission)의 역할을 강화해서 의료접근·경쟁·가격설정 등의 측면에 대한 감독을 통해 적절한 규제를 유지하고자 하였다. 또한 의료·보건 부문 의사결정에서 환자들의 목소리가 대변될 수 있도록 하기 위해 지방기초건강보호트러스트(primary care trust: PCT)[8]의 위원회에 임명직 인사 뿐 아니라 주민들에 의해 선출된 인사들이 배치될 수 있도록 하였다(Cabinet Office, 2010: 24).

돌봄 서비스 부문에서 Cameron 정부는 기본적으로 신우파 정부와 '신노동당' 정부의 유산을 유지함과 더불어 '큰 사회론'의 취지를 반영하려는 접근을 취하였다. 복지국가화

---

[7] 그동안 NHS와의 연계가 제한적이었던 민간병원들에게도 문호를 개방하였다. 이는 의료서비스를 제공할 의지가 있는 공급자는 누구라도 서비스를 공급할 수 있도록 하겠다는 의도였으며, NHS 병원을 민간병원과 경쟁하도록 하겠다는 것이었다(최종호, 2015: 202).

[8] NHS 체제의 구성요소 중 하나로서 의료서비스 제공기관들의 기초의료, 지역사회의료, 이차의료 서비스의 제공을 관장하는 책임을 지고 있었던 관리기관이다. 전체적으로 PCTs는 NHS 예산의 80%에 해당하는 지출의 관리를 책임지고 있었다. 그러나 이 기관은 2013년에 폐지되었고 관장하던 업무는 후속기관(clinical commissioning groups)에 이관되었다.

가 진행되었던 1970년대까지 돌봄 서비스는 지역사회 내에서 제공되었지만, 서비스 제공의 책임은 근본적으로 국가에 있는 것으로 이해되었고, 이러한 접근방식은 '지역사회 내의 돌봄(care in the community)'으로 불리었다. 그러나 신우파 정부가 집권했던 1980년대 이후 돌봄 서비스 제공에 소요되는 비용의 증가에 상당한 부담을 느꼈던 중앙정부는 돌봄 서비스 제공의 1차적 책임을 지방정부에 넘김과 더불어 지방정부의 역할을 직접적인 서비스 공급자(provider)가 아니라 구매자(purchaser) 또는 주선자(enabler)에 한정하는 방향의 변화를 추진하였다. 즉, 실질적인 서비스의 제공은 유사시장(quasi-market)에서 민간기관들이 담당하도록 하면서 서비스 제공기관들 간의 경쟁을 조장하고 서비스 이용자의 선택권을 제고하는 방향으로 변화를 모색하였다. 이러한 변화는 '지역사회 내의 돌봄'으로부터 '지역사회에 의한 돌봄(care by the community)'으로 개념의 변화가 나타났음을 의미했으며, 지역사회 스스로 자신의 문제를 해결하도록 유도하는 것으로 해석될 수 있었다. 이러한 체제는 '신노동당' 정부에서도 지속되었다(Glennerster, 1995: 208-209; 김성이 외, 1997: 111-114; 이영찬, 2000: 411-423).

　Cameron 정부는 2012년의 백서(Caring for our Future)에서 위의 체제에 나름의 보완을 시도하였다. 기본 정향은 공식적인 돌봄과 지원을 최소화하는 것과 돌봄과 지원에 대한 개인의 통제권을 강화하는 것이었다. 즉, 돌봄 서비스 부문에서 '큰 사회' 이념은 돌봄 지원을 감축하고 개인의 자율성과 선택 및 삶에 대한 통제권을 강조하는 접근으로 해석되었다. 결과적으로 Cameron 정부에서 지역사회 기반의 서비스(community-based services) 중에서 '자기주도의 지원(self-directed support: SDS)' 서비스의 비중이 크게 높아졌다.[9] 이 SDS는 현금 지급과 시에서 조정하는 서비스 중의 하나를 선택하거나 둘을 모두 지원받을 수 있는 것으로서 서비스 이용자의 선택권을 최대한 보장하는 방식으로 여겨졌다.[10] 병행해서 돌봄 서비스에서 직접적인 서비스의 제공이 일부 줄고 현금 급여가 늘어나는 방향으로 변화가 나타났는데[11] 이 또한 서비스 이용자의 선택권과 자원이용의 효

---

[9] 2011년 45.3%, 2012년 57.9%, 2013년 63.1%(HSCIC, 2014: 34; 공선희, 2015: 41에서 재인용).

[10] 자산조사와 욕구사정을 거치는 대신 이용자 스스로 서비스를 결정하고 선택하는데 초점을 둔 것으로 평가되었다.

[11] 2013/14년 커뮤니티 서비스 이용자(1,052천명) 중 현금지급(direct payments)이 차지하는 비중은 14.7%로 전년 대비 5% 상승하였다(공선희, 2015: 42).

율성을 높이는 것으로 주장되었다(Dept. of Health, 2012; 공선희, 2015: 37, 40-43).

2) Cameron 정부 사회서비스정책의 실제

위에서 정리한 Cameron 정부 사회서비스정책의 취지는 연립정부가 최우선 과제로 내세운 정부 부채의 삭감 노력으로 인해 크게 영향을 받았다. 2009/10년을 기준으로 할 때 영국 정부지출의 약 42%가 보건·복지부문에 사용되었고, 교육부문까지 더하면 이 수치는 53%에 이르렀다. 따라서 정부 부채의 삭감을 위한 지출 축소는 사회서비스 부문에 상당한 영향을 미치게 되었다.

Cameron 정부는 자산조사 급여나 노동시장에 관련된 급여를 삭감하였다. 특히 통합급여(universal credit)를 도입해서 기존의 복지 급여체계를 단일화하고, 수급조건을 더 엄격하게 하였으며, 소득 보조를 받는 이들의 수를 줄이고자 하였다. 통합급여는 취업 유무와 관련 없이 조건에 부합하는 이들 모두를 대상으로 하였으며, 근로세액공제, 아동세액공제, 주택급여, 소득보조, 구직자 수당 중 자산조사형 급여와 고용·지원 수당을 모두 대체하는 것이었다. 연립정부는 급여제도의 단순화를 통해 행정 비용 뿐 아니라 복지 프로그램 관련 급여를 전반적으로 절감하고자 하였다. 연립정부가 복지 급여 절감을 위해 적용한 수단들은 구체적으로 근로계층 급여에 관련된 지수를 소매물가지수에서 소비자물가지수로 전환, 근로세액공제의 삭감, 근로계층에 대한 복지급여의 한도(cap) 적용 및 기타 급여의 인상률 조정, 아동수당의 동결(2011~2014년), 고소득층(연간 5만 파운드 이상의 소득자)에 대한 아동수당의 감액 및 중단 등이었다(최영준·이승준, 2014: 15-16).[12]

이러한 조치들로 인해 2010년 이래 영국의 GDP 대비 사회서비스 지출은 정체되거나 감소하는 추세를 보였다(표 7-2 참조). 2010년도에 최고(23.7%)에 이르렀던 사회서비스 분야 지출 비중은 2013년에 이르러 22.8% 대로 떨어졌고, 보건, 가족, 적극적 노동시장, 실업 등의 분야에서 감소폭이 컸으며, 노령, 유족, 장애, 주거 등의 분야에서도 정체 상태를 보였다. 감소폭이 컸던 분야 중 보건에서는 NHS의 매년 예산에서 4%를 감축하였다. 또

---

12) 한편, 18세 이상 성인에 대한 돌봄 서비스 분야에서 영국 지방정부의 지출은 2010/11년에서 2012/13년 사이에 8%가 하락했고, 특히 노인 돌봄에 대한 지원은 감소폭(12%)이 더 컸다(공선희, 2015: 37).

한 공정(fairness)의 가치 하에 교육·훈련 기회와 일자리 제공을 내세웠던 적극적 노동시장 정책 분야에서 지출증가가 아니라 상당한 지출감소(2010년 0.4%에서 2013년 0.2%)가 있었고, 실업 분야의 지출도 감소(2010년 0.5%에서 2013년 0.4%)되었다는 점은 연립정부가 내세웠던 비전과 실제 간에 괴리가 있었음을 보여준다.

〈표 7-2〉 영국의 사회서비스 분야별 정부지출의 변화(GDP 대비 %)

구분	1995	2000	2005	2010	2011	2012	2013
노령	5.3	5.6	6.1	7.2	7.2	7.4	7.3
유족	0.3	0.3	0.2	0.1	0.1	0.1	0.1
장애	2.8	2.4	2.2	2.1	2.1	2.1	2.1
보건	5	5.3	6.3	7.5	7.3	7.2	7.1
가족	2.2	2.6	3.0	4.0	4.0	4.0	3.8
적극적 노동시장	0.4	0.2	0.4	0.4	0.2	0.2	0.2
실업	1.1	0.5	0.5	0.5	0.5	0.5	0.4
주거	1.7	1.4	1.3	1.4	1.4	1.5	1.4
기타 사회서비스 정책	0.1	0.2	0.2	0.5	0.5	0.5	0.4
총지출	18.9	18.5	20.2	23.7	23.3	23.5	22.8

출처: OECD(2017); 최영준·이승준(2017: 19)에서 재인용.

실제로 사회서비스 분야 정부지출 감소로 인해 영국 사회의 빈곤율이 높아지는 추세가 발견되었다. 2011/12년도 이래 자녀가 없는 근로세대의 빈곤율은 14~15% 정도로 유지되고 있으나 자녀가 있는 근로세대의 빈곤율은 2011/12년의 15%에서 2015/16년에는 17%로 증가하였다. 또한 2015/16년도에는 홈리스(homeless) 가구가 전년 대비 6% 증가된 5만 8천여 가구였으며, 28만여 가구가 홈리스 이슈로 지방정부에 도움을 구하였고, 매일 약 4,000명 이상이 노숙을 하고 있는 것으로 나타났다(최영준·이승준, 2017: 20-22).

NHS에서는 재정 절감이 계속되었고, NHS의 민영화가 현실화될 수 있다는 우려로 인해 상당한 논란이 야기되었다. NHS의 재정 절감과 더불어 NHS에 시장과 경쟁의 논리를 도입하려는 Cameron 정부의 정책은 영국 사회 내에 광범위한 반발을 불러일으켰으며, 2015년의 선거에서도 NHS의 변화에 대한 여러 문제가 제기되었다. 그러나 연립정부는 NHS '개혁정책'을 강력하게 추진하여 법안을 통과시켰고, 2015년 총선에서 보수당이 승리를 거둠으로 인해 NHS의 변화는 계속 진행되고 있다(최종호, 2015: 202). 실제 영국의 Bath시와 North Somerset주 동북 지역에서 교통·통신 분야 대기업인 Virgin사가 7년 계약을 체결하고 보건의료 서비스와 돌봄 서비스를 제공하는 사건이 나타났고, 이러한 현상을 둘러싸고 찬반 주장이 부딪치고 있다(최영준·이승준, 2017: 24-25).

돌봄 서비스 분야에서도 예산의 축소로 인해 서비스 대상자가 줄었다. 특히 돌봄 서비스를 받고 있는 이들 중 노인은 2008/09년도에 210만 명이 넘었지만, 2013/14년도에는 약 85만 명으로 크게 줄어들었다(최영준·이승준, 2017: 23). 또한 지방정부 지원의 케어 패키지를 제공받은 성인은 2008년 178만 2천 명이었으나 2013/14년에는 127만 3천 명으로 29%가 감소했고, 65세 이상 노인의 감소폭(30%)이 나머지 성인의 감소폭(26%)보다 컸다. 이러한 변화는 기존 노인 이용자 중 더 이상 서비스를 이용하지 못하는 이들이 증가하고, 이에 따라 비공식 돌봄 서비스 제공자들(가족, 친구 등)의 부담이 증가하고 있음을 의미한다(공선희, 2015: 38-39). 비공식 돌봄 서비스 제공자의 수는 2007/08년 약 460만 명에서 2012/13년에는 약 550만 명으로 증가하였다. 특히 근로 연령층에서 비공식 돌봄 인력의 증가가 커서 이들이 경제활동을 하는 데 상당한 지장이 발생하고 있는 상황이다(최영준·이승준, 2017: 23).

Cameron 정부가 내세운 '자기주도의 지원(SDS)'은 실제에 있어 지방정부가 돌봄 욕구에 대한 공식적 사정보다 점점 더 간소화된 대응으로 노인들의 욕구를 처리하는 방식으로 나타났다. '신노동당' 정부에서는 돌봄 욕구를 호소하는 최초 접촉자의 절반 이상(2008년 53%, 2009년 52%)이 공식적인 욕구 사정으로 이어졌으나 연립정부 하에서는 2013년의 경우 46%만이 공식적인 욕구 사정으로 이어졌다. 나머지(54%)는 사회복지사의 방문이나 사정 등 추가 작업이 생략된 채 최초 접촉 시점에서 일반적인 수준의 요구사항 처리를 제공받거나 단기 집중서비스를 지원받았다. 이러한 변화는 자연스럽게 돌봄 서비스 분야에서 공공부문의 역할이 축소되고, 영리부문의 성장과 시장구매 돌봄 서비스의 비중이 높아지는 결과를 가져왔다. 특히 케어 홈이나 요양원 같은 시설보호 분야에서 이러한 경향이 두

드러져서, 시에서 운영하는 시설은 2009년의 9%에서 2014년의 4%로 줄어든 반면 민간부문이 운영하는 시설은 2009년의 61%에서 2014년의 65%로 증가하였으며, 대규모 민간 사업자들이 지역사회보호 서비스 시장을 지배하는 현상이 나타났다. 이에 따라 돌봄 서비스를 구매할 수 있는 경제력의 차이에 따라 서비스의 질적 측면과 비공식 돌봄 측면에서 상당한 차이가 나타나고 있다(공선희, 2015: 40-45).

IV. 결어

 2005년 보수당의 당수로 선출된 Cameron은 중도 성향 유권자들의 지지 회복과 분열된 보수당의 통합을 염두에 두고 '큰 사회론(Big Society)'을 제시하며 2010년 총선에서 승리함으로써 자신의 정치적 이념과 정책 아이디어를 실행에 옮길 수 있는 위치에 오를 수 있었다. '큰 사회론'은 신/구 노동당 정부의 주도 하에 진행된 복지국가로 인해 중앙정부의 힘과 영향력이 과도하게 커졌으며, 이로 인해 영국은 '망가진 사회(broken society)' 상황에 놓이게 되었고, 이제 영국은 다시 지역사회와 공동체주의의 회복을 통해 사회의 부활을 모색해야 함을 강조하였다. 그리고 '큰 사회론'의 구체적인 정책화 방향성은 지역사회의 역량강화와 사회적 행동증진 및 공공서비스의 개방으로 제시되었다. 이는 시장과 네트워크 요소의 비중이 강화되는 반면에 계층제 요소의 비중은 낮추는 거버넌스 체제로의 변동을 시향하는 것으로 이해되었다.

 그러나 2008년부터 대두된 세계 경제위기(the Great Recession)와 노동당 정부가 이에 대응하는 가운데 심화된 정부 부채와 재정적자의 급증이라는 정책 환경의 변화 상황 하에서 Cameron 정부는 당초의 이념과 정책 아이디어를 상황에 부합하는 방향으로 해석하였는데, 이는 정부지출의 삭감, 지방정부와 지역사회로의 문제해결 책임의 이전, 그리고 민간기관 간의 경쟁에 토대를 둔 공공서비스의 제공이었다. 그러나 네트워크 요소의 축소와 병행된 정부지출의 급격한 삭감, 지역사회 자체적인 문제해결, 공공서비스의 민영화 추진 등은 사실상 신우파 정부에서 추진했던 정책 아이디어와 구별되기 어려운 것이었다.

특히 사회서비스정책 분야에서의 과도한 지출 삭감은 빈곤율의 증가와 홈리스 가구의 증대, NHS 민영화와 관련된 사회적 찬반논란의 지속, 공식적인 돌봄 서비스 양과 질의 감소, 비공식 돌봄 서비스의 증가와 경제력 차이에 따른 돌봄 서비스의 차등화 현상 등 여러 측면에서 부정적 효과를 가져왔다. 또한 이러한 현상은 '큰 사회'의 실현이라기보다 자칫 사회계층의 고착화와 계층 간의 갈등이 격화되는 '분열된 사회'로 나아갈 위험성을 높였다.

'큰 사회론'에도 불구하고 Cameron 정부는 유럽연합(EU)에 대한 영국 국민의 상충된 태도 및 보수당 내 갈등 상황을 극복하지 못한 채 2016년 6월에 영국의 EU 탈퇴(브렉시트: Brexit) 여부에 대한 국민투표를 실시하였고, 브렉시트 찬성이 다수로 나타난 투표 결과에 책임을 지고 Cameron은 수상직에서 물러났다. 이후 보수당은 May 수상을 거쳐 2021년 현재 Johnson 수상을 수장으로 하는 정부를 운영하고 있다. 앞으로 우리는 Johnson 정부 및 이후의 영국 정부들이 이념, 계층, 지역, 인종, 민족, 연령 등 여러 균열요소에 의해 분열 양상을 보이고 있는 영국 사회를 어떻게 통합해 나가고자 하는지를 관찰하고 우리에게 주는 시사점을 모색할 필요가 있을 것이다.

참고 문헌

공선희. (2015). 영국 캐머런 연립정부의 '큰 사회(Big Society)' 정책과 사회서비스의 변화: 노인돌봄을 중심으로. 「유럽연구」. 33(3): 25-56.

권혁주. (2010). 영국의 행정환경과 현황: 영국 연립정부의 도전과 과제- 위기극복을 위한 새로운 정책패러다임은 있는가? 양현모·조태준·서용석 (편). 「영국의 행정과 공공정책」. 서울: 신조사.

김렬. (2012). 차기정부의 지방분권정책: 과제 및 개선방향. 「한국행정학회 2012년 동계학술대회 학술논문집」.

김성이·오정수·전광현·황성철. (1997). 「비교지역사회복지: 사회복지관과 재가복지의 국제비교」. 서울: 한국사회복지관협회.

송정안·이혜영. (2017). 영국의 자원봉사제도 변화(1998-2013)에 관한 연구: '협약'과 '큰 사회'의 제도층화를 중심으로. 「한국거버넌스학회보」. 24(2): 217-242.

이영찬. (2000). 「영국의 복지정책: 구빈법 개혁부터 제3의 길까지」. 서울: 나남출판.

최영준·이승준. (2017). 영국 복지 긴축의 영향: 불평등에서 '브렉시트(Brexit)'까지. 「국제사회보장리뷰」. 3: 13-26.

최종호. (2015). 의료정책 변화과정에서의 이익집단과 제도의 역할분석: 영국과 미국의 비교. 「민족연구」. 63: 184-214.

허용창. (2016). 영국 보수당의 공공주택정책 사례 연구: 대처정권과 카메론정권의 비교. 「사회복지연구」. 47(2): 115-139.

홍석민. (2014). D. 캐머런의 '큰 사회론(Big Society)'과 영국 보수주의 전통. 「영국 연구」. 31: 261-295.

황기식. (2015). 영국 빅 소사이어티 정책에 대한 이론적 고찰과 실천적 평가. 「EU연구」. 39: 283-312.

Blair, T. (1998). *The Third Way: New Politics for the New Century*. London: Fabian Society.

Cabinet Office. (2010). *The Coalition: Our Programme for Government*. London: Cabinet Office.

Cameron, D. (2009). The Big Society. Hugo Young Memorial Lecture, 10 November 2009, London.

Conservative Party. (2010). *Big Society, Not Big Government*. London: Conservative Party.

Deas, I. (2012). Towards Post-political Consensus in Urban Policy? Localism and the Emerging

Agenda for Regeneration Under the Cameron Government. *Panning Practice and Research*. 28(1): 1-25.

Dept. of Health. (2012). *Caring for Our Future: Reforming Care and Support*. London: Dept. of Health.

Gamble, A. (1988). *The Free Economy and the Strong State: the Politics of Thatcherism*. London: Macmillan.

Giddens, A. (1998). *The Third Way: The Renewal of Social Democracy*. Cambridge, UK: Polity Press.

Glennerster, H. (1995). *British Social Policy since 1945*. Oxford, UK: Blackwell.

HSCIC(Health and Social Care Information Centre). (2014). Community Care Statistics: Social Services Activity, England, 2013-14, Final Release.

OECD. (2017). Social Expenditure Database. Aggregated Data(2017).

Page, R. (2014). Conservative Governments and the Welfare State since 1945. In H. Bochel and G. Daly(eds.). *Social Policy*. Abingdon: Routledge.

찾아보기

[ㄱ]

거버넌스 34, 64, 65, 66, 68, 69, 70, 72, 73, 107, 112, 136, 148, 161
거버넌스 체제(governance system) 23, 25, 27, 28, 29, 33, 34, 35, 48, 55, 64, 69, 70, 71, 72, 73, 86, 92, 106, 127, 144, 149, 150, 169, 170, 172, 176, 185
경로의존 26, 51, 96, 97, 100
경쟁(competition) 26, 94, 106, 110, 111, 113, 114, 115, 118, 124, 125, 126, 180, 181, 184, 185
계층제(hierarchy) 23, 33, 34, 40, 47, 52, 64, 72, 86, 94, 98, 105, 106, 107, 108, 109, 112, 113, 114, 117, 118, 121, 123, 124, 126, 127, 172, 176, 185
고전적 행정(Old Public Administration) 108, 109
공공선택론 97, 98, 99, 100,
공동체 24, 25, 27, 28, 71, 95, 125, 140, 146, 173, 175
관료제 통제 93, 94, 95, 100
관리주의(managerialism) 97, 98, 99, 100
국가개입의 사다리모형 15
국가개입주의(state interventionism) 4
국가보건의료서비스(National Health Service) 24, 50, 180
국가주의(statism) 23, 24
권한이양(devolution) 49, 50, 54, 176
근로연계복지(welfare to work) 27, 179

[ㄴ]

내각사무처 43, 68, 72, 87, 90, 94, 121, 122, 123
내각책임제 35, 70, 159
네트워크(network) 5, 47, 53, 54, 64, 65, 66, 68, 72, 92, 105, 106, 108, 109, 111, 112, 113, 118, 120, 123, 125, 126, 127, 134, 136, 146, 148, 152, 172, 173, 175, 176, 185
노동당 5, 6, 22, 23, 24, 25, 26, 27, 34, 36, 46, 47, 48, 49, 50, 51, 52, 53, 54, 57, 59, 60, 62, 68, 81, 82, 84, 90, 91, 92, 105, 107, 108, 114, 118, 119, 120, 121, 122, 123, 126, 127, 135, 136, 137, 138, 139, 149, 151, 152, 156, 157, 163, 165, 166, 170, 171, 172, 176, 177,178, 179, 180, 185
뉴 거버넌스 4, 65, 106, 107, 108, 111, 112, 113, 118, 125, 126, 127
능률성 진단 42, 43, 44, 87, 88, 94, 95, 96, 97, 100

[ㄷ]

다층적 거버넌스 모델 5, 34, 64, 66, 67, 68, 70
단속평형모형(the punctuated equilibrium model) 16
단순다수제(simple plurality) 33, 34, 35, 51, 70
대인사회서비스 24, 26
돌봄 서비스 24, 180, 181, 182, 184, 185, 186

[ㅁ]

망가진 사회(broken society) 172, 185
민간위탁 17, 18, 45, 89, 110, 113, 126
민영화 26, 27, 45, 47, 89, 90, 91, 92, 113, 124, 125, 183, 185, 186

[ㅂ]

변화 압박기 21, 22
보수당 5, 6, 22, 26, 27, 28, 34, 36, 42, 43, 45, 46, 47, 48, 51, 52, 53, 54, 59, 60, 61, 62, 63, 81, 82, 83, 84, 85, 86, 90, 91, 93, 95, 96, 97, 99, 100, 105, 17, 108, 113, 114, 115, 118, 119, 126, 127, 135, 139, 19, 170, 171, 172, 173, 184, 185, 186
보수주의 84, 85, 172
보편주의 4, 24, 27, 139, 150, 151
부처주의(departmentalism) 51, 52, 53, 68, 69, 118, 119
북아일랜드 49, 50, 54, 61, 63
분권화 48, 50, 54, 69, 95, 98
분절화/파편화(fragmentation) 67, 92
브렉시트 28, 55, 60, 61, 62, 63, 68, 186
비례대표제 49, 51
비정부부처공공기관(non-departmental public body) 53, 54, 119

[ㅅ]

사무차관(Permanent Secretary) 41

사회민주주의	4, 85, 139, 171
사회서비스	26, 27, 28, 123, 140, 142, 150, 175, 177, 178, 179, 182, 183, 186
사회적 기업	175, 177
사회적 배제	53, 119
상원(House of Lords)	35, 37, 50
선별주의	27, 138, 139, 150, 151
선호투표제(the alternative vote system)	51
세계 경제위기(the Great Recession)	6, 22, 27, 61, 169, 170, 172, 177, 185
수상(Prime Minister)	36, 38, 40, 41, 42, 43, 48, 51, 52, 65, 67, 68, 82, 98, 119, 156, 159, 160, 164, 166
스코틀랜드	37, 49, 54, 61, 63, 176
시민헌장	42, 45, 46, 52, 87, 90, 100, 119
시장(market)	4, 5, 15, 23, 57, 62, 64, 105, 106, 108, 109, 110, 112, 113, 114, 115, 123, 124, 125, 126, 127, 185
시장성 테스트	110, 114
신공공관리	4, 42, 53, 65, 83, 93, 97, 100, 106, 107, 108, 110, 113, 118, 124, 125, 126, 127
신노동당(New Labour)	4, 27, 62, 72, 135, 150, 170, 171, 176, 179, 180, 181, 184
신우파(the New Right)	4, 22, 25, 26, 27, 28, 57, 84, 85, 98, 170, 171, 172, 173, 174, 175, 178, 179, 180, 181, 185
신자유주의	136

[ㅇ]

압력단체	58
역사적 제도주의(historical institutionalism)	96
연계형 정부(joined-up government)	4, 52, 53, 68, 72, 107, 108, 113, 118, 122, 126, 127
연대성	125
연립정부	27, 49, 51, 60, 169, 176, 177, 178, 179, 182, 183, 184
영국독립당	60, 61
영연방(the Commonwealth of Nations)	33, 57, 61
외적 환경	19, 21, 22
외환위기	21, 25
원형(prototype)	5, 94, 123
웨스트민스터(Westminster) 모델	5, 33, 34, 35, 37, 38, 42, 47, 48, 49, 50, 57, 58, 59, 63, 64, 65, 66, 67, 70, 92
웨일즈	49, 50, 54, 61, 62, 176
유대감	22, 23, 25
유럽연합(European Union)	28, 33, 34, 35, 55, 56, 57, 58, 60, 67, 70, 186
유럽회의주의(Euroscepticism)	60, 63
의도하지 않았던 효과	5, 83, 91, 93, 97, 100, 101
의무경쟁입찰(compulsory competitive tendering)	108, 113, 114, 126, 127
의회정부 체제(parliamentary system)	37
의회주권	5, 33, 35, 39, 40, 57, 59, 67, 70, 82, 85, 92
이념형(ideal type)	93, 94, 100, 108
이익(interest)	19, 20, 21, 22, 24, 98, 112, 117, 123, 125, 142, 149, 163
일국 보수주의(One Nation Conservatism)	84, 171, 172
입헌군주제	35, 69
잉글랜드	49, 50, 51, 54, 61, 62, 63, 176

[ㅈ]

자산조사	181, 182
자원조직	46, 47, 142, 150, 165, 172, 175, 177
자유민주당	27, 48, 49, 51, 60, 169
자유주의	4, 15, 22, 23, 24, 25, 39, 84, 85, 139, 171, 173, 179
자조(self help)	22, 26, 173
장관 책임(ministerial responsibility)	37, 38, 47, 59, 70, 92
재무부(the Treasury)	40, 41, 43, 88, 94, 95, 96, 122, 123, 160, 165
재정관리 개혁	42, 43, 45, 87, 88, 89, 94, 95, 96, 97, 100
전달체계	68, 72, 86, 98, 133, 134, 135, 136, 143,149, 152
정보자유법(Freedom of Information Act)	50, 51
정부개입	5, 13, 14, 15, 16, 17, 18, 19, 28
정부개입의 단계모형	16, 17
정부개입의 유형론	16
정부와 민간의 역할분담	14, 17
정책공동체(policy community)	40, 68, 69
정책계승(policy succession)	21, 22
정책스타일(policy style)	41, 69
정책 아이디어	5, 6, 19, 21, 22, 24, 27, 29, 90, 149, 152, 169, 185
정책유지(policy maintenance)	21
정책의 관성・유산	20
정책변동 설명요인	19
정책수단	14, 29, 100, 178
정책실패	133, 143, 149, 164

정책창안(policy innovation) 21, 22
정책 행위자 16, 24, 25, 29, 68, 72
정책 환경 5, 6, 16, 22, 29, 169, 178, 185
정책효과 20, 96, 134
정치적 중립성 38
정치적 집행부(political executive) 36, 37, 47, 65, 82, 85, 86, 91, 92, 97, 98, 99, 100
제도(institution) 16, 20, 35, 43, 58, 81, 85, 87, 90, 96, 107, 108, 115, 117, 126, 145, 150, 164
제3의 길(the third way) 27, 170, 172
제2차 세계대전 4, 14, 22, 23, 29, 39, 55, 57, 84, 139, 171, 173
제1차 오일쇼크 25
조정기제(coordinating mechanism) 5, 105, 106, 107, 108, 109, 110, 111, 112, 113, 123, 126, 127
조합주의 19, 39
준정부기관(quasi-governmental agency) 17, 48
중앙집권 48, 55, 94, 95
지방정부 26, 27, 28, 45, 46, 48, 49, 50, 52, 53, 54, 58, 66, 70, 72, 90, 114, 115, 117, 118, 119, 123, 127, 138, 140, 141, 144, 146, 147, 148, 149, 150, 152, 164, 165, 172, 173, 174, 175, 176, 178, 181, 182, 184, 185
지방주의법(Localism Act) 174, 175
지역개발기구 54, 121, 162, 176
지역사회(community) 4, 6, 18, 24, 26, 28, 72, 134, 137, 147, 148, 150, 152, 158, 172, 173, 174, 175, 176, 178, 180, 181, 185
지역사회 내의 돌봄(care in the community) 24, 27, 181
지역사회에 의한 돌봄(care by the community) 27, 181
집합주의(collectivism) 84

[ㅊ]
책임운영기관 42, 45, 46, 47, 81, 87, 88, 89, 90, 91, 92, 95, 97, 100, 119, 157, 159, 164, 166

[ㅋ]
큰 사회(Big Society) 6, 27, 60, 169, 170, 171, 172, 173, 174, 175, 177, 178, 180, 181, 185, 186

[ㅌ]
통치구조(governing structure) 5, 64, 65, 106
통합적 서비스 136, 137, 141, 144, 145, 147, 148, 150

[ㅍ]
파트너십 5, 27, 39, 47, 48, 55, 65, 68, 72, 73, 92, 111, 113, 121, 125, 126, 127, 136, 142, 143, 149, 150, 151, 163, 165, 166, 167, 175, 176

[ㅎ]
하원(House of Commons) 35, 36, 37, 38, 40, 45, 50, 51, 89
핵심 집행부(core executive) 65, 66, 67, 68
행정개혁 4, 5, 6, 34, 42, 43, 46, 47, 48, 51, 54, 65, 72, 81, 82, 83, 84, 86, 87, 91, 93, 96, 97, 99, 100, 105, 106, 107, 108, 110, 112, 113, 118, 126, 127
행정국가(Administrative State) 108, 109
행정통제 5, 82
혼합형(hybrid form) 5, 14, 94
횡단적 정책(cross-cutting policy) 53, 118

[A~Z]
Attlee, C. 24
Bevan, A. 24
Beveridge, W. 24, 29, 139
Blair, T. 27, 47, 52, 53, 59, 60, 68, 118, 119, 122, 133, 135, 139, 155, 156, 157, 163, 170, 176
Brexit 28, 55, 60, 61, 186
Cameron, D. 6, 27, 55, 60, 61, 62, 169, 170, 171, 172, 173, 174, 175, 176, 177, 178, 179, 180, 181, 182, 184, 185, 186
CCT(compulsory competitive tendering) 114, 115, 116, 117
EU(European Union) 33, 56, 57, 58, 59, 60, 61, 62, 63, 70, 71, 186
FMI(Financial Management Initiative) 42, 43, 44, 83, 87, 88, 96, 97
Johnson, B. 28, 48, 61, 63, 186
JUG(Joined-Up Government) 52, 53, 107, 108, 118, 119, 120, 121, 122, 123
NDPBs(non-departmental public bodies) 53, 54, 119
NHS(National Health Service) 24, 50, 180, 182, 183, 184
NPM(new public management) 42, 53, 86, 97, 98, 99, 100, 111, 119, 124, 125
Quango 46, 54, 55, 91, 176
RDA(Regional Development Agency) 54, 55, 121, 123, 162, 163, 164, 165, 167, 176
Thatcher, M. 25, 26, 27, 29, 42, 43, 48, 54, 57, 59, 60, 81, 84, 85, 86, 87, 92, 94, 100, 113, 139, 170, 171, 172, 173, 174, 178

저자 소개

주재현(朱宰賢)

1997년 영국 런던정경대학(LSE)에서 정치학 박사학위를 취득하고(논문제목: Policy Dynamics in South Korea: State Responses to Low Wage Levels and Compensation for Pollutions Victims, 1961-1988), 한국행정연구원 부연구위원과 세종대학교 교수를 거쳐 2003년부터 명지대학교 행정학과 교수로 재직 중이다. 주요 관심분야는 정책변동, 사회복지정책, 관료제 통제 등이다. 다수의 중앙정부 부처와 지방자치단체, 그리고 공공기관의 자문 및 평가위원으로 활동하였고, 한국정책학회와 한국행정학회 등 여러 학회의 임원과 편집위원을 역임하였다. 1997년 LSE에서 우수학위논문상(William Robson Memorial Prize)을 받았고, 2010년 명지대학교 학술상, 2020년 한국정책학회 학술상(우수논문상)을 수상하였다. 국내외의 저명 학술지에 다수의 논문을 발표하였고, 단독 및 공동으로 여러 저서를 출간하였다. 최근의 주요 논문 및 저서로는 "집단-격자 문화이론과 정책형성: 국민기초생활보장제도 사례분석"(『한국정책학회보』, 2019), "장애인 고용문제에 대한 정부개입의 변화과정 분석: 영국 렘플로이 사례를 중심으로"(『장애와 고용』, 2020), 「행정의 책임과 통제」(법문사, 2020) 등이 있다 (jhjoo61@mju.ac.kr).